Maximilian Wagner

Naturrecht und Sozialistische Gesetzlichkeit

Maximilian Wagner

Naturrecht und Sozialistische Gesetzlichkeit

Begründungsstrategien und Reflexionstheorien im Recht der Nachkriegszeit (1945–1958)

VELBRÜCK
WISSENSCHAFT

Erste Auflage 2023

www.velbrueck-wissenschaft.de
Printed in Germany
ISBN 978-3-95832-337-7

Bibliografische Information der Deutschen Nationalbibliothek
Die Deutsche Nationalbibliothek verzeichnet diese Publikation in der Deutschen Nationalbibliografie; detaillierte bibliografische Daten sind im Internet über http://dnb.d-nb.de abrufbar.

Inhalt

»Our task constitutes a kind of migration through the fabric of time, in a search for the space we have been denied. And perhaps from this nomadic drift will arise a discovery, a key, a thread for the labyrinth – a way out of the 19th century.«

Hakim Bey

Einführung

I.

Als Otto Gierke 1883 zum Rektor der Königlichen Universität zu Breslau ernannt wurde und anlässlich seiner Ernennung über *Naturrecht und deutsches Recht* sprach, war vom einstmals reißenden Strom, der die Fundamente des Ancien Régime unterspült hatte, kaum mehr als ein dünnes Rinnsal übriggeblieben. Die historische Schule habe zwar in manchem gefehlt, glaubte Gierke, der Welt allerdings eine Wahrheit offenbart, über die man zwar hinaus, hinter die man aber niemals mehr zurückgehen könne: Es gebe kein anderes als das positive Recht. Zwar werde die revolutionäre Forderung nach einem »Recht des Rechtsbruchs« immer noch vereinzelt erhoben, aber das »Verlangen, das lebendige, wirkliche Recht solle sein Schwert in die Scheide stecken, sobald es auf einen widerstreitenden abstrakten Satz des unbewährten Naturrechts« stoße, habe »heute nicht mehr Aussicht auf Gehör, als die Forderung, der Staat möge zu Gunsten der menschlichen Gesellschaft abdanken«. Das Naturrecht sei »für die ernste Wissenschaft« und »die besonnene Praxis« auf immer widerlegt, das, was die »Schwertschläge der historischen Schule überlebt« habe, nur »noch ein Schatten seiner einstigen stolzen Macht«.[1]

Gierkes Rektoratsrede gab die Vorurteile, die man in der juristischen Fachöffentlichkeit des ausgehenden 19. Jahrhunderts gegenüber dem rationalen Naturrecht hegte, getreu wieder. Im Verlauf des szientistischen Zeitalters hatten historischer Relativismus und naturalistischer Positivismus die einstmals sprudelnden Quellen eines vermeintlich natürlichen Rechts fast vollständig zum Versiegen gebracht. Nachdem Friedrich Julius Stahl das rationale Naturrecht endgültig für überwunden erklärt[2] und Julius Hermann von Kirchmann die empirische Wende in den Rechtswissenschaften eingeläutet hatte,[3] war die

1 Otto Gierke, *Naturrecht und deutsches Recht*, Frankfurt/Main 1883, S. 13, 10.

2 »Es dürfen die Unterthanen, einzeln oder in Masse, sich nicht wider das positive Recht setzen, gestützt auf das Naturrecht, das ist der Frevel der Revolution«, und die »Richter nicht nach Naturrecht entscheiden« schrieb Friedrich Julius Stahl, *Die Philosophie des Rechts nach geschichtlicher Ansicht*, Bd. I, 1. Aufl., Heidelberg 1830, S. 221f. Zu Leben und Werk siehe Wilhelm Füßl, *Professor in der Politik*, Göttingen 1988, und Reut Yael Paz, *A Gateway between a Distant God and a Cruel World*, Leiden 2013, S. 105–110.

3 Die Naturwissenschaften hätten den Menschen »über die Wogen des Weltmeeres« und »in die Tiefen der Erde« geleitet, Mikroskope »in die Wunder kleinster Natur geführt, und Teleskope die Räume des Himmels

Anziehungskraft dieser alten Idee weitgehend erschöpft.[4] Der »Traum des Naturrechts« war ausgeträumt,[5] der Begriff beinahe zum Anachronismus geworden,[6] als Rudolf Stammler die entscheidende Frage stellte und damit ein neues Kapitel in der langen Geschichte des europäischen Naturrechts aufschlug: »Ob dasjenige, was Recht ist, auch Recht sein sollte«?[7]

aufgeschlossen«. Was seien dagegen die Leistungen der Jurisprudenz? »Formulare zu Rechtsgeschäften und Prozeßhandlungen; eine Menge von Verwarnungen, Belehrungen, Formen und Klauseln, angeblich zur Hemmung des Leichtsinns und zum Schutz gegen Chicane; endlich das Gebäude des gemeinen Prozesses, voll Gründlichkeit und Gelehrsamkeit, kurz alles, nur nicht der Weg, bei seinem Leben zu seinem Rechte zu kommen«, schrieb Julius Hermann von Kirchmann, *Die Werthlosigkeit der Jurisprudenz als Wissenschaft*, Berlin 1848, S. 29. Zu Kirchmanns Leben siehe die Nachweise bei Rudolf Wiethölter, Julius Hermann von Kirchmann (1802–1884), in: Kritische Justiz (Hg.), *Streitbare Juristen*, Baden-Baden 1988, S. 44–58 Fn. 2. Zur naturhistorischen Wende in den Rechtswissenschaften siehe Rainer Maria Kiesow, *Das Naturgesetz des Rechts*, Frankfurt/Main 1997, und Maximilian Herberger, Beziehungen zwischen Naturwissenschaft und Jurisprudenz in der ersten Hälfte des 19. Jahrhunderts, in: *BerWissGesch* 6 (1983), S. 79–88.

4 Beachtliche Ausnahmen hat Diethelm Klippel zusammengetragen, vgl. Das 19. Jahrhundert als Zeitalter des Naturrechts, in: ders. (Hg.), *Naturrecht im 19. Jahrhundert*, Goldbach 1997, VII–XVI, sowie ders. (Hg.), *Naturrecht und Rechtsphilosophie im 19. Jahrhundert*, Tübingen 2012. Die »Verdrängung des Naturrechts aus dem Lehrprogramm« sei ein Vorgang gewesen, der sich über das ganze 19. Jahrhundert erstreckt habe, schreibt Jan Schröder, an einer »Reihe großer Universitäten« sei es »sogar noch in den beiden letzten Jahrzehnten des Jahrhunderts« gelesen worden (Naturrecht an den deutschen Universitäten des 18. und 19. Jahrhunderts, in: Otto Dann & Diethelm Klippel (Hg.), *Naturrecht – Spätaufklärung – Revolution*, Hamburg 1995, S. 255–269, 260).

5 Bernhard Windscheid, *Recht und Rechtswissenschaft*, in: *Gesammelte Reden und Abhandlungen*, Leipzig 1904, S. 3–24, 9. Zur sogenannten Begriffsjurisprudenz im Anschluss an Windscheid siehe Ulrich Falk, *Ein Gelehrter wie Windscheid*, Frankfurt/Main 1989.

6 Hans Welzel, Gedanken zur Begriffsgeschichte der Rechtsphilosophie, in: Karl Lackner, Heinz Leferenz, Eberhard Schmidt, Jürgen Welp & Ernst Amadeus Wolff (Hg.), *Festschrift für Wilhelm Gallas zum 70. Geburtstag*, Berlin 1973, S. 1–6, 3. Stattdessen sprach man nun mehr und mehr von »Rechtsphilosophie«, vgl. Diethelm Klippel, Naturrecht und Rechtsphilosophie in der ersten Hälfte des 19. Jahrhunderts, in: Otto Dann & ders. (Hg.), *Naturrecht – Spätaufklärung – Revolution*, Hamburg 1995, S. 270–292.

7 Rudolf Stammler, *Über die Methode der geschichtlichen Rechtstheorie*, Halle 1888, S. 9.

Rudolf Stammler war damals nahezu unbekannt. Der unscheinbare Professor für römisches Recht war während eines Extraordinariats in Marburg mit Hermann Cohen und Paul Natorp in Kontakt gekommen und über Cohens Arbeit *Kants Begründung der Ethik* ins Grübeln geraten. Die Begegnung mit dem Marburger Neukantianismus[8] brachte Stammler dazu, die genetische Methode der historischen Schule radikal in Frage zu stellen und in steter Auseinandersetzung mit der materialistischen Geschichtsauffassung eine Lehre vom richtigen Recht zu entwickeln, die ihn über die Grenzen der Romanistik hinaus bekannt machen sollte.

Stammler wollte das »kritiklose[...] Phlegma« der historischen Schule überwinden, ohne seinerseits dem »utopischen Wagemut« des unkritischen Naturrechts zu verfallen.[9] Er glaubte, dass sich menschliches Denken niemals mit dem Bestehenden abfinden könne und dass dieses anthropologische Bedürfnis die Frage nach einem verbindlichen Maß des Rechts immer wieder von Neuem aufwerfe. Die »äußerste Frage«, die man sich in dieser Beziehung stellen könne, sei die Frage nach einem letztgültigen Maßstab, dem »Recht seines Rechts«. Eine empirische Rechtstheorie sei schon nicht in der Lage, diese Frage überhaupt zu stellen, geschweige denn sie zu beantworten. Sie versuche philosophische Probleme mit untauglichen Mitteln, nämlich kausalwissenschaftlich, zu lösen. Wenn aber das, was ist, mit innerer Notwendigkeit aus dem, was war, folge, so Stammler, dann erübrige sich die Frage danach, ob das, was ist, auch so sein soll. Und damit nicht genug. Jeder Maßstab des Rechts, den man in der Geschichte des Rechts finden könne, kranke unweigerlich am Makel eben dieser Geschichtlichkeit. Eine empirische Rechtstheorie habe daher nur die Wahl, der Frage nach dem Recht des Rechts auszuweichen – dann aber, meinte Stammler, falle »alle Scheidung von guten und schlechten Gesetzen« von selbst weg[10] – oder aber die eigene Prämisse aufzugeben, dass alles Denken historisch bedingt, relativ, sei und daher nurmehr ideengeschichtlich oder wissenssoziologisch verstanden werden könne.

8 Dem ungläubigen Julius Binder vertraute Stammler an, dass »er zu Cohen in keinem, zu Natorp jedenfalls in keinem Abhängigkeitsverhältnis gestanden habe und aus dem Neukantianismus heraus jedenfalls nicht verstanden und beurteilt werden wolle«. Als Philosoph sei er »von kaum einem anderen wirklich beeinflußt worden als von Platon« (Dem Andenken Rudolf Stammlers, in: *ARSP* 3, 31 (1937/38), S. 433–440, 433). Zu Stammlers Verhältnis zum Neukantianismus siehe Claudius Müller, *Die Rechtsphilosophie des Marburger Neukantianismus*, Tübingen 1994, insbes. S. 20.

9 Hermann Kantorowicz, Zur Lehre vom Richtigen Recht, in: *ARWP* 1, 2 (1908/9), S. 42–74, 45.

10 Stammler, Methode, S. 14, 17.

Diese Absage an die Vereinbarkeit von Geschichte und Philosophie führte Stammler nun nicht etwa dazu, die empirische Rechtstheorie in Bausch und Bogen zu verwerfen. Im Gegenteil. Stammler unterstrich den Wert der genetischen Methode für die »mehr technische Jurisprudenz« und bestritt lediglich, dass sie die allein berechtigte Methode sei. Am Ende seiner Überlegung stand daher kein irgendwie geratener Monismus, sondern ein Methodendualismus von Sozialtechnik und Rechtsphilosophie. Nicht »Schwertschläge«, sondern »Nadelstiche und Scheltworte« habe die historische Rechtschule dem Naturrecht versetzt. Man solle die kulturgeschichtliche um eine naturrechtliche Betrachtung ergänzen, die »Methode der kritischen Philosophie zum musterhaften Vorbilde« nehmen und prüfen, wie es mit »allgemeiner Erkenntnis in Dingen des Rechtes überall beschaffen sei«.[11]

II.

An der Schwelle zum 20. Jahrhundert war Stammlers Prüfung allgemeiner Rechtserkenntnis bereits weitgediehen. 1896 konnte er erstmals Grundrisse einer Theorie vorlegen, die das Naturrecht auf Grundlage der kritischen Erkenntnistheorie zu rehabilitieren versuchte. Was aber verstand Stammler unter diesem schillernden Begriff? Unter Naturrecht verstand Stammler zunächst »alle Versuche, die in allgemeingültiger Weise solche rechtlichen Sätze zu finden gedachten, die von wechselnder geschichtlicher Erfahrung unabhängig wären«. Dazu zählte er: den »Satz der historischen Rechtsschule«, dass »der Gesetzgeber die Bildung von Gewohnheitsrecht gar nicht verbieten könne«; die »unvermeidliche Notwendigkeit des Privateigentums«; die »Unvereinbarkeit kommunistischer Gemeinwesen mit der menschlichen Natur«; schließlich »alle systematischen Unternehmungen, die einen Kodex eines idealen Rechtes in ausgeführten Paragraphen bieten zu dürfen glaubten«. Trotz weitgehender »Divergenzen in dem Ausgangspunkte und der Durchführung« könnten all diese Versuche in dem »maßgeblichen Interesse zusammengehalten bleiben; und zwar wegen des übereinstimmend gesuchten Zieles, das ihnen allen« vorschwebe: der »Ausführung idealer Rechtsgrundsätze [...] mit einem unwandelbaren Inhalte«.[12]

Stammler suchte und fand das »Insgemein des Naturrechts« also in seiner prinzipiellen Unveränderlichkeit. Ein so verstandenes Naturrecht sei zwar wissenschaftlich unhaltbar, weil der Inhalt des Rechts nur von »vergleichsweiser Allgemeinheit« sein, also »niemals allgemeingültige Geltung

11 Ebd., S. 35.

12 Rudolf Stammler, *Wirtschaft und Recht nach der Materialistischen Geschichtsauffassung*, 1. Aufl., Leipzig 1896, S. 169, 170f.

beanspruchen« könne.[13] Doch genau wie für Kant war der Naturrechtsgedanke für Stammler damit noch nicht abgeschrieben. Aus der Unmöglichkeit, positiv zu bestimmen, was recht sei, folgte für ihn weder die Unmöglichkeit einer material unabhängigen Rechtsbetrachtung im Sinne einer allgemeinen Theorie des Rechts noch die Unmöglichkeit eines negativen, das heißt, eines kritischen Naturrechts.

An diesem zentralen Punkt der Theoriebildung zerfiel Stammlers Lehre unversehens in zwei Hälften: eine Kritik der Rechtsvernunft und eine Theorie von der erlaubten Grenze, mit anderen Worten, in eine relativistische Erkenntnistheorie und eine idealistische Rechtsethik. Anders als nach ihm Gustav Radbruch glaubte Rudolf Stammler, dass nicht nur der Frage nach dem unrichtigen Recht, sondern auch der Antwort auf diese Frage allgemeine Gültigkeit zukommen könne. Es gebe zwar kein für alle Völker und Zeiten gleichermaßen verbindliches Recht, aber ein Recht, das einem bestimmten Ort zu einer bestimmten Zeit angemessen sei, kein absolut gültiges, sondern ein objektiv richtiges Recht.[14] Analog zur wissenschaftlichen Unterscheidung von Meinen und Erkennen[15] könne man »innerhalb des wechselnden und unvollkommenen Rechtsinhalts« zwei Arten von Rechtssätzen unterscheiden: »objektiv richtige und sachlich unberechtigte Sätze«. Objektiv berechtigt seien Rechtssätze dann, wenn sie »unter empirisch bedingten Verhältnissen ein theoretisch richtiges Recht« enthielten, das heißt, wenn sie mit dem »allgemeingültigen Endziele des sozialen Lebens«, der »Gemeinschaft frei wollender Menschen«, in Einklang stünden.[16] Der Einheit all dieser Bedingungen, dem »theoretisch richtigen Recht«, verlieh Stammler den epochalen Titel »Naturrecht mit wechselndem Inhalt«.[17]

13 Ebd., S. 179f.

14 In diesem Sinne sprach Arthur Kaufmann in den sechziger Jahren von einem »Naturrecht des Hier und Heute« (Einleitung, in: ders. (Hg.), *Die ontologische Begründung des Rechts*, Darmstadt 1965, S. 1–4,1).

15 Auch in den Naturwissenschaften gebe es keine zeitlosen Einsichten, schrieb Stammler in der fünften Auflage (1926), aber deshalb gebe man weder die Mathematik noch »die prinzipielle Scheidung von objektiv richtiger Erkenntnis und sachlich unbegründetem Meinen« auf. Zwar könne man im Voraus nicht wissen, in welche Richtung sich die Forschung entwickeln werde, aber dass es »keine Zauberer und Hexen geben werde, diese Negative« stehe a priori fest (S. 174; 647 Fn. 120).

16 Stammler, Wirtschaft[1], S. 174f., 554. Unter Berufung auf die »Gemeinschaft frei wollender Menschen« entlarvte Stammler zum Beispiel die Duldung von Glücksspiel, die Sklaverei und Kriegsverbrechen, Unzucht oder Prostitution als »unrichtiges Recht« (*Die Lehre von dem richtigen Rechte*, Berlin 1902, S. 269, 363).

17 Stammler, Wirtschaft[1], S. 175. Josef Kohler formulierte in enger Anlehnung an Rudolf Stammler, ohne aber ihn namentlich zu nennen, dass die Gesamtheit der »Rechtserfordernisse oder Rechtspostulate, welche sich aus der

III.

Drei Ereignisse bestimmten die deutsche Rechtsphilosophie von der Jahrhundertwende bis in die dreißiger Jahre des 20. Jahrhunderts: die Kodifizierung des Zivilrechts, die Novemberrevolution und die Stammler-Rezeption. Im übereinstimmenden Urteil der Zeitgenossen bestand Stammlers überragende Wirkung nicht etwa darin, dass er eine überzeugende Antwort auf eine alte Frage gegeben hatte, sondern darin, dass er diese Frage zur richtigen Zeit erneut gestellt und in einer Art und Weise beantwortet hatte, die Widerspruch herausforderte.[18] Vielleicht sei es ihm »gerade durch die seltsame Verknüpfung von Eigenschaften, der befruchtenden Fragestellung mit der unbefriedigenden Lösung derselben, in so hohem Maß vergönnt« gewesen, anregend »zu wirken und zum bedeutsamsten Kristallisationspunkt der neueren Rechtsphilosophie zu werden«, urteilte beispielsweise Felix Somló, der Stammler für den meistbesprochenen und meistumstrittenen Denker der neueren deutschen Rechtsphilosophie hielt.[19]

Stammlers Frage nach dem Recht des Rechts wurde mit Inkrafttreten des Bürgerlichen Gesetzbuchs, der massenhaften Gesetzesproduktion im Ersten Weltkrieg, dem Sturz der Hohenzollernmonarchie und der Ausrufung einer parlamentarischen Demokratie unvermutet aktuell und provozierte so unterschiedliche Gemüter wie Hermann Kantorowicz oder Julius Binder, Gustav Radbruch oder Erich Kaufmann. Der autoritäre Rechtshegelianismus[20]

richtigen Interessenerwägung« ergeben würden, ein »Naturrecht im modernen Sinne« bildeten, natürlich »nicht ein ewiges Naturrecht, aber ein Naturrecht der jeweiligen Zeit und der jeweiligen Kultur« (*Lehrbuch der Rechtsphilosophie*, 2. Aufl., Berlin 1917, S. 52).

18 »Erst im Lauf der letzten 10 Jahre ist das Interesse für unser Gebiet [sc. die Rechtsphilosophie] neu erwacht«, schreibt Carl August Emge, der »erste, der ihre Notwendigkeit wieder« betont habe, sei Rudolf Stammler gewesen (*Vorschule der Rechtsphilosophie*, Berlin 1925, S. 5). Vgl. auch die ähnlich lautenden Einschätzungen von Roscoe Pound, *Jurisprudence*, Bd. I, St. Paul 1959, S. 143; Gustav Radbruch, *Brief an Giorgio Del Vecchio vom 5. September 1949*, in: *GRGA* 18, 311f., 312; ders., *Rechtsphilosophie*, 3. Aufl., Leipzig 1932, S. 23; Hans Ryffel, *Das Naturrecht*, Bern 1944, S. 12; Karl Larenz, *Rechts- und Staatsphilosophie der Gegenwart*, 1. Aufl., Berlin 1931, S. 11, und Kantorowicz, Lehre, S. 43.

19 Felix Somló, *Juristische Grundlehre*, Leipzig 1917, S. 45, Fn. 2.

20 Zur Hegelrenaissance in den Rechtswissenschaften, siehe Jakob Schirmer, *Die Göttinger Hegelschule*, Frankfurt/Main 2016; Christoph Mährlein, *Volksgeist und Recht*, Würzburg 2000, Oliver Lepsius, *Die gegensatzaufhebende Begriffsbildung*, München 1994, S. 271–286; Sylvie Hürstel, Rechtsphilosophie oder Rechtsgeschichte, in: *RJ* 14 (1995), S. 368–398; Klaus Anderbrügge, *Völkisches Rechtsdenken*, Berlin 1978, S. 203–225; Hubert Rottleuthner, Die Substanzialisierung des Formalrechts, in: Oskar

und das pluralistische Freirecht[21] wären ohne Stammlers Lehre vom richtigen Recht ebenso wenig denkbar gewesen wie Radbruchs demokratischer Relativismus oder Kaufmanns geisteswissenschaftliche Wende[22]. Bevor sich die jüngere Generation[23] auf Hans Kelsen einschoss, arbeitete man sich an der »reinen Rechtslehre« Rudolf Stammlers ab,[24] die manchen zu relativistisch und anderen nicht relativistisch genug erschien.

Hermann Kantorowicz radikalisierte beispielsweise Stammlers Gedanken, es sei ein »reiner Wortstreit«, wenn man behaupten wolle, dass man nur geltendes Recht mit dem Namen »Recht« belegen dürfe. Er schrieb Stammlers Lehre vom richtigen Recht zu einer Lehre vom Kulturrecht fort, indem er das Naturrecht von seiner eigenen Theorie sonderte. In Wahrheit sei das richtige Recht kein ewiges, sondern ein ewig sich wandelndes Naturrecht – »so vergänglich, so zerbrechlich wie die Sterne selbst«. Kantorowicz taufte dieses neue Naturrecht – das »Naturrecht [...] des 20. Jahrhunderts« – Freirecht und erklärte die relative Unabhängigkeit von staatlicher Rechtsetzung zu seinem Markenkern. Kantorowicz forderte nicht etwa, dass die Rechtsfindung »frei« erfolgen solle, was auch immer das dann heißen mag, sondern das Eingeständnis, dass die Lösung eines juristischen Problems nicht im Gesetz gefunden, sondern in der diskursiven Auseinandersetzung mit der Theorie des Rechts, seiner Praxis und Geschichte hergestellt werde. Kantorowicz ging es nicht darum, eine metaphysische Rechtsquelle zum Sprudeln zu bringen, oder gar darum, den Richter zum König zu krönen, sondern darum, allen »Schriften über ein Gesetzbuch, das noch nicht in Kraft getreten, und allen Erörterungen de lege ferenda«,[25] der Rechtsgeschichte, dem Gewohnheitsrecht und der Rechtswissenschaft zu ihrem ureigenen Recht zu verhelfen, kurz: um die theoretische Begründung eines »interpretativen Rechtspluralismus«.[26]

Negt (Hg.), *Aktualität und Folgen der Philosophie Hegels*, Frankfurt/Main 1970, S. 211–264, und Ryffel, Naturrecht, S. 96–108.

21 Zur Freirechtsschule siehe Sophia Gluth, *Der apokryphe Nietzsche*, Tübingen 2021, S. 47–88, außerdem Luigi Lombardi Vallauri, *Geschichte des Freirechts*, Frankfurt/Main 1971, und Klaus Riebschläger, *Die Freirechtsbewegung*, Berlin 1968.

22 Zur *geisteswissenschaftlichen Richtung in der Staatsrechtslehre* der Weimarer Republik siehe Klaus Rennert (Berlin 1987).

23 Zum *Weimarer Methodenstreit als politischem Generationenkonflikt* siehe den gleichnamigen Aufsatz von Christoph Möllers, in: *Der Staat* 3, 43 (2004), S. 399–423.

24 Rudolf Stammler, *Theorie der Rechtswissenschaft*, Halle 1911, S. 3.

25 Gnaeus Flavius [Hermann Kantorowicz], *Der Kampf um die Rechtswissenschaft*, Heidelberg 1906, S. 11f.

26 Marietta Auer, Der Kampf um die Wissenschaftlichkeit der Rechtswissenschaft, in: *ZEuP* 2015, S. 773–805. Vgl. auch Monika Frommel,

Für Julius Binder wurde die Stammler-Lektüre gar zu einem »Schlüsselerlebnis, auf das er in kritischer Auseinandersetzung bis zum Ende seines Lebens fixiert blieb«.[27] Eine Besprechung von Stammlers Theorie der Rechtswissenschaft, die ursprünglich für die Kritische Vierteljahreszeitschrift geplant war,[28] schwoll ihm unter den Händen zu einer derart umfangreichen Kritik, dass Felix Somló in einer Besprechung des Buches spottete, Binder habe »in der Form einer Polemik eigentlich selbst ein System geschrieben«.[29] In Binder vollzog sich die Gedankenbewegung von Kant zu Hegel noch ein zweites Mal.[30] Diesmal als Farce. Binder arbeitete sich zeitlebens an Stammler ab und wandelte sich unterdessen vom kritischen Positivisten zum esoterischen Faschisten, der – einmal den »Eierschalen des Kritizismus«[31] entschlüpft – unversehens nach dem Führer schrie[32].

Kantorowicz Freund und Mitstreiter, der Sozialdemokrat Gustav Radbruch, fand einen gänzlich anderen Zugang zu Stammler. Er verdichtete Stammlers Überlegungen zum Recht des Rechts zu einer Epistemologie der Rechtsphilosophie und entwickelte seine eigene Theorie als Kommentar zu einer Lehre, die »die deutlichen Zeichen ihrer Bastardherkunft von der Erkenntnistheorie in ihrem Logizismus, ihrem intellektualistischen Unfehlbarkeitsglauben, ihrem Mangel an weltanschaulichem Pathos und politischem Elan deutlich genug« an sich trage.[33] Weil der zweckmäßige Inhalt eines Rechtssatzes nicht der Erkenntnis, sondern nur des Bekenntnisses fähig sei, also nicht schon vorab und mit wissenschaftlicher Eindeutigkeit zwischen zwei Weltanschauungen entschieden werden könne, müsse die Frage theoretisch offenbleiben und in der po-

Rechtsphilosophie in den Trümmern der Nachkriegszeit, in: *JZ* 19, 71 (2016), S. 913–968; dies., Hermann Ulrich Kantorowicz (1877–1940), in: Kritische Justiz (Hg.), *Juristen*, S. 243–253.

27 Ralf Dreier, Julius Binder (1870–1939), in: Fritz Loos (Hg.), *Rechtswissenschaft in Göttingen*, Göttingen 1987, S. 435–455, 442.

28 Julius Binder, *Rechtsbegriff und Rechtsidee*, Leipzig 1915, V.

29 Felix Somló, Rechtsbegriff und Rechtsidee, in: *ARWP* 4, 8 (1914/15), S. 525–528, 526.

30 Vgl. Larenz, Rechts- und Staatsphilosophie, S. 76. Larenz selbst gab in der ersten Auflage seiner *Methodenlehre* (Berlin 1960) an, als junger Student Stammlers Theorie der Rechtswissenschaft mit »heißem Bemühen« studiert zu haben. Dieser »Stachel« habe in ihm ständig fortgewirkt (VI). Ausführlich zu Larenz Stammler-Rezeption, siehe Bernd Hüpers, *Karl Larenz*, Berlin 2010, S. 42–56.

31 Binder, Rechtsbegriff, S. 29.

32 »Unser Schrei nach dem Führer hat so lange keinen Sinn, als wir uns einbilden, ein Parlament könne einen Führer ernennen«, schrieb Binder 1929 (*Führerauslese in der Demokratie*, Langensalza 1929, S. 66f.).

33 Gustav Radbruch, Rechtsphilosophie, S. 24.

litischen Auseinandersetzung beantwortet werden. Auch Radbruch ging es nicht darum, wissenschaftliche Probleme politisch zu lösen, sondern darum, vermeintlich wissenschaftliche Probleme als politische Probleme anzuerkennen, um sie einer demokratischen Lösung zuführen zu können.[34]

Erich Kaufmann stand dazu in scharfem Gegensatz. Ihm war es nicht um ein relatives Kulturrecht, sondern um ein absolutes Naturgesetz zu tun. Sein ganz persönlicher Abschied vom Neukantianismus begann mit einer Polemik gegen Stammlers Rechtsphilosophie. Stammler habe die »Tektonik des kantischen Gedankengebäudes« völlig zerstört. Das, was hier tragender Balken gewesen sei, sei weggefallen; anderes stehe »völlig in der Luft, das Ganze ohne Dach und ohne Fundament«.[35] Für Kaufmann hatte Stammler sein Ziel, ein »Reich absoluter Werte über der Wirklichkeit als deren Halt und Maßstab sicherzustellen«, völlig verfehlt, weil er es nicht gewagt habe, dem negativen Positivismus eine positive Metaphysik entgegenzustellen. Was Stammler stattdessen biete, sei eine Flucht ins Abstrakte: »unsinnliche, inhaltsleere, rationale ›Reinheit‹«, »Aushöhlung und Entleerung alles Lebendigen«, »Erkenntnistheorie ohne Wahrheitsbegriffe, Psychologie ohne Seele, Rechtswissenschaft ohne Rechtsidee« – nirgends ein »fester Halt in den uferlosen Meeren der leeren Formen«.[36]

Wenig später fand Kaufmann den ersehnten Halt in einem aristotelischen Naturrecht, das angeblich nicht nur den Richter, sondern auch den Gesetzgeber verpflichtete. Auf der berühmten Staatsrechtslehrertagung in Münster (1926) erklärte er mit einem Seitenhieb auf Kantorowicz und Radbruch, beim Naturrecht handele es sich nicht »um eine Methode für Diskussionen, nicht bloß um Diskussionsregeln, wie vielfach behauptet«, sondern »um eine materielle Ordnung [...], die inhaltlich gerecht« sei.[37] Gerechtigkeit sei dem Gesetzgeber nicht aufgegeben, sondern vorgegeben. Sie könne diskursiv nicht ermittelt, sondern nur erkannt werden.[38] Anders als der Gesetzgeber sei der Richter dazu fähig und berufen. Er sei ein »reines Gefäß« aus dem nicht »seine unreine Subjektivität, son-

34 Vgl. Martin D. Klein, *Demokratisches Denken bei Gustav Radbruch*, Berlin 2007, S. 150.

35 Erich Kaufmann, *Kritik der neukantischen Rechtsphilosophie*, Tübingen 1921, S. 19. Zu ihm siehe Jochen Rozek, Erich Kaufmann (1880–1972), in: Peter Häberle, Michael Kilian & Heinrich Wolff (Hg.), *Staatsrechtslehrer des 20. Jahrhunderts*, Berlin 2015, S. 201–217; Paz, Gateway, S. 97–121.

36 Kaufmann, Kritik, S. 98, 100.

37 Erich Kaufmann, Die Gleichheit vor dem Gesetz im Sinne des Art. 109 der Reichsverfassung, in: *VVDStRL* 3 (1926), S. 2–62, 11.

38 Ingeborg Maus, Naturrecht, Menschenrecht und politische Gerechtigkeit, in: *Dialektik* 1 (1994), S. 9–18, 15.

dern nur das über uns allen stehende Objektive« spreche.[39] Darum müsse der Richter in Gerechtigkeitsfragen das letzte Wort haben. Und nicht der Gesetzgeber.[40]

IV.

Die Diskussion zwischen naturrechtlich orientierten Juristen und Rechtspositivisten endete mit der Machtübernahme der Nationalsozialisten und dem Exodus ihrer demokratisch gesinnten und als Juden verfolgten Protagonisten. Hermann Kantorowicz ging erst nach Amerika, dann nach England. Erich Kaufmann floh in die Niederlande. Rudolf Stammler, Julius Binder und Gustav Radbruch blieben in Deutschland, arrangierten sich aber auf ganz unterschiedliche Art und Weise mit dem neuen Regime. Während Radbruch bis zuletzt integer blieb, sich in die innere Emigration zurückzog, eine lang gehegte Feuerbach-Biographie realisierte und einige schöngeistige Aufsätze zu Cicero und Daumier, Goethe, Shakespeare oder Michelangelo veröffentlichte,[41] biederten sich Julius Binder und Rudolf Stammler den neuen Machthabern an. Aus der selbstherrlichen Begründung eines Prüfungsrechts wurde die ehrerbietige Rechtfertigung einer richterlichen Dienstpflicht. Und aus der eigensinnigen Begründung natürlicher Gleichheit die dienstfertige Legitimation angeblich »rassischer« Ungleichheit.

Im Buhlen um die Führergunst wurde auch dem Naturrecht neues Leben eingehaucht. Bereits 1928 hatte Hans Liermann den Zusammenhang von »Rasse und Naturrecht« untersucht und dem gleichheits-

39 Kaufmann, Gleichheit, S. 12.

40 Es ist bezeichnend für die deutsche Staatsrechtslehre, dass Kaufmann seine naturrechtlichen Überlegungen zu einem richterlichen Prüfungsrecht ausgerechnet anhand des Gleichheitssatzes entwickelte. Bis zur Novemberrevolution hatte die konservative Jurisprudenz des Kaiserreichs in den Grundrechten nicht viel mehr zu erkennen vermocht als eine prosaische Umschreibung des Gesetzlichkeitsgrundsatzes. Diese Sicht wurde jedoch just in dem Moment aufgegeben, als die Demokratisierung der Gesetzgebung die Privilegien einer besitzenden Minderheit zu gefährden schien, vgl. Franz Neumann, Der Funktionswandel des Gesetzes im Recht der bürgerlichen Gesellschaft, in: *ZfS* 6 (1938); S. 542–596, 575f., 577f. Siehe auch Helmut Rittstieg, *Eigentum als Verfassungsproblem*, Darmstadt 1976, S. 255f., 269; ferner Otto Kirchheimer, Die Grenzen der Enteignung [1930], in: Gesammelte Schriften, Bd. I, Baden-Baden 2017, S. 264–322, 291.

41 Gustav Radbruch, *Paul Johann Anselm Feuerbach*, 1. Aufl., Wien 1934. Die Aufsätze sind versammelt im Band *Gestalten und Gedanken*, 1. Aufl., Leipzig 1944.

orientierten Naturrecht der Antike ein »Naturrecht mit umgekehrtem Vorzeichen« gegenübergestellt, dass auf »rassischer« Ungleichheit beruhe.[42] Vier Jahre später formulierte der preußische Landtagsabgeordnete und promovierte Jurist Helmut Nicolai die »Grundzüge einer nationalsozialistischen Rechtsphilosophie« unter dem vielsagenden Titel: »Die rassengesetzliche Rechtslehre«.[43] Nach der Machtübergabe an Adolf Hitler entwickelte der pensioniderte Landgerichtsrat Raimund Eberhard eine Lehre vom ,rassengesetzlichen Naturrecht, das angeblich nicht »aus der allen Menschen gemeinsamen Vernunft, oder der allgemein-menschlichen Wesensart«, sondern aus der »besonderen Wesensart, dem Blut«, ja, »der Edel-Rasse des deutschen Volkes« stamme.[44] Schließlich griff Hans-Helmut Dietze diesen Gedanken auf und schrieb einige Randbemerkungen der nationalsozialistischen Führungselite[45] zu einem »Naturrecht aus Blut und Boden« fort,[46] nach dem »sich das soziale Verhalten ursprünglich und offensichtlich« regele.

In seiner Habilitationsschrift mit dem vollmundigen Titel *Das Naturrecht in der Gegenwart* – die Arbeit erschien 1936 – argumentierte Dietze, dass alles Naturrecht begriffsnotwendig zeitlos sei, aber, so Dietze weiter, lediglich der äußeren Form nach. Der konkrete Inhalt sei raum, zeit- und blutsgebunden, das nationalsozialistische Naturrecht in jenen »naturhaften Kräften« verwurzelt, aus denen »alles wirkliche Leben« sprieße: dem »Drängen des Blutes«, den »Säften des Bodens und [...] der Innigkeit gleicher Gesinnung.« Es ließ sich daher mitunter auf die Formel bringen: »Recht ist das, was arische Menschen für

42 Hans Liermann, Rasse und Recht, in: *ZgS* 2, 85 (1928), S. 273–315, 288.

43 Helmut Nicolai, *Die rassengesetzliche Rechtslehre*, 1. Aufl., München 1932. Zu dieser Rechtslehre, siehe Anderbrügge, Rechtsdenken, S. 167–178.

44 Raimund Eberhard, *Modernes Naturrecht*, Rostock 1934, S. 22. Indes sah Eberhard im »rassengesetzlichen Naturrecht« noch nicht der Weisheit letzter Schluss. Wenn man ein deutsches Naturrecht bejahe, müsse man auch ein Naturrecht der anderen Völker bejahen. Über all diesen Rechten schwebe dann »ein noch höherer Fixpunkt, dem das deutsche Naturrecht in Gemeinsamkeit mit den Naturrechtsidealen der anderen Völker unablässig und unbeirrbar zustrebe« (S. 38).

45 Etwa: »Menschenrecht bricht Staatsrecht« (Adolf Hitler), »Die Natur geht über die Wissenschaft hinweg und gestaltet ihr eigenes Leben« (Josef Goebbels), »Das moralische Recht ist das ewige Recht. Das ewige Recht, das moralische Recht aber liegt seit Tausenden von Jahren fest verankert in der Brust des Menschen« (Hermann Göring), zit. n. Hans-Helmut Dietze, *Naturrecht in der Gegenwart*, Bonn 1936, S. 112–114.

46 So der Titel eines Aufsatzes, den Dietze 1936 im 3. Jg. der *ZAkDR* veröffentlichte (S. 818–821).

Recht befinden, Unrecht ist das, was sie verwerfen«, oder: »Alles, was dem Volke nützt ist Recht, alles was ihm schadet Unrecht«.[47]

Die Ankunft des »Dritten Reichs« wurde zwar tatsächlich vereinzelt als »Durchbruch des Naturrechts« gefeiert.[48] Die Sprechposition eines »dunklen Naturrechts« (Fabian Wittreck) war allerdings von vornherein dadurch geschwächt, dass dieses Naturrecht nicht nur gegen die katholische Gesellschaftslehre und das liberale Verfassungspathos abgegrenzt, sondern auch gegenüber solchen Ansätzen profiliert werden musste, die sich als dritten Weg oder Synthese alter Gegensätze empfahlen. Beispielsweise grenzte der notorische Carl Schmitt sein konkretes Ordnungsdenken gegen Normativismus und Dezisionismus ab.[49] Und Karl Larenz deutete die eigene Rechtshegelei als Aufbruch zu neuen Ufern »jenseits von Naturrecht und Positivismus«.[50] Wer das Pathos des Naturrechts bediente, musste daher stets betonen, dass seine Konzeption völlig anders geraten war als aufgeklärte oder neuthomistische Entwürfe, und schnitt sich die legitimierende Berufung auf eine Tradition, die allein rechtfertigte, den Begriff weiterzuverwenden, laufend selbst ab.[51] Vermutlich war

47 Dietze, Naturrecht, S. 122, 318, 185f. Kritisch zu diesem Eklektizismus bereits die zeitgenössische Besprechung Herbert Krögers (Naturrecht in Gegenwart und Vergangenheit, in: *ZgS* 99, 3 (1939), S. 543–554, insbes. 551).

48 Jakob Hommes, Katholisches Staats- und Kulturdenken und Nationalsozialismus, in: *DtV* 1 (1933), S. 285–288, 285.

49 Carl Schmitt, *Über die drei Arten des rechtswissenschaftlichen Denkens*, 1. Aufl., Hamburg 1934.

50 Karl Larenz, *Rechts- und Staatsphilosophie der Gegenwart*, 2. Aufl., Berlin 1936, S. 150.

51 So findet sich in *Meyers Lexikon*, Bd. VIII, 8. Aufl., Leipzig 1940, Sp. 175–177 der folgende Eintrag zum Lemma Naturrecht: »Die natur- bzw. rassengesetzliche Rechtslehre des Nationalsozialismus unterscheidet sich von allen überlieferten Versuchen, ein Naturrecht zu entwerfen, dadurch, daß sie nicht auf die Bezeichnung ›Naturrecht‹ für ein Rechtssystem abstellt, sondern darauf, ob die zugrunde gelegte Natur wirklich Natur ist oder nicht (wie beim kirchenkatholischen imperialistischen Naturrecht). Die rassengesetzliche Rechtslehre des Nationalsozialismus, in der auch der Ausdruck: naturgesetzliche Rechtsauffassung üblich ist, geht von den biologischen Grundlagen des menschlichen Lebens aus. Hier ist Rechtsquelle der natürliche Urgrund, der rassische Blutzusammenhang, das Volk und eine Berufung auf hintergründige ›über‹natürliche Rechtsquellen findet nicht statt, ebensowenig aber eine ›Deduktion‹ des Rechts vermittels zersetzender abstrakter Konstruktionen, wie sie sich bei jüdischen (Natur-)Rechtstheoretikern der Gegenwart findet (u.a. Kelsen). Durch ihr Anknüpfen an die blutbedingte Ungleichheit der Menschen unterscheidet sich die rassengesetzliche Rechtslehre grundsätzlich vom kirchenkatholischen und vom Aufklärungs-Naturrecht, die beide von einer ›Gleichheit‹ aller menschlichen Natur ausgehen« (Sp. 175, 175f.).

dem »rassegesetzlichen Naturrecht« auch aus diesem Grund nur wenig Widerhall beschieden.[52]

V.

Während im nationalsozialistischen Deutschland fieberhaft an innovativen Rechtslehren gearbeitet wurde, tauchten im Ausland erste Analysen auf, die die neuen Lehren in den alten Begrifflichkeiten zu erfassen suchten. Sie deuteten die faschistische Rechtsphilosophie, die ja offensichtlich in Frontstellung zum Rechtspositivismus entwickelt worden war, überwiegend auch dort noch als Naturrecht, wo ihre Autoren sich gegen diese Bezeichnung ausdrücklich verwahrten. So charakterisierte beispielsweise Ernst Fraenkel die nationalsozialistische Rassenlehre als »irrationales und gemeinschaftliches, biologisch fundiertes Naturrecht«.[53] Er deutete Schmitts konkretes Ordnungsdenken als bislang ambitioniertesten Versuch, das Verhältnis von Gesellschaft und nationalsozialistischem Staat näher zu bestimmen. Ähnlich äußerte sich der Schweizer Rechtsphilosoph Hans Ryffel. Er unterschied zwischen einem abstrakt-allgemeinen und einem konkret-individualisierenden Naturrecht und Schlug den Rechtshegelianismus der zweiten Kategorie zu.[54]

Ihren tiefsten Punkt erreichte die nationalsozialistische Rechtsphilosophie dann in einem Versuch Walther Schönfelds, den Gegensatz von Naturrecht und einer Philosophie, die ihrerseits vielfach als Spielart des Naturrechts gelesen wurde, neuerlich zu überwinden durch eine »noch tiefere und größere Ausprägung« des Naturrechtsgedankens.[55]

In der ersten Hälfte der vierziger Jahre erschien das Naturrecht damit als These, Antithese und Synthese zugleich. Einigkeit über alle methodischen und sonstigen Differenzen hinweg bestand lediglich darin, mit dem »Führer« zu ziehen – im Zweifel auch »gegen die verständige Erfahrung«.[56]

52 Vgl. Joachim Gernhuber, Das völkische Recht, in: Rechtswissenschaftliche Abteilung der Rechts- und Wirtschaftswissenschaftlichen Fakultät der Universität Tübingen (Hg.), *Tübinger Festschrift für Eduard Kern*, Tübingen 1968, S. 167–201 195).

53 Ernst Fraenkel, *Der Doppelstaat*, Frankfurt/Main 1974, S. 165ff.

54 Ryffel, Naturrecht, S. 16 et passim. Hans Fehr, ebenfalls Schweizer, sprach im gleichen Sinne von einem »isolierten Naturrecht« (*Die Ausstrahlung des Naturrechts der Aufklärung in die neue und neueste Zeit*, Bern 1938, S. 26).

55 Walther Schönfeld, *Die Geschichte der Rechtswissenschaft im Spiegel der Metaphysik*, Stuttgart 1943, S. 123.

56 Erik Wolf, *Richtiges Recht im nationalsozialistischen Staate*, Freiburg 1934, S. 28f.

VI.

Nach der totalen Niederlage des europäischen Faschismus hatte das Denken in unauflöslichen Gegensätzen neuerlich Konjunktur.[57] »Das Dritte Reich ist vorüber«, rief Fritz von Hippel vom Katheder, die »Waffen schweigen, aber der Kampf in unseren Herzen geht weiter«.[58] Gemeint war der Kampf gegen den Relativismus, gegen Kant, Kirchmann und Kantorowicz, den die deutsche Staats- und Rechtslehre von Friedrich Julius Stahl bis hin zu Walther Schönfeld so verbissen geführt hatte. Dieser Kampf konnte unter veränderten Vorzeichen freilich nur dann fortgesetzt werden, wenn es gelang, das eigene »Versagen« dem politischen Gegner anzulasten. Im Anschluss an den unglückseligen Gustav Radbruch[59] behauptete die Rechtswissenschaft der Bonner Republik, nicht sie selbst, sondern ihr ureigener Bildungskanon trage die Schuld daran, dass sie in ihrem Wächteramt versagt habe. Historismus, Utilitarismus und Relativismus hätten die Theorie verblendet und die Praxis »wehrlos gemacht gegen noch so große Grausamkeit und Willkür«.[60]

Diese Selbstanklage eines Untadeligen leistete zweierlei: Sie ermunterte zum Wiederaufbau des zerstörten Tempels und sie bot denen, die sich an seiner Zerstörung beteiligt hatten, ein Alibi, eine scheinbar plausible Antwort auf die ohnehin kaum gestellte Frage, wie es überhaupt so weit hatte kommen können. Radbruchs Integrationsangebot lebte von der doppelten Fiktion, dass das Recht seinerzeit in eine schwere Krise geraten und dass die Legitimationskrise einer schwer korrumpierten

57 Diese Formulierung in Anlehnung an Lepsius, Begriffsbildung.

58 Fritz von Hippel, *Die nationalsozialistische Herrschaftsordnung als Warnung und Lehre*, in: *Ideologie und Wahrheit in der Jurisprudenz*, Frankfurt/Main 1973, S. 3–45, 5. Im selben Text entwarf Hippel das Konzept des »freiwilligen Zwangs«, das es ermöglichen sollte, selbst die leidenschaftlichste Unterwerfung noch als erzwungen zu präsentieren.

59 Radbruch war Justizminister a. D. (SPD), Professor für Strafrecht und Rechtsphilosophie in Heidelberg und war, weil er erst das eine gewesen und dann das andere geworden war, von den Nazis aus dem Amt gejagt worden. Er hatte Frau, Freunde und Kinder während des Krieges verloren und war schwer an Parkinson erkrankt, als er im Frühling 1946 an die Universität zurückkehrte. Zu Radbruchs bewegtem Leben siehe die Autobiographie, *Der innere Weg*, Stuttgart 1951, ferner Erik Wolf, *Große Rechtsdenker der deutschen Geistesgeschichte*, 4. Aufl., Tübingen 1963, S. 713–765; Harry Pross, Lehrer, Politiker, Justizminister und Literat, in: *Die Zeit* vom 5. August 1988; Arthur Kaufmann, *Gustav Radbruch*, München 1996, und Benjamin Lahusen, Aus Juristen Demokraten machen, in: *Die Zeit* vom 5. November 2009.

60 Gustav Radbruch, *Vorschule der Rechtsphilosophie*, Heidelberg 1947, S. 108.

Jurisprudenz in Wahrheit nichts anderes war als eine Krise eben dieses Rechts. Schuld waren nicht die Denker, sondern die Gedanken: »keine Rechtswissenschaftler mit Gesicht und Namen, sondern die Ideen selbst«.[61] Die Schuld am Geschehenen wurde verleugnet oder verdrängt. Sie wurde dem Gesetzgeber angelastet,[62] den Gegnern des Nationalsozialismus in die Schuhe geschoben – allen voran Hans Kelsen[63] – oder einer anonymen »Weichenstellung im Aufbau von Staat und Recht«, die einst in bester Absicht vorgenommen worden war, die im »Lauf der Zeit aber all diejenigen Verhängnisse heraufbeschworen hatte, derer man nun gewärtig geworden war« – dem Positivismus.[64]

Nach dem Zweiten Weltkrieg entfaltete das Naturrecht seine neuerliche Anziehungskraft nicht etwa als geschlossenes Lehrgebäude, das mit philosophischem Ernst studiert worden wäre, sondern als geistiges Fundament einer Gründungserzählung, die objektiv diejenigen entlastete, die Schuld auf sich geladen hatten, und ihnen dabei subjektiv erlaubte, sich redlich zu fühlen.[65] In den Worten Ernst Toptischs: Die Besinnung auf Naturrecht stillte das »Verlangen nach Sicherheit, Trost und

61 Lena Foljanty, *Recht oder Gesetz*, Tübingen 2013, S. 41.

62 »Nicht die Justiz, sondern ganz allein der Gesetzgeber hatte die Fahne des Rechts verlassen«, schrieb Eberhard Schmidt damals, »Und mit der Verantwortung für die Folgen dürfen heute weder Rechtslehre noch Justiz beladen werden, da diese ganz allein den um jeden rechtlichen Halt gekommenen Gesetzgeber betrifft« (Unabhängigkeit der Rechtspflege, in: o. A. (Hg.), *Tagung deutscher Juristen*, Hamburg 1947, S. 223–251, 231).

63 »In der Kritik am formalistischen Rechtsdenken war Hans Kelsen die Reizfigur schlechthin«, schreibt Lena Foljanty, neben Karl Bergbohm sei er der einzige Vertreter des Positivismus gewesen, der in der Naturrechtsliteratur namentlich erwähnt worden sei (Recht, S. 34).

64 Benjamin Lahusen, *Rechtspositivismus und juristische Methode*, Weilerswist 2011, S. 8. Die sogenannte Positivismus-These ist inzwischen längst als Legende entlarvt, deren eigene Entstehung präzise vermessen werden kann, vgl. nur Klaus Füßer, Rechtspositivismus und »gesetzliches Unrecht«, in: *ARSP* 3, 78 (1992), S. 301–331; Gerhard Luf, Zur Verantwortlichkeit des Rechtspositivismus für »gesetzliches Unrecht«, in: Ulrike Davy, Helmut Fuchs, Judith Marte & Ilse Reiter (Hg.), *Nationalsozialismus und Recht*, Wien 1990, S. 18–37, und Manfred Walther, Hat der juristische Positivismus die deutschen Juristen im »Dritten Reich« wehrlos gemacht?, in: Horst Dreier & Wolfgang Sellert (Hg.), *Recht und Justiz im »Dritten Reich«*, Frankfurt/Main 1989, S. 323–354.

65 Foljanty, Recht, S. 49. Karl Reichert bezeichnet eine derartige »Auslegung der Geschichte als reiner Entfaltung der Idee« als »Super-Hegelianismus, in dem alle Wechselwirkungen zwischen Begriff und Realität« in einem »Geschichtsfatalismus« untergehe. Schließlich könne man »nicht den mittelalterlichen Chiliasmus für das ›Dritte Reich‹ der modernen Barbaren, Rousseau für Marx, Hegel für Stalin oder Schelling für Hitler

Erbauung« nach dem verlorenen Krieg und befriedigte das Bedürfnis nach einer möglichst durchschlagskräftigen »Gegenideologie« wider den Kommunismus.[66]

Unter sozialpsychologischen Gesichtspunkten war die »Naturrechtsrenaissance«[67] der ersten Nachkriegsjahre vor allem eine Reaktion auf den jähen Zusammenbruch des möglichst tausendjährigen Reichs.[68] Allerdings reagierte die deutsche Staats- und Rechtslehre nur dort auf den Untergang des Abendlands, wo sie die angebliche Rechtsperversion der Nationalsozialisten ihrerseits als Ausdruck eines sehr viel früher einsetzenden Niedergangs deuten konnte.[69] Wer vom Faschismus nicht schweigen wollte, sprach eben von einer »Entartung« des legitimen Gesetzespositivismus der Jahrhundertwende zu einem illegitimen Machtpositivismus oder einer »Krise der legitimierenden Kraft des demokratischen Gemeinwillens«.[70] Indem man die Geschichte des europäischen

verantwortlich machen« (Utopie und Staatsroman, in: *DVjs* 39 (1965), S. 259–287, 268).

66 Ernst Topitsch, Einleitung, in: Hans Kelsen, *Aufsätze zur Ideologiekritik*, Neuwied 1964, S. 11–27, 12.

67 »Die viel beschworene Renaissance des Naturrechts nach 1945 war weder eine *Renaissance* des Naturrechts, noch eine Renaissance *des* Naturrechts«, schreibt Ulfried Neumann, »sie war keine Renaissance, weil sie der ideengeschichtlichen Vermittlung entbehrt«, und sie »war keine Renaissance *des* Naturrechts, weil einseitig dem konfessionellen, insbesondere dem thomistischen Naturrecht verpflichtet« (Rechtsphilosophie in Deutschland seit 1945, in: Dieter Simon (Hg.), *Rechtswissenschaft in der Bonner Republik*, Frankfurt/Main 1994, S. 145–187, 154)

68 Vgl. Lena Foljanty, Naturrechtsrenaissance, in: *HRG*, Bd. III, Lfg. 24, 2. Aufl., Berlin 2016, Sp. 1868–1871, 1868. Vgl. auch Heinz Mohnhaupt, Zur »Neugründung« des Naturrechts nach 1945, in: Horst Schröder & Dieter Simon (Hg.), *Rechtsgeschichtswissenschaft in Deutschland 1945 bis 1952*, Frankfurt/Main 2001, S. 97–128, 107 (»rechtliche und moralische Bewältigungsarbeit«); Peter Koller, Zur Verträglichkeit von Rechtspositivismus und Naturrecht, in: Dorothea Mayer-Maly & Peter Simons (Hg.), *Das Naturrechtsdenken heute und morgen*, Berlin 1983, S. 337–358, 345 (»Versuch der Vergangenheitsbewältigung«), und Wolf Rosenbaum, *Naturrecht und positives Recht*, Neuwied 1972, S. 106 (»Bewältigung der Vergangenheit«).

69 Vgl. Lahusen, Rechtspositivismus, S. 8.

70 Franz Wieacker, Privatrechtsgeschichte der Neuzeit, 2. Aufl. Göttingen 1967, S. 585, 561f. Vgl. auch Ernst Forsthoff, Zur Problematik der Rechtserneuerung, in: Werner Maihofer (Hg.), *Naturrecht oder Rechtspositivismus*, Darmstadt 1962, S. 73–86, 73f.: »Die Frage nämlich, ob das Recht wirklich allein aus der Entscheidung des staatlichen Gesetzgebers hervorgehe oder ob es ein höheres Recht gebe, an das auch der Gesetzgeber gebunden sei, war so lange eine bloß theoretische, als man gewiß sein konnte, daß dieser Gesetzgeber sich nicht nur mit den fundamentalen Rechtsüberzeugungen

Rechtsdenkens als Verfall seiner ursprünglichen Einheit präsentierte, konnte man nicht nur das nationalsozialistische Engagement deutscher Juristen entschuldigen, sondern auch die eigene Autorität gegenüber Legislative und Judikative neu begründen. Man berief sich auf Naturrecht um personelle Konsequenzen abzuwenden[71] und Vergesellschaftungsformen zu bekämpfen, die angeblich noch immer keine ausreichende Gewähr boten für die Richtigkeit der Rechtsinhalte.

Und damit nicht genug. Seit Rudolf Stammler die Rechtsphilosophie epistemologisch rehabilitiert hatte, war die Berufung auf Naturrecht außerdem eine anerkannte Antwort auf Kirchmanns alte Frage, ob die Rechtswissenschaft überhaupt eine Wissenschaft sei oder diesen Titel zu Unrecht führe. In diesem Licht erschien die sogenannte Naturrechtsrenaissance nach 1945 als kurzes »Intermezzo« in einer seit 1847 geführten Diskussion über Wesen und Wert der Jurisprudenz, deren bleibender Ertrag darin bestand, dass nicht mehr eigens begründet werden musste, dass und warum »Recht eine Frage der Wahrheit und nicht des Willens« sei.[72]

Kurzum – Naturrecht war die Antwort der deutschen Rechtswissenschaft auf Nationalsozialismus, Demokratie und Relativismus, eine psychologische, politische und philosophische Abwehrbewegung, die sich gegen das moderne Recht überhaupt richtete.[73]

in Einklang halten, sondern auch im Detail der gesetzlichen Regelung optimal gerechte Lösungen anstreben würde. Dieses Vertrauen genoß der staatliche Gesetzgeber bis zum Jahr 1918.«

71 Von den knapp fünfhundert Rechtswissenschaftlern, die im Januar 1933 an deutschen Universitäten beschäftigt waren, war über ein Viertel entlassen, vertrieben oder ermordet worden; über die Hälfte aller juristischen Lehrstühle hatte man zwischen 1933 und 1939 neu besetzt. Schätzungsweise 90 Prozent aller Rechtswissenschaftler, die in der Hitler-Zeit einen Lehrstuhl erbeutet hatten, konnten nach 1945 auf ein Ordinariat zurückkehren oder wurden mit vollen Bezügen in den Ruhestand verabschiedet, vgl. Stefan Höpel, Die »Säuberung« der deutschen Rechtswissenschaft, in: *KJ* 4, 26 (1993), S. 438–460, 447; Hubert Rottleuthner, Kontinuität und Identität, in: Franz Jürgen Säcker (Hg.), *Recht und Rechtslehre im Nationalsozialismus*, Baden-Baden 1992, S. 241–254, 247, sowie Ingo Müller, *Furchtbare Juristen*, München 1987, S. 237.

72 Foljanty, Recht, S. 223.

73 Das Naturrecht werde auch deshalb laufend wiedergeboren, weil es ihm nicht gelänge, erwachsen zu werden, spottet Niklas Luhmann, *Das Recht der Gesellschaft*, Frankfurt/Main 1993, S. 517 Fn. 50. Ähnlich hatte Alf Ross bereits in den fünfziger Jahren geurteilt: »Natural law seeks the absolute, the eternal, that shall make of law something more than the handiwork of human beings and tempts the legislature from the pains and responsibility of decisions« und diese Sicht als »typically infantile« charakterisiert (*On Law And Justice*, Berkeley 1959, S. 258, 228).

VII.

Dieser Befund ist inzwischen gut gesichert,[74] obwohl das Bild an zwei Stellen noch immer unvollständig ist. Zum einen fehlt es an einer fundierten Auseinandersetzung mit der Rechtsprechung der vierziger und fünfziger Jahre,[75] die sich ja nur mittelbar mit den ganz großen Fragen auseinandersetzen musste; zum anderen haben Rechtstheorie[76] und

74 Siehe nur Hans Jörg Sandkühler, *Nach dem Unrecht*, Freiburg 2015; Foljanty, Recht, vgl. dazu außerdem die ergänzenden Bemerkungen von Bernd Rüthers, Recht oder Gesetz?, in: *JZ* 17, 68 (2013), S. 822–829, und Frommel, Rechtsphilosophie; Heinrich Lau, Naturrecht und Restauration in der BRD, in: *KJ* 8, 3 (1975), S. 244–254; Rosenbaum, Naturrecht; Hans Dieter Schelauske, *Naturrechtsdiskussion in Deutschland*, Köln 1968; Franz Wieacker, Zum heutigen Stand der Naturrechtsdiskussion, in: *Zum heutigen Stand der Naturrechtsdiskussion*, Köln 1965, S. 7–30; Kaufmann (Hg.), Begründung; Maihofer (Hg.), Naturrecht; Thomas Würtenberger, Zur Geschichte der Philosophie und des Naturrechts, *ARSP* 1, 51 (1954), S. 58–87; ders., Neue Stimmen zum Naturrecht in Deutschland 1948–1951, in: *ARSP* 4, 40 (1953), S. 576–597; ders., Wege zum Naturrecht in Deutschland 1946–1948, in: *ARSP* 1, 38 (1949), S. 98–138, 132f., und Heinz Horst Schrey, Die Wiedergeburt des Naturrechts, in: *ThR* 2/3, 19 (1951), S. 21–75, 154–186 und 193–221.

75 Eine solche Auseinandersetzung kann freilich auf zeitgenössische Vorarbeiten unterschiedlicher Qualität zurückgreifen, insbesondere auf Gebhard Müller, *Naturrecht und Grundgesetz*, Würzburg 1967; Hans-Jürgen Kerkau, *Der Naturrechtsgedanke in der Rechtsprechung des Bundesgerichtshofes in Strafsachen*, Kiel 1966; Eleonore Linsmayer, *Das Naturrecht in der deutschen Rechtsprechung der Nachkriegszeit*, München 1963; Hermann Weinkauff, Der Naturrechtsgedanke in der Rechtsprechung des Bundesgerichtshofes, in: *NJW* 37, 13 (1960), S. 1689–1696; Ernst von Hippel, Das Naturrecht in der Rechtsprechung der Bundesrepublik, in: *Mechanisches und moralisches Rechtsdenken*, Meisenheim 1959, S. 224–237; Albrecht Langner, *Der Gedanke des Naturrechts seit Weimar und in der Rechtsprechung der Bundesrepublik*, Bonn 1959; Werner Wippold, *Die Einwirkung der Naturrechts-Ideologie auf die westdeutsche Gerichtspraxis in den Jahren bis zur Gründung der Bundesrepublik*, Babelsberg 1957; Bruno Baak, *Das Naturrecht in der neueren Rechtsprechung der obersten deutschen Gerichte*, Köln 1954. In diese Kategorie fällt auch der persönlich gefärbte Rückblick Hans Joachim Fallers, Wiederkehr des Naturrechts?, in: *JbÖffR* 43 (1995), S. 1–17.

76 Einen ersten Überblick bieten Inga Markovits, *Diener zweier Herren*, Berlin 2020; dies., Die Juristische Fakultät im Sozialismus, in: Heinz-Elmar Tenorth (Hg.), *Geschichte der Universität Unter den Linden 1810–2010*, Bd. VI, Berlin 2010, S. 91–135, und der Sammelband *Rechtswissenschaft in der DDR 1949–1971*, hg. von Ralf Dreier, Jörn Eckert, Karl A. Mollnau & Hubert Rottleuthner, Baden-Baden 1996.

Rechtspraxis[77] der Sowjetischen Besatzungszone und der DDR,[78] für die der Umgang mit Nationalsozialismus, Demokratie und Pluralismus zweifelsohne Schlüsselfragen waren, noch immer nicht die ihnen gebührende Aufmerksamkeit erfahren. Letzteres ist umso erstaunlicher, als Radbruch die Belege für eine vermeintliche Wiederkehr des Naturrechts ausgerechnet in der Sowjetischen Besatzungszone fand. Auf jenen drei Seiten, die vom gesetzlichen Unrecht und seiner naturrechtlichen Überwindung handeln, bemühte Radbruch vier Beispiele aus Thüringen, Sachsen und der sächsischen Provinz, um seine These zu belegen, überall habe die Rechtsprechung den Kampf gegen den Positivismus aufgenommen.[79] Zumindest in der Anfangszeit muss es also auch im Osten ein praktisch wirksames Naturrecht gegeben haben. Bereits die Ausmaße dieses ersten Aufflackerns sind jedoch kaum bekannt; auch über das weitere Fortleben eines antifaschistischen oder gar sozialistischen Naturrechts weiß man im Grunde nichts.

VIII.

Diese Beobachtung bot Anlass für die folgende Untersuchung. Sie soll einen Beitrag dazu leisten, das Naturrecht in der je spezifischen Gestalt zu erforschen, die es in den beiden deutschen Teilstaaten annahm. Dazu bedient sie sich eines im weitesten Sinne begriffsgeschichtlichen Instrumentariums.[80] Sie unterscheidet zwischen Theorie und Praxis des Rechts,

77 Vgl. statt aller Inga Markovits, *Gerechtigkeit in Lüritz*, München 2006.

78 Zum Forschungsstand im Allgemeinen siehe Adrian Schmidt-Recla & Achim Seifert (Hg.), *Das Recht der DDR als Gegenstand der Rechtsgeschichte*, Wien 2022, sowie Hans Peter Haferkamp, Jan Thiessen & Christian Waldhoff (Hg.), *Deutsche Diktatorische Rechtsgeschichte?*, Tübingen 2017.

79 Gustav Radbruch, Gesetzliches Unrecht und übergesetzliches Recht, in: *SJZ* 5, 1 (1946), S. 105–108.

80 Begriffsgeschichtliche Forschung geht davon aus, dass Menschen miteinander kommunizieren müssen, um sich verständlich machen zu können, und unterstellt, dass sie das nur unter jeweils gegeben Bedingungen tun können. Sie fragt also nach den sozialen Bedingungen, die es ermöglichen, bestimmte Sinnerfahrungen zu speichern, zu ordnen und in Form von »gepflegter Semantik« zugänglich zu halten, allgemeiner gesprochen: nach dem Verhältnis von Gesellschaftsstruktur und Semantik. Dabei wird angenommen, dass Strukturen und Semantiken miteinander korrelieren, das heißt, mit genau den Strukturen variieren, denen eine Gesellschaft ihre Kommunikation unterwirft. So gerüstet lassen sich dann »semantische Korrelate einer strukturellen Gesellschaftsentwicklung« identifizieren, vgl. Niklas Luhmann, Gesellschaftsstruktur und Semantik, in: ders., Gesellschaftsstruktur

zwischen verschiedenen Ebenen der Theoriebildung und zwischen unterschiedlichen Modi ihrer Beobachtung.

Die Naturrechtslehre selbst hatte diese Unterscheidung noch nicht zugelassen. Sie verstand Rechtsprechung und Rechtsdogmatik, aber auch Rechtsphilosophie und Rechtsgeschichte als unterschiedliche Ausgangspunkte einer arbeitsteiligen Suche nach der Gerechtigkeit. Eine von der praktischen Teilnahme am Rechtsbetrieb oder der theoretischen Kontemplation enthobene Beobachtung des Rechts erwies sich für eine bestimmte Art ideen- oder problemgeschichtlicher Forschung schon deshalb als nicht gegenstandsadäquat, weil ihr eigentlicher Gegenstand gar nicht die abgeschlossene Vergangenheit und ihr Recht war, sondern die ständige »Durchsetzung der Gerechtigkeit, der Kampf geistiger Macht gegen brutale Gewalt und den Zwang ungerechten Rechts, das Streben nach Freiheit und Autonomie der Persönlichkeit, kurz: der Gang der Rechtsidee durch die Geschichte«.[81]

Diese Arbeit folgt einer anderen Konzeption. Sie versteht die Rechtsgeschichte nicht als »Bilderbuch der Rechtsidee«[82] oder als »Thesaurus von Rechtsregeln«[83]. Sie beschreibt das historische Recht nicht als »geschichtliche Erscheinung[...] der Gerechtigkeit«,[84] sondern als sich selbst beobachtendes System, das Theorien erzeugt, um die eigenen Operationen rekursiv zu vernetzen.[85]

Das geringste Abstraktionsniveau weisen dabei die dogmatischen Theorien auf. Sie bereiten das unübersichtliche Material didaktisch auf,

und Semantik, Bd. I, Frankfurt/Main 1993, S. 9–71. Kritisch zur Korrelationssemantik Luhmanns Rudolf Stichweh, Semantik und Sozialstruktur, in: Dirk Tänzler, Hubert Knoblauch & Hans-Georg Soeffner (Hg.), *Neue Perspektiven der Wissenssoziologie*, Tübingen 2006, S. 157–171. Gunther Teubner löst das Problem, indem er einen vorautopoietischen und einen autopoietischem Zustand unterscheidet und für Letzteren eine Ko-Evolution annimmt (vgl. *Recht als autopoietisches System, Frankfurt/Main* 1989, S. 61–81, insbes. 73, 78f.).

81 Heinrich Mitteis, *Der Lebenswert der Rechtsgeschichte*, Weimar 1947, S. 128. Zu Mitteis, siehe nur Johannes Liebrecht, *Die junge Rechtsgeschichte*, Tübingen 2018.

82 Die Rechtsgeschichte sei nicht nur ein »Bilderbuch zur Rechtsidee«, schreibt Helmut Coing, sondern »die Geschichte ihrer allmählichen Enthüllung« (*Grundzüge der Rechtsphilosophie*, 1. Aufl., Berlin 1950, S. 150).

83 Wieacker, Privatrechtsgeschichte, S. 617.

84 Ebd., S. 562.

85 Dieser Ansatz unterscheidet sich insbesondere von einer spekulativen Problemgeschichte, wie sie von und im Anschluss an Franz Wieacker betrieben worden ist. Zu Wieackers Verständnis von Rechtsgeschichte und historischer Methodik, siehe nur Uwe Wesel, Zur Methode der Rechtsgeschichte, in: *KJ* 4, 7 (1974), S. 337–368, Joachim Rückert, Privatrechtsgeschichte der

gruppieren es zu Problemen und stellen Lösungen so dar, dass sie wiederverwendet werden können.[86] Auch in der Rechtsdogmatik lässt sich Naturrecht beobachten. Naturrechtliche Prinzipien werden als »Reflexionsstopp« eingesetzt,[87] um eine Entscheidung mit Blick auf vermeintlich vergleichbare Konstellationen zu begründen. Aber dabei handelt es sich nicht – wie man im Anschluss an Stammlers »Naturrecht mit wechselndem Inhalt« und die semantische Tradition meinen könnte – um einen unvermittelten Durchgriff »nach draußen«,[88] um eine externe Begrenzung des Rechts durch seine Umwelt, die Natur, sondern um ein Argument im Rahmen einer juristischen Auseinandersetzung, dessen Anschlussfähigkeit sich dann systemintern – also »drinnen« – bewähren muss.

In Bezug auf die Rechtsphilosophie kommt dem Naturrecht freilich eine weitergehende und tieferreichende Bedeutung zu. Dogmatische Theorien sind zwar bereits Produkte der Beobachtung des Rechts durch das System, in aller Regel: der Rechtspraxis durch wissenschaftliche Mitarbeiter. Sie sind aber selbst noch keine Theorien der Selbstbeobachtung des Rechts. Derartige Theorien, die erklären können, warum das Recht überhaupt Recht ist, lassen sich mit Niklas Luhmann als »Selbstbeschreibungsformeln« oder »Reflexionstheorien« des Rechts bezeichnen.[89] Während positivistische Reflexionstheorien mit der Metapher einer Rechtsquelle operieren, um die Geltung des Rechts zu begründen, rechtfertigen naturrechtliche Selbstbeschreibungsformeln oberste Prinzipien, die das Recht dann ihrerseits legitimieren sollen. Naturrecht und Rechtspositivismus unterscheiden sich damit hinsichtlich dessen, was

Neuzeit, in: Behrends, Okko & Eva Schumann (Hg.), *Franz Wieacker*, Göttingen 2010, S. 75–118, und Viktor Winkler, *Der Kampf gegen die Rechtswissenschaft*, Hamburg 2014; zu Wieackers Leben, siehe den Nachruf von Dieter Simon, Franz Wieacker, in: *RJ* 13 (1994), S. 1–4, und Detlef Liebs, Franz Wieacker (1908 bis 1994), in: Behrends & Schumann (Hg.), Wieacker; prägnant zu Wieackers nationalsozialistischem Engagement Benjamin Lahusen, Die Last der großen Erzählung, in: *myops* 31 (2017), S. 70–72; ausführlich zum Zusammenhang von Gesinnung und Werk, Ville Erkkilä, *The Conceptual Change of Conscience*, Tübingen 2019, und die Rezension Tomasz Giaros, A Matter of Pure Conscience?, in: *Studia Iuridica* 82 (2019), S. 9–28. Grundlegend zur Disziplingeschichte der Rechtsgeschichte Regina Ogorek, Rechtsgeschichte in der Bundesrepublik (1945–1990), in: Simon (Hg.), Rechtswissenschaft, S. 12–99, und Sten Gagnér, *Zur Methodik neuerer rechtsgeschichtlicher Untersuchungen I*, Ebelsbach 1993.

86 Luhmann, Recht, S. 11.

87 Ebd., S. 517.

88 Niklas Luhmann, Positivität als Selbstbestimmtheit des Rechts, in: *Rechtstheorie* 19 (1988), S. 11–27, 24.

89 Polemisch könnte man stattdessen von Legitimationsideologien sprechen, so Rosenbaum, Naturrecht, S. 16.

zu begründen ist (Geltung, Legitimität) und im Modus der Begründung (Quellen, Prinzipien).[90] Beide erfüllen aber letztlich die gleiche Funktion, nämlich die »Eigenwertproduktion des Rechts und den Sinn der Autonomie« im Rechtsystem selbst darzustellen.[91]

Derartige Theorien zum Gegenstand begriffsgeschichtlicher Forschung zu machen, heißt, ihre Grundannahmen dahinstehen zu lassen, sich aus dem System zu verabschieden und sich auf eine Beobachterposition jenseits des Rechts zurückzuziehen. Das bedeutet jedoch nicht, dass der Naturrechtsgedanke als bloßes Hirngespinst abgetan würde. Denn Naturrecht zeichnet sich nicht dadurch aus, dass es nicht beschrieben werden könnte. Gerichte können ihre Entscheidung auf »Naturrecht« stützen, Rechtsphilosophen ihre Theorien auf die Annahme »übergesetzlichen Rechts« gründen. Und beides kann man empirisch beobachten. Aber das, was man dort beobachtet, ist eben nicht mehr das alte, unverwechselbare, wiedergekehrte oder wiedererweckte Naturrecht der Griechen und Römer, ein Naturrecht im guten Sinn der alten Tradition, das sich nur gehäutet hatte, in Wahrheit aber stets dasselbe geblieben war, sondern eine Begründungsformel der richterlichen Kunst, eine Selbstbeschreibungsformel des Rechts als Recht.

IX.

Mit der näheren Bestimmung von Gegenstand und Methode stellt sich zugleich die Frage nach den Grenzen der vorliegenden Arbeit.

In räumlicher Hinsicht beschränkt sich die Untersuchung auf die deutsche Entwicklung und kommt nur dort, wo dies für das Verständnis unumgänglich ist, auf das Ausland oder die Realität der Besatzungsmächte

90 Hans Kelsen sah das wesentliche Merkmal des Rechtspositivismus gegenüber dem Naturrecht nicht in der relativen Begründung des Rechts als Gesetz, sondern im Verzicht auf jede weitergehende Begründung. Für die Naturrechtslehre gelte eine Norm dann, wenn sie »aus einem Prinzip des absolut Guten« abgeleitet werden könne, die »selbst mit dem Anspruch auf absolute Geltung« auftrete. Für den Rechtspositivismus gelte diese Grundnorm dagegen selbst bloß hypothetisch, das Recht also nur unter einer Voraussetzung, deren »Geltung selbst innerhalb der Sphäre des positiven Rechtes unbegründet und unbegründbar« bleibe. Jeder Versuch, die bloß hypothetische »Grundlage des positiven Rechts zu sprengen« und »von der hypothetisch zu einer absolut gültigen Grundnorm zu gelangen«, bedeute »eine Einmengung der Metaphysik in den Bereich der Erfahrung«, die Kelsen als vorwissenschaftlich zurückwies (*Die philosophischen Grundlagen der Naturrechtslehre und des Rechtspositivismus*, Charlottenburg 1928, S. 11; 12; 14).

91 Luhmann, Recht, S. 529, 18.

zurück. Sie klammert damit gleichsam die Nürnberger Prozesse aus, die sich besser im Zusammenhang des Völkerrechts und seiner Geschichte verstehen lassen und die schon aus diesem Grund den hier gesteckten Rahmen sprengen. Zweifellos – auch in den Nürnberger Prozessen wurde naturrechtlich argumentiert. Allerdings mühte man sich nach Kräften, nicht auf das rissige Fundament »abendländischen« Christenrechts zu bauen. Einerseits schuf man mit dem Statut des Internationalen Militärgerichtshofs selbst die gesetzliche Grundlage, um Kriegsverbrecher zu bestrafen, und leitete das Recht dazu gerade nicht aus der allen Menschen gemeinsamen Friedensnatur ab, sondern aus der bedingungslosen Kapitulation, mit der das Deutsche Reich sein Schicksal in die Hände der Siegermächte gelegt hatte. Andererseits war die wiederholte Berufung auf die »Standards der Zivilisation« gerade »keine Flucht ins abstrakte Naturrecht, sondern eine konkrete Zuschreibung, die globale Hierarchien spiegelte und rechtfertigte«.[92]

In zeitlicher Hinsicht konzentriert sich die Arbeit auf die vierziger und fünfziger Jahre des 20. Jahrhunderts. Diese Periodisierung speist sich aus mehreren Überlegungen. Die vermeintliche Naturrechtsrenaissance nach dem Zweiten Weltkrieg begann mit dem berühmten Urteil des Wiesbadener Amtsgerichts, das bereits im November 1945 erklärt hatte, dass Gesetze, die mit dem Naturrecht in Widerspruch stünden, schon zum Zeitpunkt ihres Erlasses nichtig gewesen seien,[93] und endete im Jahr 1958 – im Westen mit dem nicht minder berühmten Lüth-Urteil, das die Grundrechte der Bonner Verfassung zur objektiven Wertrangordnung stilisierte; im Osten mit der Babelsberger Konferenz, auf der die letzten Rudimente eines Kryptonaturrechts aus der realsozialistischen Orthodoxie verabschiedet wurden.[94] Im Jahr 1958 begann zugleich der Ulmer Einsatzgruppen-Prozess, der das Ende der unmittelbaren Nachkriegszeit einläutete – jedenfalls für Westdeutschland. Diese drei Punkte markieren daher Anfang und Ende der Untersuchung.

X.

Sieht man genauer zu, kann man zwei Phasen weiter voneinander unterscheiden: Zwischen zwei Sommern, dem Sommer 1945 und dem Sommer 1947 (Kapitel 1 und 3), tauchte Naturrecht hier und dort auf: in

92 Christian Wilke, Fall 3, in: Krim Priemel & Alexa Stiller (Hg.), *NMT*, Hamburg: 2013, S. 288–319, 318; vgl. auch Lawrence Douglas, Was damals Recht war ..., ebd., S. 719–754, 725.

93 AG Wiesbaden, Urteil vom 12. November 1945, in: *SJZ* 1, 1 (1946), S. 36.

94 Jan Schaefer spricht insofern von einem »Schicksalsjahr der Rechtsentwicklung in beiden deutschen Teilstaaten« (*JZ* 14, 63 (2008), S. 703–708).

allen vier Zonen, in allen drei Rechtsgebieten, vor allem im Westen, vor allem im Familien- und im Strafrecht. Man könnte daraus den Schluss ziehen, dass es in erster Linie die moralaffinen und politiksensiblen Bereiche waren, in denen mit transzendenten Argumenten hantiert wurde, und dass der katholische Südwesten eine stärkere Tendenz zum Naturrecht zeigte als der protestantische Nordosten. Beides wäre nicht falsch. Allerdings muss man in Rechnung stellen, dass es gerade diese beiden Rechtsgebiete waren, auf die sich die gesamte Rechtspraxis nach dem verlorenen Krieg überhaupt zurückzog. Etliche Gerichte waren ausgebombt. Viele Rechtsarbeiter waren gefallen, auf der Flucht oder sonst wie am Praktizieren gehindert.[95] Als der Rauch sich lichtete und der Betrieb mal zögerlich, mal zupackend wiederaufgenommen wurde, standen vor allem Diebe und Eheleute vor Gericht.

Dazu kommt aber noch ein Zweites. Während sich im Südwesten des zertrümmerten Deutschen Reichs bereits 1946 erste Zeitschriften bildeten, die auch über die Zeit unmittelbar nach Kriegsende berichteten, gründete sich die Neue Justiz, die Rechtszeitschrift der Sowjetischen Besatzungszone, mit einiger Verzögerung erst 1947. Man ist über die dortigen Geschehnisse also deutlich schlechter und lediglich aus zweiter Hand informiert. Als eine flächendeckende Versorgung mit juristischem Fachwissen sichergestellt war, hatte sich auch die Parteiherrschaft bereits so weit konsolidiert, dass sie den Raum des Sagbaren erheblich einschränken konnte. Aus diesen beiden Gründen muss die Auswertung ostdeutscher Periodika um archivalische Studien ergänzt werden.

Mit Gründung einer eigenen Fachzeitschrift wurden die Zonengrenzen auch innerhalb des juristischen Diskurses deutlich sichtbar. Ab etwa 1947 führte die Berufung von Verwaltungs- und Verfassungsrichtern im Westen Deutschlands zu einer sukzessiven Unterwerfung allen hoheitlichen Handelns unter die Souveränität des Rechts (Kapitel 2). Im Osten führte die Einführung von Volksrichtern, Kassation und Eingabe, die verschleppte Wiedereinführung der Verwaltungsgerichtsbarkeit und die sukzessive Ausweitung staatsanwaltlicher Befugnisse zu einer Unterordnung des Rechts unter die Knute der Politik (Kapitel 4). Parallel dazu dünnten die zunächst vielfältigen Naturrechtsbezüge immer weiter aus. Während das bundesdeutsche Naturrecht eine zweite Renaissance erlebte als der Rechtsnot der ersten Nachkriegstage längst abgeholfen war, in der Auseinandersetzung nämlich zwischen ordentlicher Gerichtsbarkeit und neuartiger Verfassungsgerichtsbarkeit, setzte im Osten ein

95 Vgl. etwa Benjamin Lahusen, »Der Dienstbetrieb ist nicht gestört«, München 2022; Edith Raim, *Justiz zwischen Diktatur und Demokratie*, München 2013; Hermann Wentker, *Justiz in der SBZ/DDR 1945–1953*, München 2001; Hans Wrobel, *Verurteilt zur Demokratie*, Heidelberg 1989.

Entdifferenzierungsprozess ein, den man ironisch überspitzt auch als Absterben des Rechts bezeichnen könnte.[96]

Die Selbstwahrnehmung dieser beiden Vorgänge könnte unterschiedlicher nicht sein. Die westdeutsche Rechtsphilosophie deutete die geschichtliche Entwicklung als jahrhundertelange Degeneration und sah es als ihre vornehmste Aufgabe an, Politik und Rechtsprechung den Weg zur moralischen Regeneration zu weisen (Teil 1).[97] Demgegenüber wertete die ostdeutsche Rechtssoziologie die fortschreitende Selbstauflösung des Naturrechts – die Emanzipation zur Politik – als dessen eigentliche Leistung (Teil 4). Dabei setzten beide Entwicklungen Trends fort, die bereits in der Zwischenkriegszeit begonnen und im Nationalsozialismus zum Teil radikalisiert worden waren: Hier wurde die Autonomie des Rechts im Zeichen absoluter Ordnung bekämpft, dort die Eigengesetzlichkeit des Rechts rückgebunden an eine relative Sozialgesetzlichkeit, deren dialektische Erkenntnis der parteilichen Avantgarde vorbehalten blieb. In beiden Fällen lässt sich in gewissem Sinne von Naturrecht sprechen, obwohl das Wort in jedem Fall etwas völlig anderes meint.

96 Vgl. Sigrid Meuschel, *Legitimation und Parteiherrschaft in der DDR*, Frankfurt/Main 1992, S. 10. Vgl. auch Rainer M. Lepsius, Die Institutionenordnung als Rahmenbedingung der Sozialgeschichte der DDR, in: Hartmut Kaelbe, Jürgen Kocka & Hartmut Zwahr (Hg.), *Sozialgeschichte der DDR*, Stuttgart 1994, S. 17–30.

97 Vgl. Valentin Tomberg, *Degeneration und Regeneration der Rechtswissenschaft*, Bonn 1946.

Erster Teil
Naturrecht und Rechtsphilosophie

I.

Im Sommer 1947 unternahm der Frankfurter Rechtshistoriker Helmut Coing einen Versuch zur Neubegründung des Naturrechts. Erschüttert von Nationalsozialismus und Krieg versuchte er, die »wissenschaftliche Möglichkeit« der »moralischen Notwendigkeit« auch Zweiflern und Skeptikern zu beweisen.[1] Doch weil die Druckerei einen Fehler begangen und das richtige Buch mit dem falschen Titelbogen gedruckt hatte, wurde aus der Neubegründung des Naturrechts versehentlich eine *Neugründung des Naturrechts*. Der falsche Titel hätte zwar ebenso gut in eine Zeit der echten und vermeintlichen Neugründungen gepasst. Doch wollte der Verlag es dabei nicht belassen. In Zeiten von Papierknappheit und Druckgenehmigungen[2] konnte eine Auflage allerdings auch nicht einfach zurückgezogen werden. Daher gab man Coings Grundsätzen kurzerhand ein Erratum bei, auf dem der Fehler eingeräumt und um Beachtung gebeten wurde.[3]

Die Besprechungen, die nun in schneller Folge veröffentlicht wurden, meinten es gut mit Verlag und Autor. Sie kamen der Bitte nach und nannten das Buch durchgehend beim richtigen Namen.[4] Diese Nachsichtigkeit hatte indes nicht nur wissenschaftsethische Gründe. Denn die Nachlässigkeit der Druckerei hatte den ehrgeizigsten Versuch, die Neugründung der deutschen Rechtswissenschaft nach 1945 als Neubegründung des Naturrechts auszugeben, vereitelt, noch ehe dieser Versuch unternommen worden war. Eine Neubegründung des Naturrechts war weniger als eine Neugründung, da sie das, was zu begründen war, voraussetzen konnte, und damit mehr, weil sie die Unvergänglichkeit des Naturrechts zum Ausdruck zu bringen schien. Der Fehldruck musste daher nicht zuletzt die Hoffnung trüben, die zahlreichen Aufsätze und Bücher, die damals zur Geschichte des Rechts und zur Zukunft der Rechtswissenschaften erschienen[5] und die an das

1 Helmut Coing, *Die Obersten Grundsätze des Rechts*, Heidelberg 1947, S. 7.

2 Die materiellen Bedingungen rechtswissenschaftlicher Wissensproduktion beschreibt anschaulich Joachim Rückert, Abbau und Aufbau der Rechtswissenschaft nach 1945, in: *NJW* 9, 48 (1995), S. 1251–1259.

3 Vgl. Ilka Kaufhausen, *Nach der »Stunde Null«*, Tübingen 2007, S. 37 Fn. 62.

4 Ebd., S. 37 Fn. 63.

5 Vgl. die umfassenden Bibliographien in Maihofer (Hg.), Naturrecht, S. 580–622, und Kaufmann (Hg.), Begründung, S. 664–742.

Niveau der Grundsätze kaum je heranreichten, würden nun tatsächlich eine authentische »Wiederkehr« oder »Wiedergeburt« des Naturrechts einläuten.[6]

Der stets integre Coing räumte zwar ein, dass die »überkommene Bezeichnung« bestenfalls missverständlich sei, da es sich beim vermeintlichen Naturrecht offensichtlich um eine Erscheinung das Kulturlebens, um Kulturrecht, handele; angesichts der semantischen Tradition erschien es ihm aber gleichwohl »richtiger«, diese Bezeichnung auch für die materiale Wertethik beizubehalten.[7] Ähnlich äußerte sich der Tübinger Rechtssoziologe Erich Fechner. Wenn man am Wort Naturrecht festhalte, so »nicht nur, weil es in seiner prägnanten Weise etwas von der Sache, die gemeint ist«, wiedergebe, sondern um einer echten Kontinuität Willen, weil der Begriff die Beständigkeit »alten unvergänglichen Abendlandes« ausdrücke.[8] Und Arthur Kaufmann verstieg sich gar zu der Behauptung, gerade so, wie man das Recht im Altertum »auf die Natur oder den Logos, im Mittelalter auf die Schöpfungsordnung Gottes« und »in der Neuzeit auf die menschliche Ratio zu gründen gesucht« habe, gerade so gründe das Recht der Gegenwart eben auf dem Sein.[9] Das Naturrecht ist tot, es lebe das Naturrecht: Allenfalls in diesem übertragenen Sinn konnte man nach 1945 tatsächlich von einer Renaissance, einer Wiedergeburt des Naturrechts sprechen.

Zwar war seit 1910 immer mal wieder von einer »renaissance du droit naturell« die Rede gewesen.[10] Aber das, was man nach dem Zweiten

6 Vgl. Rommen, Wiederkehr, und Schrey, Wiedergeburt.

7 Coing, Grundzüge, S. 169f.

8 Erich Fechner, *Rechtsphilosophie*, Tübingen 1956, S. 221. Kritisch zum »Abendland« als Begriff, Idee und Bewegung, siehe Vanessa Conze, *Das Europa der Deutschen*, München 2005; Richard Faber, *Abendland*, 2. Aufl., Berlin 2002, und Jonas Jost, *Der Abendland-Gedanke in Westdeutschland nach 1945*, Hannover, 1994.

9 Kaufmann, Einleitung, S. 1.

10 Das Kompositum Naturrechtsrenaissance geht zurück auf Raymond Saleilles. Saleilles hatte die Arbeiten Rudolf Stammlers 1902 einer frankophonen Leserschaft vorgestellt und in diesem Zusammenhang von einer »renaissance de l'école du droit naturel« gesprochen (école historique et droit naturel, in: *revue trimestrielle de droit civil* 1 (1902), S. 80–112, 88). Dieser Titel wurde später von Joseph Charmont abgewandelt. Er widmete Stammlers »droit naturel á contenu variable« ein eigenes Kapitel in seiner »renaissance du droit naturel« (1. Aufl., Montpellier 1910, 2. Aufl. Paris 1927). In Deutschland, dem Geburtsort Nietzsches, war 1924 erstmals von einer ewigen »Wiederkehr des Naturrechts« die Rede (Ernst Landsberg, Besprechung von Giorgio del Vecchios Die Grundprinzipien des Rechts, in: *ARWP* 18 (1923/1924), S. 347–376, 437). Diesen Titel griff Heinrich Rommen 1935 auf und sprach im Jahr darauf seinerseits von einer »Renaissance des Naturrechts« (*Der Staat in der*

Weltkrieg darunter verstand, zumal in Westdeutschland,[11] war ideengeschichtlich kaum mehr als eine Rezeption der katholischen Gesellschaftstheorie, der protestantischen Theologie und der postphänomenologischen Philosophie durch die profane Rechtsphilosophie und eine Anwendung ihrer vermeintlichen oder verkürzt widergegebenen Kernaussagen auf das Recht. Als Franz Wieacker im Jahr 1965 einen Schlussstrich unter die westdeutsche Naturrechtsdiskussion zog und ihren praktischen Ertrag kritisch bilanzierte, konnte er sich gegenüber der oft beklagten Vielfalt naturrechtlicher Entwürfe[12] daher auf vier Spielarten galvanisierten Naturrechts beschränken: das neuthomistische Naturrecht und die ihm nahestehende Ethik; die Wertphilosophie; und all jene Ansätze, die sich zwar nicht durch innere Geschlossenheit, wohl aber durch »Offenheit gegen Wirklichkeitserfahrung und Wahrheitsfrage« auszeichneten: die evangelische Rechtstheologie und die existentialistische Rechtsontologie im Anschluss an Karl Jaspers, Martin Heidegger und Jean-Paul Sartre.[13]

II.

Am Anfang war die neuthomistische Rechtsphilosophie. Ihre Wiederentdeckung begann im 19. Jahrhundert zunächst als historisch-kritische Erforschung der mittelalterlichen Theologie.[14] Doch obwohl der Neuthomismus sich stets in diesem älteren Überlieferungszusammenhang präsentierte, kannte das vorangegangene 18. Jahrhundert weder eine genuin katholische Rechtsphilosophie noch eine spezifisch

katholischen Gedankenwelt, Paderborn 1935, S. 69, ders., *Die Ewige Wiederkehr des Naturrechts*, 1. Aufl. Leipzig 1936, S. 160). Vor ihm hatte bereits Hans Kelsen auf eine »Renaissance der Metaphysik und darum auch der Naturrechtslehre« hingewiesen (Grundlagen, S. 77).

11 Ein Überblick über das ausländische Schrifttum findet sich bei Erik Wolf, Das Problem der Naturrechtslehre, 3. Aufl., Darmstadt 1964, S. 15ff., Fn. 67.

12 Bereits 1949 hatte Thomas Würtenberger über die »bunte, fast verwirrende Fülle« geklagt (Wege, S. 138). Und noch vierzig Jahre später sollte Arthur Kaufmann über die »bunte, nicht selten widerspruchsvolle und verwirrende Vielfalt« klagen, die er selbst in einst einer Anthologie zum Naturrecht und seiner ontologischen Begründung versammelt hatte (Die Naturrechtsrenaissance der ersten Nachkriegsjahre – und was daraus geworden ist, in: Michael Stolleis (Hg.), *Die Bedeutung der Wörter*, München 1991, S. 105–132, 109).

13 Wieacker, Stand, S. 10; vgl. auch ders., Privatrechtsgeschichte, S. 601–603.

14 Heinrich Schmidinger, »Scholastik« und »Neuscholastik«, in: Emerich Coreth, Walter Martin Neidl & Georg Pfligersdorffer (Hg.), *Christliche Philosophie im katholischen Denken des 19. Jahrhunderts*, Bd. II, Graz 1988, 23–53, 23, 49f.

katholische Naturrechtslehre. Selbst die *Summa* Thomas von Aquins, die diesen Rang später erklimmen sollte, harrte noch ihrer Wiederaneignung. Die Epoche war pars catholica gekennzeichnet von einem geschichtsvergessenen Pluralismus der Standpunkte und Richtungen und im Übrigen geprägt von der geistigen Vorherrschaft des Protestantismus. Katholisches Rechtsdenken fand vor allem in der Auseinandersetzung statt: zunächst mit den Meisterdenkern des protestantischen Vernunftrechts; dann mit den Vertretern des aufgeklärten Rationalismus und der gegenrevolutionären Romantik; schließlich mit Anhängern der spekulativen Philosophie und der historischen Rechtsschule.[15] Erst nachdem Papst Leo XIII. die verderbliche Philosophie als einen »durch den Protestantismus verursachten Irrweg« gebrandmarkt und gefordert hatte,[16] das Studium Thomas von Aquins neu zu beleben, konnte sich der Neuthomismus zum Inbegriff katholischer Rechtsphilosophie entwickeln.[17]

Der Neuthomismus, wie er in der Rechtsphilosophie der vierziger Jahre rezipiert wurde, beruhte im Wesentlichen auf einer christlichen Anverwandlung der aristotelischen Entelechie: dem Gedanken, dass ein persönlicher Schöpfergott allen Wesen einen bestimmten Zweck zugedacht habe, den diese Wesen von Natur aus zu verwirklichen trachteten.[18] Durch seine naturhafte Hinneigung zur Verwirklichung eingestifteter Zwecke nehme ein jedes Ding wie immer blind und instinkthaft

15 Vgl. Gerhard Hammerstein, *Die Entwicklung des Naturrechtsgedankens in der katholischen Rechtsphilosophie des 19. Jahrhunderts*, Paderborn 2017; Dieter Petrig, *Emil Erich Hölscher (1880–1935) und Karl Otto Petraschek (1876–1950) im Zusammenhang des katholischen Rechtsdenkens*, Paderborn 1981, S. 15–22; Alexander Hollerbach, Das Verhältnis der katholischen Naturrechtslehre des 19. Jahrhunderts zur Geschichte der Rechtswissenschaft und Rechtsphilosophie, in: Albrecht Langner (Hg.), *Theologie und Sozialethik im Spannungsfeld der Gesellschaft*, München 1974, S. 113–133, und ders., Das christliche Naturrecht im Zusammenhang des allgemeinen Naturrechtsdenkens, in: Franz Böckle (Hg.), *Naturrecht in der Kritik*, Mainz 1973, S. 9–38.

16 Schmidinger, »Scholastik«, S. 50.

17 Vgl. Hollerbach, Naturrecht, S. 16, 28. In anderem Zusammenhang spricht Hollerbach von einer »kirchenamtlichen, ja juridisch sanktionierten katholischen Naturrechtslehre« als der »Basis der offiziellen Lehre der Kirche« und dem »maßgebenden Signum des Katholizismus« (Verhältnis, S. 114.)

18 Die Darstellung folgt Hans Welzel, *Naturrecht und materiale Gerechtigkeit*, 4. Aufl. Göttingen 1962, S. 57–66; Alfred Verdross, *Abendländische Rechtsphilosophie*, 2. Aufl., Wien 1963, S. 71–83, und Adolf Süsterhenn, *Wir Christen und die Erneuerung des staatlichen Lebens*, Bamberg, 1948, S. 13f., 22.

bereits unwillkürlich Anteil an der göttlichen Ordnung; indes bleibe es den gottesebenbildlichen Geschöpfen vorbehalten, von den natürlichen Neigungen, die auch vernunftlose Kreaturen hegen (Selbsterhalt, Fortpflanzung), mit Verstandesmitteln auf das natürliche Recht zu schließen. Das neuthomistische Naturrecht präsentierte sich damit gleichsam als vernünftelnde Abstraktion der entelechialen Menschennatur und als (wenn auch korrupte[19]) Annäherung an die lex mundi, in den Worten Hans Welzels: als »intellektuelle Teilnahme der vernunftbegabten Kreatur« an einem Weltgesetz, das dem menschlichen Wesen von Natur aus eingeprägt war.[20]

Der deutschsprachigen Öffentlichkeit wurde diese Lehre vor allem von Moralphilosophen wie Theodor Meyer, Victor Cathrein, Joseph Mausbach oder Peter Tischleder nähergebracht.[21] Im Spannungsfeld von Ultramontanismus und Kulturkampf, parlamentarischer Demokratie und kirchlicher Autonomie gelang es dem juridischen Neuthomismus, der in der Weimarer Republik beispielsweise von Emil Erich Hölscher vertreten wurde,[22] jedoch kaum einmal, die engen Grenzen der katholischen »Sonderwelt« zu sprengen und auf dem Gebiet der Rechtsphilosophie oder der Allgemeinen Staatslehre Fuß zu fassen.[23] Am Richtungsstreit der Weimarer Staats- und Rechtslehre hatte er keinen nennenswerten Anteil.[24] Auch im Buhlen um die Führergunst blieb

19 Allerdings sei dieses menschliche Vermögen, das Gute zu erkennen, verdorben – korrumpiert durch Sündenfall und Erbsünde. Die menschliche sei mit der göttlichen Vernunft daher nicht schlechterdings identisch; vielmehr seien beide so »verschieden wie das Bild eines im Wachs abgedrückten Siegelringes vom Siegelring selbst« (Welzel, Naturrecht[4], S. 63f.).

20 Ebd., S. 59.

21 Vgl. Alexander Hollerbach, *Katholizismus und Jurisprudenz in Deutschland 1876–1976*, in: *Katholizismus und Jurisprudenz*, Paderborn 2004, S. 23–54, 42 mit zahlreichen weiteren Nachweisen.

22 Emil Erich Hölscher, *Sittliche Rechtslehre*, 2 Bde., München 1928; ders., *Vom römischen zum christlichen Naturrecht*, Augsburg 1931; ders., *Die ethische Umgestaltung der römischen Individual-Justitia durch die universalistische Naturrechtslehre der mittelalterlichen Scholastik*, Paderborn 1932.

23 Hans Maier, Katholische sozial- und Staatslehre und neuere deutsche Staatslehre, in: *AöR* 1, 93 (1968), S. 1–36, 10. Petrig, Zusammenhang, S. 90. Einblick in diese Sonderwelt bietet das erste Heft des ARWP 1922/23 zur katholischen Rechtsphilosophie, an dem sich bezeichnenderweise nur ein Jurist beteiligte, der dem scholastischen Naturrecht auch noch kritisch gegenüberstand – Carl Schmitt.

24 Hollerbach, Naturrecht, S. 29, und ders. Verhältnis, S. 129. Hans Maier spricht gar von einer »Sezession des katholischen Staatsdenkens aus dem Zusammenhang des öffentlichen Rechts, ja der deutschen Jurisprudenz überhaupt« (Sozial- und Staatslehre, S. 15).

die neuthomistische Rechtsphilosophie selbst dann eine Randnotiz, als sich namhafte Geistliche[25] bereits offen zum Nationalsozialismus bekannt hatten.[26]

III.

Das änderte sich nach dem Zweiten Weltkrieg. Nach der bedingungslosen Kapitulation des »Dritten Reichs« kam dem deutschen Katholizismus zugute, dass er sich politisch früh organisiert und die eigene Politik nicht am jeweiligen Landesherrn, sondern am Vatikan orientiert hatte. Der Papst aber hatte sich bereits 1879 zum Thomismus bekannt und noch vor den Novemberpogromen des Jahres 1938 gemahnt, dass die nationalsozialistische Rechtslehre mit dem universalen Naturrecht unvereinbar sei.[27] Das Beschweigen eigener Verfehlungen und das lautstarke Bekenntnis zu dieser Tradition verlieh dem katholischen Gestaltungsanspruch eine singuläre Glaubwürdigkeit in der politischen Trümmerlandschaft der vierziger und fünfziger Jahre. Weiter begünstigt durch die christlich gefärbte Rechtsprechung des Bundesgerichtshofs, erfuhr

25 Vgl. etwa Kurt Flasch, *Katholische Wegbereiter des Nationalsozialismus*, Frankfurt/Main 2021; Werner Neuhaus & Marco A. Sorace (Hg.), *August Pieper und das Dritte Reich*, Norderstedt 2021, und Lucia Scherzberg, *Karl Adam und der Nationalsozialismus*, Saarbrücken 2011.

26 Zwar fehlte es in der einschlägigen Literatur nicht an Äußerungen etwa dahingehend, dass die nationalsozialistische Ideologie in Wahrheit eine »naturgesetzliche Rechtslehre« sei, der »auch der Katholik weithin folgen« könne (Hermann Marx, Weltanschauung, Rasse und Recht, in: *DV* 3, 2 (1934) S. 95–99, 99). Die geistige Nähe zum Regime wurde aber vor allem auf der Grundlage eines geteilten »Autoritäts- und Ganzheitsdenkens« (Ernst-Wolfgang Böckenförde) gesucht, der gemeinsamen Basis antidemokratischer, antiliberaler, antimarxistischer, antimoderner und antisemitischer Affekte, und gerade nicht in einer Begründungsstrategie, der zurecht ein Hang zu »Universalität und gewollte[r] Über-Natürlichkeit gegen […] die natürliche Ordnung nach Rassen und Völkern« nachgesagt wurde (Dietze, Blut, S. 820). Vgl. Fabian Wittreck, *Nationalsozialistische Rechtslehre und Naturrecht*, Tübingen 2008, S. 33 Fn. 45 m. w. N. sowie Uwe Kalbhen, *Die NS-Rechtstheorie als Herrschaftsideologie*, Heidelberg 1969, S. 67–90.

27 Die entscheidende Stelle der maßgeblichen Enzyklika, Mit brennender Sorge, lautete: »Menschliche Gesetze, die mit dem Naturrecht in unlösbarem Widerspruch stehen, kranken an einem Geburtsfehler, den kein Zwangsmittel, keine äußere Machtentfaltung sanieren kann. Mit diesem Maßstab muß auch der Grundsatz: ›Recht ist, was dem Volke nützt‹, gemessen werden, wenn man unterstellt, daß sittlich Unerlaubtes nie dem wahren Wohle des Volkes zu dienen vermag.«

das neuthomistische Naturrecht eine beispiellose Aufwertung.[28] Bücher, die in den zwanziger und dreißiger Jahren kaum Leser gefunden hatten, wurden wieder aufgelegt, Thesen, die schon vor dem Ersten Weltkrieg als hoffnungslos veraltet gegolten hatten, wurden erstmals von einer breiten Öffentlichkeit diskutiert.

Die beiden einflussreichsten Juristen, die den Neuthomismus in Westdeutschland verbreiten halfen, waren Heinrich Rommen und Adolf Süsterhenn. Rommen hatte Theologie und Rechtswissenschaft in München, Münster und Bonn studiert und war zwischen den Kriegen zweifach promoviert worden, bevor er vor den Nationalsozialisten in die Vereinigten Staaten hatten fliehen müssen.[29] Er vermittelte seinen Zeitgenossen die epistemologischen und ontologischen Grundlagen des Neuthomismus wie sie ihm aus der moralphilosophischen Literatur der Vorkriegszeit zweifelsohne bekannt waren. Auf diesem Fundament entwarf Adolf Süsterhenn, ein Schüler Godehard Josef Ebers,[30] ein politisches Programm, das er als Mitbegründer der CDU, vor allem aber als Justizminister in Rheinland-Pfalz, als Vorsitzender der dortigen Verfassungskommission, im Verfassungskonvent auf Herrenchiemsee und als stellvertretender Fraktionsvorsitzender der Union im Parlamentarischen Rat unmittelbar in die Praxis übersetzte.

Rommens Hauptwerk, *Die Ewige Wiederkehr des Naturrechts*, erschien 1947 in zweiter Auflage und war in einen systematischen und einen historischen Teil untergliedert. Beide Teile waren allerdings nicht scharf voneinander geschieden, sondern vielfach aufeinander bezogen. Rommen gewann seine Positionen und Begriffe fast beiläufig, während er seine Leser sicherer Hand durch die Jahrhunderte führte: von Heraklit und Plato, Aristoteles und der gemäßigten Sophistik über Augustinus und Thomas von Aquin bis hin zur »progressiven Auslaugung des christlichen Erbes« durch Nominalismus, Skeptizismus, Agnostizismus und Romantik, Empirismus, Materialismus und wieder zurück zur titelgebenden Wiederkehr des Naturrechts.[31] Dass die erste Auflage einer Meistererzählung, die bis an die Gegenwart heranreichte, nahezu unverändert im Jahr 1936 hatte erscheinen können, tat dem ungeheuren Erfolg des Buches keinen Abbruch. Im Gegenteil. Ihr Erscheinen schien vordergründig zu belegen, dass die mahnende Stimme der philosophia perennis auch im »Dritten Reich« nicht verstummt war.

28 Neumann, Rechtsphilosophie, S. 148.

29 Ein kurzes Biogramm Rommens findet sich bei Christoph M. Scheuren-Brandes, *Der Weg von nationalsozialistischen Rechtslehren zur Radbruchschen Formel*, Paderborn, 2006, S. 43f.

30 Zu ihm Alexander Hollerbach, Über Godehard Josef Ebers (1880–1958), in: Horst Ehmke (Hg.), *Festschrift für Ulrich Scheuner zum 70. Geburtstag*, Berlin 1973, S. 143–162.

31 Rommen, Wiederkehr², S. 137.

Ausgehend von der entelechialen Einheit von Sein und Sollen, wobei Sein nicht Dasein, sondern Wesensein meinte, und einer realistischen Erkenntnistheorie als der Möglichkeit zur Erkenntnis dieses Wesenseins, präsentierte Rommen im systematischen Teil der Arbeit zwei »Wahrsprüche des Urgewissens«: »Das Gerechte ist zu tun, das Ungerechte zu lassen«. Und: »Jedem das Seine«.[32] Zwar könne der Mensch im Wege schlussfolgernden Denkens weitere Gebote aus diesen beiden ursprünglichen Normen ableiten. Mit zunehmender Entfernung vom Dekalog, dem Abstieg ins Partikulare,[33] lasse die Evidenz dann aber immer weiter nach. Je komplexer die Tatbestände, desto »unsicherer werde das Urteil der praktischen Vernunft, desto größer auch die Verschiedenheit der Urteile über die rechtlichen und moralischen Fragen; desto notwendiger endlich auch die Entscheidung durch positive Gesetze«. Dieses Zugeständnis an den Rechtspositivismus bedeutete für Rommen jedoch keine Absage an das über allem thronende Naturrecht, sondern lediglich, dass es hinsichtlich entfernterer Schlüsse »sozusagen ein Naturrecht mit wechselndem Inhalt« gebe.[34]

Für Süsterhenn ergab sich aus dem so verstandenen Naturrecht ein Sendungsauftrag. Die heutige Christenheit stehe »mitten in einem gigantischen Trümmerfeld«.[35] Dieses Trümmerfeld sei mittelbare Folge einer falschen Anthropologie. Der Liberalismus habe den Menschen »nur noch als abstraktes, aus allen naturhaften Bindungen gelöstes Individuum« gesehen und so zur »sozialen Entwurzelung und wirtschaftlichen Versklavung breitester Volksschichten« geführt, der Materialismus sei in das entgegengesetzte Extrem verfallen: Der Bolschewismus habe den Menschen zum »bloßen Wirtschaftsfaktor« degradiert, der Faschismus ihn im »Lebensstrom seiner Rasse oder seines Volkes« aufgelöst.[36] Gegenüber den Irrtümern der Vergangenheit[37] müsse sich die Gegenwart erneut auf eine eigenständige

32 Ebd., S. 225.

33 Rommen nannte als Beispiele den Satz, dass das Geliehene zurückzugeben und einmal geschlossene Verträge zu achten seien; das Recht des Autors auf seinen Namen; das Recht auf Leben und Privateigentum; den Schutz der Ehre und Freiheit als Ausdruck der Persönlichkeit; sowie die Anerkennung inkommensurabler Gemeinschaften wie der Familie, der Gemeinde oder des Berufsstandes.

34 Rommen, Wiederkehr[2], S. 231f., 251

35 Süsterhenn, Christen, S. 17f.

36 Ebd., S. 19, 20.

37 Dazu zählte Süsterhenn: die antiken Sophisten, »Machiavelli mit seiner Lehre von der Staatsräson«, »Hobbes Lehre von der Staatsomnipotenz«, »Rousseaus Fiktion von der volonté générale«, »Hegels Theorie vom Staat als Verwirklichung der sittlichen Idee«, »Marx mit seiner materialistischen Geschichtsauffassung«, den Positivismus Comtes, Nietzsches »Herrenmoral« Kelsens Reine Rechtslehre, die »von Carl Schmitt geführte nationalsozialistische Rechtslehre mit ihrer Doktrin vom konkreten Ordnungsdenken«

und festumrissene Weltanschauung besinnen. Da der Neuthomismus aber stets nur erste Anhaltspunkte liefere, sei es weiter Aufgabe der christlichen Parteien, die Lösung komplexer Fragen »aus dem Geist des Naturrechts heraus und unter Wahrung seiner Prinzipien« zu entwickeln.[38]

Auf dieser Grundlage – Rommen hatte von einem »Rahmenrecht« gesprochen – entwickelte Süsterhenn, dem als Vater der rheinland-pfälzischen Landesverfassung eine »Art christliche[...] Idealverfassung« vor Augen stand,[39] einen ambitionierten Vier-Punkte-Plan: Zunächst sei ein Bekenntnis zu Gott, eine invocatio dei, in die Präambel der Verfassung aufzunehmen; naturrechtliche Einzelnormen wie das »natürliche Recht der Eltern«, die »natürlichen Rechte der innerstaatlichen Gemeinschaft« oder das quasi-naturgesetzliche Privateigentum[40] sollten grundgesetzlich verankert und auch als Naturrecht bezeichnet werden; außerdem setzte sich Süsterhennfür einen »Verfassungsgerichtshof als Hüter des Naturrechts« ein.[41] Der Plan ging auf. Noch 70 Jahre später sollte die Präambel der Verfassung von der »Verantwortung vor Gott« und das Grundgesetz selbst vom »natürliche[n] Recht der Eltern« auf Erziehung ihrer Kinder sprechen. Das Bundesverfassungsgericht schwang sich in den fünfziger Jahren zum obersten Bundesorgan empor. Es erkannte in einem seiner ersten Urteile überhaupt die »Existenz überpositiven, auch den Verfassungsgeber bindenden Rechts« an und erklärte sich im selben Atemzug dafür zuständig, die Verfassung an diesem Maß zu messen.[42]

IV.

Während das katholische Wesensrecht bestrebt war, das Innerste der Kirche gewissermaßen nach außen zu kehren und so in die Gesellschaft hinein auszustrahlen, wirkte das Bemühen einiger protestantischer Autoren um eine theologische Begründung des Rechts kaum einmal im Innern der Kirche. Der Topos spielte zwar eine gewisse Rolle bei der Neuordnung

und die pantheistische und materialistische »Naturphilosophie« (*Die Wiederherstellung von Freiheit und Recht als politische Aufgabe der Gegenwart*, in: *Schriften zum Natur-, Staats- und Verfassungsrecht*, Mainz 1991, S. 1–10, 8f.).

38 Süsterhenn, Christen, S. 27.

39 Brief an Paul Jostock, zit. n. Hehl, Süsterhenn, S. 181.

40 Adolf Süsterhenn, *Naturrecht und Politik*, in: Schriften, S. 113–116, 116f. Zum Einfluss Süsterhenns auf die Verfassungsgebung des Landes Rheinland-Pfalz, siehe Christoph von Hehl, *Adolf Süsterhenn (1905–1974)*, Düsseldorf 2012, S. 177–258, und Foljanty, Recht, S. 116–136.

41 Vgl. Adolf Süsterhenn, *Der Verfassungsgerichtshof als Hüter des Naturrechts (1950)*, in: Schriften, S. 368–370.

42 BVerfGE 1, 14, 18.

der Kirche nach dem äußeren Zusammenschluss in der Deutschen Evangelischen Kirche; im anschließenden Kirchenkampf zwischen Bekennender Kirche und Deutschen Christen; im Ringen um eine Kirchenfassung nach dem Zusammenbruch und in der Auseinandersetzung zwischen den Anhängern einer Natürlichen Religion und den Vertretern der Dialektischen Theologie.[43] Er stand jedoch nirgends im Mittelpunkt dieser vielfältigen und vielschichtigen Debatten. Weder knüpfte man theologisch an die naturrechtliche Tradition des Protestantismus an, die sich neben Calvin, Luther und Zwingli immerhin auf Melanchthon hätte berufen können,[44] noch stand die Erneuerung der Kirche im Zeichen dieser Tradition.

Zwar hatte der Schweizer Theologe Emil Brunner während des Krieges daran erinnert, dass der Mensch in einer Ordnung überzeitlicher Art stehe,[45] die als Norm der Normen allen menschlichen Satzungen vorgehe.[46] Auf diesen Vorstoß hatte der ungleich einflussreichere Karl Barth allerdings mit dem schroffen Hinweis reagiert, es gebe »kein Naturrecht, das, als solches erkennbar, zugleich göttlichen Charakter trüge«. Im Gegenteil. Es sei vielmehr »selbst schon für des Menschen Sünde charakteristisch – eine von deren Auswirkungen –, wenn er ein solches ›Naturrecht‹ kennen, sich und andere an ihm ausrichten und messen zu sollen« meine.[47]

In den vierziger und fünfziger Jahren entwickelten sich dann einige vermittelnde Standpunkte zwischen Brunners modifiziertem Thomismus und Barths polemischer Ablehnung, die zwar kein naturrechtliches System mehr boten, die aber zu einer »theologischen Begründung des Rechts«[48]

43 Vgl. Christoph Link, *Kirchliche Rechtsgeschichte*, 3. Aufl., München 2017, S. 217ff.; Foljanty, Recht, S. 169–171; Martin Honecker, *Recht in der Kirche des Evangeliums*, Tübingen 2008; Markus Graulich, *Unterwegs zu einer Theologie des Kirchenrechts*, Paderborn 2006, S. 176–191; Manfred Müller-Simon, *Von der Rechtstheologie zur Theorie des Kirchenrechts*, Frankfurt/Main 1994, und Wilhelm Steinmüller, *Evangelische Rechtstheologie*, 2 Bde., Köln 1968.

44 Vgl. Hans Liermann, Zur Geschichte des Naturrechts in der Evangelischen Kirche, in: Walter Baumgartner, Otto Eissfeldt, Karl Elliger & Leonhard Rost (Hg.), *Festschrift für Alfred Bertholet zum 80. Geburtstag*, Tübingen 1950, S. 294–324; Schrey, Wiedergeburt; siehe auch Hollerbach, Naturrecht, S. 241 m. w. N.

45 Brunner bezeichnet diese Ordnung als eine »Urordnung der Gehörigkeit« oder »Ordnung des Gehörens« und rezipierte damit an entscheidender Stelle Argumentationsmuster der Nikomachischen Ethik, modifizierte die aristotelische Lehre jedoch an zwei entscheidenden Stellen: anders als ihr antikes Vorbild sei diese Norm der Normen nicht abstrakt, statisch, sondern konkret und dynamisch (*Gerechtigkeit*, Zürich 1943, S. 21, 22).

46 Vgl. Klaus Tanner, *Der lange Schatten des Naturrechts, Stuttgart* 1993, S. 27f.

47 Karl Barth, *Kirchliche Dogmatik*, Bd. IV/1, Zollikon 1959, S. 154.

48 Vgl. Jacques Ellul, *Die theologische Begründung des Rechts*, München 1948. Zu ihm, Foljanty, S. 157f.

noch vorstoßen wollten: »die Ableitung einer natürlichen Rechtsethik aus der lutherischen ›Erhaltungsordnung‹ Gottes, die christologische Begründung natürlicher Rechtssätze aus der Analogie christlicher Gebote, und die heilsgeschichtlich-trinitaristische Rechtsbegründung«.[49] Allerdings zogen derartige Versuche, das Recht zu begründen, den anderen Fuß auch dort nicht nach, wo sie einmal in das Naturrecht hineinstiegen.[50] In der Folge wurde das Naturrecht vielfach als »spezifisch katholisches, für das reformatorische Christentum irrelevantes Thema« ausgesondert oder als »Leitbegriff einer aristotelischen Substanzmetaphysik« verworfen, die »durch Luthers Gewissensreligion und deren philosophische Transformation in Kants ›Revolution der Denkungsart‹ definitiv überholt sei«.[51]

V.

Für die katholische Rechtsphilosophie, die in den vierziger Jahren im Zentrum der westdeutschen Naturrechtsbegeisterung stand, war das Sollen keine in sich ruhende, sondern eine emergente Kategorie. Das Sein war von vornherein ein Sollen, das sich aus dem »gedanklich vorweggenommenen Zustand seiner Vollendung« ergab.[52] Gegenüber dieser Konvertibilität von ens und bonum betonte die Wertphilosophie im Anschluss an Hermann Lotze – eine weitere Strömung im breiten Strom

49 Wieacker, Privatrechtsgeschichte, S. 602.

50 Vgl. Liermann, Geschichte, S. 295. Eine solcherart »hinkende Naturrechtslehre« wurde nach 1945 beispielsweise von Erik Wolf vertreten. Er argumentierte, dass eine gefallene Menschheit unfähig geworden sei, die absolute Gerechtigkeit »jemals und irgendwo« zu begreifen. Daher gäbe es »diesseitig kein absolutes Recht, auch kein aus der Natur oder der Bibel ableitbares« (*Biblische Weisung als Richtschnur des Rechts*, in: *Rechtsgedanke und biblische Weisung*, Tübingen 1948, S. 33–64, 38). Freilich sei Brunners »Gedanke des ›Naturrechts‹ als einer Ur- und Grundordnung« weiter gültig in dem Sinne, dass dem Menschen das Gesetz Gottes auch dort »ins Herz geschrieben« sei, wo er sein »offenbartes Gesetz für die gefallene Welt« nicht kenne (*Vom Wesen der Gerechtigkeit*, ebd., S. 9–32, 28, 29). Diese Unterscheidung von Naturrecht und »Naturrecht« brachte Wolf dann dazu, das Verhältnis von Einsicht und Offenbarung näher zu bestimmen. Die biblische Weisung begrenze das »Naturrecht« und zeige die Richtung auf, in der es »von Gott her« verstanden werden wolle (Weisung, S. 61). Zu Leben und Werk Wolfs siehe Foljanty, Recht, S. 137–153, 164–169, insbesondere die Hinweise auf die biographischen Arbeiten Alexander Hollerbachs, auf S. 138 Fn. 4.

51 Tanner, Schatten, S. 10.

52 Alfred Verdross, Was ist Recht?, in: Maihofer (Hg.), Naturrecht, S. 309–321, 317.

der deutschen Rechtsphilosophie nach 1945 – die unhintergehbare Differenz von Sein und Sollen. Das Gut-Sein wurde dabei in seine beiden Bestandteile zerlegt. Der wertlosen Realität, dem Sein, wurde das ideale Gute, der Wert, gegenübergestellt. Dieser Art wurde die Philosophie geltender Werte, die Axiologie, zum Korrelat der wertfreien Naturwissenschaften und einer als sinnlos vorgestellten Ontologie.[53]

Für Wilhelm Windelband, einen Schüler Lotzes, spiegelte die kategoriale Unterscheidung von Axiologie und Ontologie die methodologische Differenz zwischen wertfreiem Urteilen und wertendem Beurteilen wider. Die Frage nach der richtigen Beurteilung von Beurteilungen, nach einer Rangordnung der Werte, führte ihn zum Relativismusproblem und von dort weiter zur transzendentalen Wertphilosophie des Südwestdeutschen Neukantianismus. Windelbands Ansätze zu einer Kulturwissenschaft vom Wert wurden später von Heinrich Rickert systematisiert und von dem Philosophen Emil Lask auf die Rechtswissenschaft übertagen. Der einflussreichste Jurist, der sich zwischen den Kriegen der Axiologie verschrieb und der Rechtsphilosophie auch nach dem Ende des Zweiten Weltkriegs noch als Wertphilosophie betrieb, war jedoch ohne Zweifel Gustav Radbruch.

Radbruch bestimmte Recht ganz im Sinne des Südwestdeutschen Neukantianismus,[54] nämlich als wertbezogene Wirklichkeit.[55] Anders als Kunst oder Moral sei das Recht jedoch nicht auf einen einzigen Wert hin ausgerichtet, sondern auf eine Dreieinigkeit von Werten: Gerechtigkeit, Zweckmäßigkeit und Rechtssicherheit. Da die Gerechtigkeit für Radbruch aber lediglich eine inhaltsleere Form war und

53 Vgl. Herbert Schnädelbach, *Philosophie in Deutschland 1831–1933*, Frankfurt/Main 1983, S. 198ff.

54 Vgl. Gustav Radbruch, *Grundzüge der Rechtsphilosophie*, 1. Aufl., Leipzig 1914, S. 9, 13; ders., Rechtsphilosophie, S. 206, 221, Fn 1: »Die folgenden Ausführungen haben zum Hintergrund die philosophischen Lehren Windelbands, Rickerts und Lasks, insbesondere ist Lasks Rechtsphilosophie [...] für diese Ausführungen und dieses Buch wegweisend geworden.« Diese Selbstverortung ist immer wieder zum Anlass genommen worden, Radbruchs Verhältnis zum Neukantianismus zu klären. Für Radbruch als Neukantianer siehe insbesondere, Stanley L. Paulson, Der fin de siècle Neukantianismus und die deutschsprachige Rechtsphilosophie des 20. Jahrhunderts., in: Robert Alexy, Lukas Meyer, ders. & Gerhard Sprenger (Hg.), *Neukantianismus und Rechtsphilosophie*, Baden-Baden 2002 S. 11–23, und Marc André Wiegeand, *Unrichtiges Recht*, Tübingen 2004, S. 103ff., für die Gegenauffassung: Hanno Durth, *Kampf gegen das Unrecht*, Baden-Baden 2001, S. 3ff. Zum Einfluss Emil Lasks auf Gustav Radbruch, siehe Jing Zhao, *Die Rechtsphilosophie Gustav Radbruchs unter dem Einfluss von Emil Lask*, Baden-Baden 2020.

55 Vgl. Radbruch, Rechtsphilosophie, S. 4.

niemand wissenschaftlich feststellen könne, welche Inhalte zweckmäßig seien, wurde aus der Dreieinigkeit ein Dreieck mit der Rechtssicherheit an der Spitze. In den vielzitierten Worten Radbruchs: »Vermag niemand festzustellen, was gerecht ist, so muß jemand festsetzen, was rechtens sein soll.«

Radbruch führte die »relativistische Selbstbescheidung« zu einem erkenntnistheoretisch grundierten Rechtspositivismus.[56] Parallel dazu dachte Max Scheler einige Gedanken Lotzes phänomenologisch weiter, indem er Husserls Methode, Gegenstände im Bewusstsein zu isolieren, auf die Ethik übertrug. Das phänomenologische Programm erfuhr dabei eine Erweiterung von Gegenstand und Methode: Die Sachverhalte wurden um sogenannte Wertverhalte ergänzt, die Wesensschau um das »Wertfühlen« erweitert.[57] So gelangte Scheler zu einer »apriorischen Gesetzmäßigkeit des intentionalen Fühlens und Vorziehens und einer ihr entsprechenden objektiven Rangordnung der Werte«.[58]

VI.

Nach dem Zweiten Weltkrieg leistete Helmut Coing eine Übertragung und Anpassung der materialen Wertethik Schelers auf die Rechtswissenschaft.[59] Er ging davon aus, dass die moderne Philosophie im Verbund mit der jüngeren Psychologie den Beweis erbracht habe, dass menschliches Handeln nicht in erster Linie durch die Vernunft, sondern durch Gefühle bestimmt werde und dass diese »Welt des Fühlens« eine Gliederung in sich trage, in der die »einzelnen Tendenzen und deren [...] Rangordnung erkennbar« seien.[60] Die titelgebenden *Obersten Grundsätze des Rechts* könnten daher nicht aus der menschlichen Vernunftnatur abgeleitet werden, sondern müssten einer hierarchischen Werteordnung entnommen werden, die sich der fühlenden Werterkenntnis erlebnismäßig aufschließe.[61]

Recht war für Coing ein Mittel, um unterschiedliche Zwecke zu erreichen – allen voran das »in der menschlichen Seele tief verwurzelte

56 Ebd., S. 313; 303.

57 Schnädelbach, Philosophie, S. 226.

58 Max Scheler, *Ethik*, in: *GW* I, Bern 1971, S. 371–409, 384.

59 Zu Coings Leben und Werk, siehe Klaus Luig, Helmut Coing, in: Stefan Grundmann & Karl Risenhuber (Hg.), *Deutschsprachige Zivilrechtslehrer des 20. Jahrhunderts in Berichten ihrer Schüler*, Berlin 2001, S. 57–70; Mohnhaupt, Neugründung, und den Nachruf von Dieter Simon, Zwischen Wissenschaft und Wissenschaftspolitik, in: *NJW* 14, 54 (2001), S. 1029–1032.

60 Coing, Grundsätze, S. 11.

61 Vgl. ebd., S. 28; 63.

Ordnungsstreben und den Wunsch nach Frieden«.[62] Dem so bestimmten Friedensrecht stellte Coing jedoch ein zweites Recht – das echte und eigentliche Recht – gegenüber, das aus bestimmten Grundwerten heraus gestaltet und an diese Werte gebunden sei. Zu ihrer Begründung bot Coing zwei lose miteinander verknüpfte Gedanken an, die ihn hinter seine philosophische Grundannahmen zurück zur Nikomachischen Ethik und einer christlich säkularisierten Anthropologie[63] führten.[64] Einerseits könne das Rechtsgefühl nur im Zusammenhang mit einem konkreten Wertsystem betrachtet werden, da sich das Rechtsbewusstsein – verstanden als »gedankliche Klarheit über die Forderungen des Rechtsgefühls« – nur unter dem Einfluss einer wirklichen Tradition auspräge. Andererseits müsse man die Gerechtigkeit im Anschluss an Ulpians klassische Fassung aristotelischer Gedanken verstehen als beharrlichen Willen, jedem sein Recht zuteilwerden zu lassen.[65] Da aber immer schon unklar sei, was unter diesem suum nun genau zu verstehen sei, bedürfe die abstrakte Gerechtigkeit von sich aus der konkretisierenden Ergänzung durch Werte, die dann ihrerseits den Maßstab einer gerechten Verteilung abgeben könnten. Diese Traditions- und Ergänzungswerte fand Coing nun aber gerade nicht im Wertehimmel, sondern – wie einige Protestanten vor ihm, die sich dazu auf eine christliche Lesart aristotelischer Gedanken und die biblische Weisung berufen hatten – im Wesen des Menschen, dem sozialen Miteinander und im »institutionellen Charakter der menschlichen Verbände«.[66]

Aus den so ermittelten Werten leitete Coing eine Vielzahl oberster Grundsätze ab – man könne auch von Naturrecht sprechen[67] –, die dem damaligen deutschen Recht bis aufs Haar glichen. Diese Identität von Sein und Sollen war indes kein rein ideologisches Moment, sondern innere Folge einer spezifischen Verquickung von relativistischer Erkenntnistheorie und materialer Wertethik. Mit den sittlichen Werten verhielt es sich für Coing wie mit den Naturgesetzen: Auch sie seien »unabhängig von dem sie auffassenden Subjekt, [...] erst langsam von Menschen

62 Ebd., S. 19.

63 In den Grundzügen formulierte Coing deutlicher: »Christentum und Humanismus haben geschichtlich das Wertbild vom Menschen geformt, das in die Rechtsordnung der abendländischen Kulturwelt eingegangen ist. Beide verleihen dem Einzelmenschen als solchen einen spezifischen, unübersehbaren Wert als Person. Diese Auffassung ist notwendig, sofern man überhaupt die Existenz des Sittlichen anerkennt.« (S. 133).

64 Vgl. Foljanty, Recht, S. 179.

65 D.I.10: »iustitia est constans et perpetua voluntas ius suum cuique tribuendi«.

66 Coing, Grundsätze, S. 47.

67 Ebd., S. 62. Vgl. auch Helmut Coing, Vom Sinngehalt des Rechts, in: Ernst Sauer (Hg.), *Forum der Rechtsphilosophie*, Köln 1950, S. 61–83, 82.

entdeckt und zuweilen wieder verloren worden«. Bei moralischer Erkenntnis handele es sich nicht um einen linearen Fortschritt, sondern um einen wechselvollen Prozess mit »sieghaftem Fortschreiten und häufigen Rückschlägen«.[68] Dem naheliegenden Einwand, dass man so nie zu letzten, sondern immer nur zu vorletzten Grundsätzen gelange, die sämtlich unter dem Vorbehalt tieferer Einsicht und besserer Erkenntnis stünden, hielt Coing den tröstlichen Gedanken entgegen, dass sich die sittlichen Grundwerte eben »im Rahmen der begrenzten sittlichen Einsicht« verwirklichten.[69] Daher konnte Coings Arbeit über die »bislang entdeckten obersten Rechtsmaximen« nicht hinausführen[70] und wähnte sich doch im »Besitz einer absolut eindeutigen und einsichtigen Wert- und Naturrechtslehre«.[71]

VII.

In den *Obersten Grundsätzen des Rechts* hatte Coing seine Naturrechtslehre aus Werten und Prinzipien entwickelt. Drei Jahre später, in den *Grundzügen der Rechtsphilosophie*, entwickelte er sie aus einem Problem: der Frage nämlich, ob »in den Zwecken und der Materie des Rechts Gesetzlichkeiten bestehen und feststellbar sind, an welche das Recht [...] gebunden wäre«.[72] Für Coing war die Antwort auf diese Frage eindeutig. Das Recht sei »keine beliebige Schöpfung«. Es stehe nicht »im freien Raum«, sondern diene bestimmten Zwecken und habe einen definierten Kreis von Gegenständen. Von Gegenstand und Zweck des Rechts schloss Coing dann auf »gewisse vorgegebene Gesetzlichkeiten ethischer und sachlicher Art« – die Gerechtigkeitsidee und die Natur der Sache.[73] Diese letzte Annahme einer dem Recht angeblich vorgängigen Sachgesetzlichkeit, die nicht mit der Rechtsidee identisch war, führte weg von der wertphilosophischen Begründung des Rechts und über die Neue Ontologie Nicolai Hartmanns und die Fundamentalontologie Martin Heideggers hin zur Existenzphilosophie Karl Jaspers und Jean-Paul Sartres.

68 Coing, Grundsätze, S. 119.

69 Ebd., S. 116, 129. In den Grundzügen pointierte Coing diesen Gedanken wie folgt: »Unser Wissen geht weit genug, um uns vor uferlosem Relativismus zu bewahren. Obwohl fragmentarisch, gibt es uns einen festen Anhalt« (S. 148).

70 Coing, Grundsätze, S. 63.

71 Karl Engisch, Buchbesprechung von Coing, Die obersten Grundsätze des Rechts, in: *ARSP* 38, 2 (1949), S. 271–277, 276.

72 Coing, Grundzüge, S. 90.

73 Ebd., S. 14; 119.

Unterschiedliche Autoren, die sich in den fünfziger Jahren an einer ontologischen oder existenzphilosophischen Grundlegung des Rechts versuchten, gingen nicht länger von der metaphysischen Einheit von Sein und Sollen im Absoluten oder dem Vorhandensein eines zu Werten gesteigerten Sollens aus, sondern von der Überzeugung, dass das, was ist, niemals vollständig erklären könne, dass überhaupt etwas ist; dass dieses etwas durch die Vernunft nicht vollständig erklärbar sei; und dass das Sein dem vernünftigen Bewusstsein in gewisser Hinsicht vorgehe. Sören Kierkegaard hatte diese Gedanken des späten Schelling auf die menschliche Individualität bezogen und so den Grundstein für die unterschiedlichen existenzphilosophischen, existentialphilosophischen und existentialistischen Strömungen gelegt.[74] Ihre erste Gemeinsamkeit bestand darin, dass sie sich an der Erhellung individuellen Daseins, der Existenz im Sinne Kierkegaards, orientierten; ihre zweite in der Überzeugung, dass die eigene Existenz nur dann erhellt werden könne, wenn das philosophierende Subjekt die eigene Erfahrung mit in den Vorgang der Existenzerhellung hineinnehme.[75]

In den zwanziger Jahren, als die Existenzphilosophie zur Blüte kam, war diese Erfahrung geprägt von der Industrialisierung und Verarmung breiter Bevölkerungsschichten, den Entbehrungen des Großen Krieges und dem Chaos der ersten Nachkriegsjahre. Vor allem Jaspers und Heidegger, die sich bis zum Bruch 1933 in einer »Kampfgemeinschaft« gegen die etablierte Philosophie wähnten,[76] wandten sich mit großer Geste gegen die Vereinzelung des Individuums und seine gleichzeitige Nivellierung zur Masse. Beide gingen auf ihre je eigene Art davon aus, dass der Einzelne zwei prinzipielle Möglichkeiten habe, sein Leben zu gestalten. Er könne das eigene Dasein entweder entschlossen bejahen oder aber sich im uneigentlichen Alltag verlieren. Dabei handelte es sich nicht um eine wertfreie, quantitative, sondern um eine werthafte, kategoriale Unterscheidung. Für Jaspers und Heidegger war klar, dass der Einzelne sich nur durch radikale Abkehr vom »Dahindämmern in der Uneigentlichkeit« zum eigentlichen Dasein emporschwingen könne.[77]

Diese Überzeugung hatte weitereichende Folgen für eine existentialistische Lehre vom Recht. Da der individuelle »Aufschwung zum existentiellen Selbstsein« nur in der »Einsamkeit der einzelnen Seele« gelingen konnte, disqualifizierte besonders Heidegger das soziale Miteinander, das Mitsein, von vornherein als uneigentliches Dasein. Als »technisches

74 Vgl. Hannah Arendt, *Was ist Existenzphilosophie?*, in: *KGA* 3, S. 41–63, 50.

75 Thomas Seibert, *Existenzphilosophie*, Stuttgart 1997, IX, XI.

76 Brief an Karl Jaspers vom 22. November 1922, zit. n. Walter Biemel & Hans Saner (Hg.), *Briefwechsel Martin Heidegger/Karl Jaspers 1920–1963*, Frankfurt/Main 1990, S. 29.

77 Hans Welzel, *Naturrecht und materiale Gerechtigkeit*, 1. Aufl., Göttingen 1951, S. 188.

Mittel für den möglichst reibungslosen Ablauf des Alltags« nahm das Recht jedoch unweigerlich teil an der »existentiellen Wertlosigkeit« des gesellschaftlichen Mitseins.[78] Rechtssätze, hieß es folgerichtig bei Jaspers, seien »mechanisch und tot«.[79] Sie bedeuteten immer dasselbe und zielten auf die Berechenbarkeit menschlichen Handelns. Daher ging nicht nur Hans Welzel davon aus, dass man auf dem Boden der Existenzphilosophie zu einer Rechtsphilosophie eigentlich nicht gelangen könne: »Recht und Staat müssen zu bloßen technischen Organisationsformen der Daseinsfürsorge im uneigentlichen Massendasein herabsinken. Der moderne Positivismus wird zur juristischen Komplementärtheorie des Existentialismus, und dieser berührt sich insoweit mit bestimmten Strömungen der protestantischen Rechtsphilosophie. Hier wie dort bleibt dem Recht nur die Aufgabe zugewiesen, eine gangbare Ordnung zu schaffen [...], nach der der Richter ohne sittliches Pathos allein auf Grund schlichter Gesetzeskunde und sorgfältiger Gesetzesanwendung entscheidet«.[80]

VIII.

Die Skepsis der Juristen gegenüber der Existenzphilosophie wich zwar nie ganz. Allerdings erschienen in den fünfziger Jahren doch derart viele Aufsätze zur *ontologischen Begründung des Rechts*, dass Arthur Kaufmann einen gleichnamigen Sammelband herausgeben konnte. Typische Vertreter einer existentialistischen Rechtsontologie waren Erich Fechner und Werner Maihofer.[81] Fechner ging von einer strukturellen Überdeterminiertheit des Rechts aus und stellte dieser »Eingebundenheit« eine existentielle Entscheidung gegenüber, deren Richtigkeit sich in der geschichtlichen Rückschau »entbarg«. Maihofer ging gerade umgekehrt vor. Er fragte nach dem »Vorausentwurf der geschichtlichen Bestimmung des Menschen« als dem eigentlichen Maßstab jeder richtigen Entscheidung.[82] Beide griffen an ihren übergroßen Gewährsmännern entschlossen

78 Ebd., S. 189. Nachweise bei Christof Peter, *Existenz und Recht*, Berlin 2019, S. 146f.

79 Karl Jaspers, *Philosophie*, 2. Aufl., Heidelberg 1948, S. 603

80 Welzel, Naturrecht[1], S. 190.

81 Ebd. Zur Arbeit des dänischen Völkerrechtlers Georg Cohn, *Existentialismus und Rechtswissenschaft* (Basel 1955), vgl. die Zusammenfassung bei Peters, Existenz, der zum Ergebnis kommt, es handele sich gar nicht um eine existentialistische Rechtsphilosophie (S. 194–206, 210), und die vernichtende Kritik Hans Kelsens, der meint, dass es sich nicht einmal um einen Beitrag zur Rechtswissenschaft handele (vgl. Existentialismus in der Rechtswissenschaft, in: *ARSP* 2, 43 (1957), S. 161–186, 183).

82 Werner Maihofer, zit. n. Wolfhart Panneberg, *Zur Theologie des Rechts*, in: *Ethik und Ekklesiologie*, Bd. I, Göttingen 2011, S. 11–40, 30. An anderer

vorbei. Von Jaspers Begeisterung für Grenzsituationen, Heideggers Rebellion gegen das eigene Herkommen und Sartres Lust an der Provokation blieben in der biederen Rechtsphilosophie der fünfziger Jahre nur noch leere Worthülsen übrig.

Für Fechner war das Recht eine Regelung des menschlichen Zusammenlebens, deren sachgerechte Gestaltung wesentlich auf der Berücksichtigung unterschiedlicher »biologischer, wirtschaftlicher, interessenmäßiger und machtbedingter Gegebenheiten« beruhe. Dabei müsse das Recht zugleich »ein Mindestmaß an Vernünftigkeit, an Einsehbarkeit, systematischer Einheitlichkeit und Widerspruchslosigkeit« aufweisen und zu einem gewissen Grad auch mit den herrschenden Wertauffassungen und Glaubensinhalten übereinstimmen. Eine Synthese all dieser Faktoren ergab für Fechner eine geradezu »verwirrende Fülle der am Aufbau des Rechts beteiligten Kräfte und eine überaus vielgliedrige Gestalt des Rechtes selbst«.[83] Diese Überdeterminiertheit des Rechts, seine vielfache »Eingebundenheit«, führte ihn aber nicht in einen relativistischen Defaitismus, sondern zu einem existenzphilosophischen Naturrecht. Zwar sei der Absolutheitsanspruch neuthomistischer und wertethischer Lehren durch nichts gerechtfertigt – die »Vorstellung der Entelechie hieße angesichts der Dunkelheit dieses Begriffes eine Rätselhaftigkeit durch eine andere ersetzen«, im Bereich der Werte stehe »Behauptung gegen Behauptung« – allerdings mache die Überzeugungskraft des eigenen Rechtserlebens doch hinreichend deutlich, dass man sich nicht »mit dem Willkürcharakter des Rechts und dessen völliger Relativität« abfinden müsse.[84] Das recht verstandene Naturrecht sei daher keine Ableitung vorgegebener Rechtssätze aus obersten Grundsätzen, sondern das Bewusstsein einer Objektivität, die zwar nicht zweifelsfrei erkennbar sei, die aber vom Einzelnen erahnt werden könne und gewagt werden müsse. Schließlich hing die Kraft und Glaubwürdigkeit des Naturrechts für Fechner allein von der Überzeugung ab, »nach äußerster Erforschung und gewissenhafter Abwägung aller Gegebenheiten das Menschenmögliche an Wahrheitsermittlung geleistet zu haben und daher berechtigterweise den Anspruch erheben zu dürfen«, die Wirklichkeit in seinem Sinne zu gestalten. Jede echte Entscheidung in diesem existentiellen Sinne sei ein Wagnis, das gelingen oder misslingen könne, ein Wurf, der treffen oder fehlgehen könne. Jeder Misserfolg führe zu »Krankheit, Verfall und Tod«. Jede treffende Entscheidung schaffe ein Stück echtes

Stelle sprach Maihofer davon, dass die »Entscheidung eines […] eines Konflikts […] niemals mehr allein aus der besonderen Natur der Sache«, sondern nur »aus der allgemeinen Bestimmung des Menschen in seinem Verhältnis zum Menschen, der Situation des Menschen in der Welt überhaupt« möglich sei (*Naturrecht als Existenzrecht?*, Frankfurt/Main 1963, S. 25).

83 Fechner, Rechtsphilosophie, S. 109f.

84 Ebd., S. 151, 161; 189.

Naturrecht, das »unter stetem Einsatz menschlichen Seins und menschlicher Seligkeit aus immer erneuten Würfen« emporwachse. Dieses Naturrecht sei kein Naturrecht mit wechselndem Inhalt mehr, sondern ein »Naturrecht mit werdendem Inhalt«, das in seinem Ursprung zwar subjektiv, in seinem Ziel aber objektiv sei.[85]

Werner Maihofer, ein Schüler Erik Wolfs, hielt derartige Versuche, Entscheidungen zurückzubinden an einen Willen zum Absoluten, für existenzialistische Wiederholungen des kategorischen Imperativs. Sein eigener Ansatz bestand darin, die den Einzelnen umgebende Welt als »Entfaltungsraum des Selbstseinkönnens« zu deuten.[86] Alles, was dem Individuum dort begegne, begreife und ergreife es als Mittel seiner Selbstgestaltung. Dementsprechend erlange alles Begegnende eine bestimmte Bedeutung für den Einzelnen, die abhängig sei von »seiner Dienlichkeit oder Undienlichkeit als Mittel eigener Daseinsgestaltung«. Da der Einzelne jedoch immer auch der Andere für andere Einzelne sei, sei es nicht nur »das eigene Bedürfnis und die Entsprechung am Begegnenden«, sondern auch »das Bedürfnis des Begegnenden, das seine Entsprechung« am Einzelnen finde. So entstehe die sinnhafte Welt als ein Gefüge von Entsprechung: dem Dasein des Einzelnen in der Mitwelt der Anderen.[87]

Dieser »Doppelstruktur des Menschseins als Selbstsein und Alssein« näherte sich Maihofer einmal vom Individualstandpunkt des Einzelnen und einmal vom Sozialstandpunkt der Anderen her. Damit der Einzelne sich als Individuum in der Welt überhaupt zustande bringen könne, bedürfe er zunächst einer bestimmten »Sphäre von Eigengütern« und eines »Residuum[s] einer, aller rechtlichen und staatlichen Existenz vorgeordneten Eigenexistenz«. Wo der Einzelne aus diesem ursprünglich freien Raum, dem vereinzelten »status naturalis«, einmal heraustrete, trete er freilich zugleich ein in den »status civilis«. Dort erlebe er sich nicht länger als Einzelner, sondern immer schon in einer bestimmten Rolle.[88] Aus den derart vorgezeichneten Rollen ergaben sich für Maihofer dann

85 Ebd., S. 220; 193; 261. Vgl. auch die ähnlichen Überlegungen Arthur Kaufmanns: Die Existenz sei der Essenz im Sinne einer Potenz vorgegeben, dem Menschen also als »ständige, nie zum Ende kommende Aufgabe gestellt«. In der »Übernahme der Vergangenheit, ihres Erbes und ihrer Schuld, und in der planenden Vorausschau des Zukünftigen als der kommenden Möglichkeit« habe »der Mensch die für die Gegenwart richtige, das heißt die zeitgerechte Haltung zu gewinnen« (Die ontologische Struktur des Rechts, in: ders. (Hg.), Begründung, S. 470–508, 477; 497; 498). Das eigentliche Naturrecht sei daher ein geschichtliches »Naturrecht des Hier und Heute« (ders., Einleitung, S. 1)

86 Werner Maihofer, *Sein und Recht*, Frankfurt/Main 1954, S. 83.

87 Ebd., S. 84; 85, 83

88 Ebd., S. 100, 105; 89, 96; 98; 109

Bindungen, die dem Einzelnen als sittliche Pflicht und dem Gesetzgeber als »institutionelles Naturrecht« gegenübertraten.[89] Die »Existentialdialektik von Selbstsein und Alssein« führte Maihofer so auf ein »existentielles Naturrecht« der Ausnahme, in der der Einzige heroisch sein Eigentum behauptete, und ein institutionelles Naturrecht der Regel, in der der Einzelne eine Rolle erfülle. Nur dann, wenn das Gesetz dem so verstandenen Naturrecht in beiderlei Hinsicht entspreche, schaffe es die Bedingungen der Möglichkeit des Selbstseins im Alssein.[90]

IX.

Mit dem Durchgang durch die Existenzphilosophie erreichte die deutsche Rechtsphilosophie mit einer Verspätung von fast dreißig Jahren den Stand der zweiten Vorkriegsphilosophie.[91] *Sein und Zeit* war 1927 erschienen. *Sein und Recht* erschien 1954. Dazwischen war Deutschland in eine Diktatur getaumelt, hatte einen Krieg verloren, war befreit, geteilt und besetzt worden. Die »Wendeliteratur«, die nach dem Zusammenbruch erschien,[92] war überschattet von den Erfahrungen der Diktatur

89 Als Beispiel wählte Maihofer die Mutter: Als Mutter trete die Frau in »eine nicht von ihr ›erfundene‹, sondern ›von Natur‹ vorgezeichnete ›Beziehung‹ zum Kinde, die ihr Sein als Mutter über jedes individuelle Belieben hinaus« bestimme. Hier gebe es »keine ›Moral‹ zu wählen oder gar zu ›erfinden‹, [...] sondern zu ›erfüllen‹« (Recht, S. 108 Fn. 99).

90 Vgl. ebd., S. 121, 125 Fn. 128.

91 Dass sie deren fachliches Niveau dabei nicht erreichte ist bereits in den vierziger Jahren beklagt worden. Thomas Würtenberger, der seinen Zeitgenossen in mehreren Aufsätzen einen Überblick über die »vielverschlungenen Wege« verschafft hatte, die man sich seit 1945 zum Naturrecht gebahnt hatte, wies schon damals auf den »geringen wissenschaftlichen Erkenntniswert« dieser Texte hin (Wege, S. 138, 125). Jürgen Habermas, Niklas Luhmann und Arthur Kaufmann kamen später zu ähnlichen Einschätzungen. Für Habermas blieben die angezogenen Entwürfe »selbst unter dem Niveau der zeitgenössischen Philosophie« (*Theorie und Praxis*, 4. Aufl., Frankfurt/Main 1971, S. 118). Luhmann fand, es handele sich um »gedankenloses Kontinuieren eines Hochtitels der Tradition« (Recht, S. 517). Und Kaufmann stellte in seiner Abschiedsvorlesung fest, die »Naturrechtsrenaissance« sei »nicht gerade eine Ausgeburt der Rationalität und der Vernünftigkeit« gewesen (*Rechtsphilosophie in der Nach-Neuzeit*, Heidelberg 1992, S. 8).

92 Bernd Rüthers, *Geschönte Geschichten – Geschonte Biographien*, Tübingen 2001. Lena Foljanty hat den Begriff Wendeliteratur, hinter dem sich ein eigener Forschungsansatz verbirgt, aufgegriffen und für die Naturrechtsliteratur fruchtbar gemacht (vgl. Recht, S. 4f.). Viktor Winkler spricht ganz ähnlich von »Besinnungs-Literatur«, vgl. Moderne als Krise, Krise als

und den Entbehrungen des Krieges. Sie war einerseits bestimmt durch eine Rezeption der katholischen und der protestantischen Theologie sowie der materialen Wertethik und der Existenzphilosophie, andererseits durch ein eigentümliches Bedürfnis, die rezipierten Begriffe Max Schelers, Nicolai Hartmanns, Karl Jaspers oder Martin Heideggers noch einmal anders, nämlich in der Phraseologie des scholastischen Naturrechts, auszudrücken. Die vermeintliche Renaissance des Naturrechts nach dem Zweiten Weltkrieg war daher keine Neu- oder Wiederbelebung des historischen Naturrechts, sondern eine terminologische Neubelegung dieses umkämpften Begriffs.

Bis an die Schwelle des 20. Jahrhunderts hatte man unter Naturrecht allgemein dasjenige Recht verstanden, das der unwandelbaren Vernunftnatur des Menschen entsprach.[93] Rudolf Stammler hatte die Verknüpfung von Überzeitlichkeit und Richtigkeit zwar bereits gekappt und war so von einem absolut gültigen zu einem objektiv richtigen Recht vorgedrungen.[94] Er hatte an der Vernunft als dem Maßstab und der Mitte des richtigen Rechts allerdings noch immer festgehalten. Unter dem Eindruck von Nationalsozialismus und Krieg und unter Berufung auf Stammlers Naturrecht mit wechselndem Inhalt löste sich schließlich auch diese Bindung. Abgesehen von einer nicht geringen Zahl katholischer Juristen, die unbeeindruckt von naturwissenschaftlicher Forschung und soziologischer Kritik[95] weiter daran festhielt, dass sich die Essenz der gottesebenbildlichen Kreatur überhaupt nie gewandelt habe, entkleidete man das Naturrecht im Übrigen seiner Bezüge zur Natur, zur Vernunft oder zum Menschen und ließ Modebegriffe der irrationalen Philosophie an ihre Stelle treten: Werte, Weisungen, Existenz, Entscheidungen.

Modernisierung: Franz Wieacker und die großen Besinnungs-Bücher nach 1945, auf *https://forhistiur.de/*.

93 »Es soll [...] das Naturrecht, weil es auf die vernünftige Natur der Vernunftwesen gegründet und gestützt ist, für die ganze Welt, für Erde und Himmel, für alle Sonnenwelten und für ewige Zeiten gelten«, schrieb Karl Christian Friedrich Krause damals, »es soll das eine Gesetzbuch für den Einen Staat der ganzen Welt sein« (*Grundlage des Naturrechtes oder philosophischer Grundriss des Ideales des Rechtes*, Abt. I, 2. Aufl., Leipzig 1890, S. 7).

94 Gustav Radbruch hat klar gesehen, dass ein Festhalten am Naturrechtsbegriff nur dann möglich ist, wenn man »dem unwandelbaren Naturrecht alten Stils [...] ein ›Naturrecht mit wechselndem Inhalt‹ oder, wie man wohl gesagt hat, [...] [ein] ›Kulturrecht‹« gegenüberstellt (Rechtsphilosophie, S. 15), diese Einsicht aber später unterlaufen, indem er hinzusetzte: Stammler sei von einem Naturrecht mit wechselndem Inhalt unversehens in das alte Naturrecht zurückgeglitten, vgl. Gustav Radbruch, *Rudolf Stammler zum siebzigsten Geburtstage*, in: *GRGA* 16, S. 53f., 53.

95 Vgl. August Knoll, *Katholische Kirche und scholastisches Naturrecht zur Frage der Freiheit*, Neuwied 1968.

Zu einem echten Austausch der so angedeuteten Richtungen, einer Naturrechtsdiskussion im eigentlichen Sinne dieses Wortes, kam es freilich schon deshalb nicht, da in wesentlichen Punkten Einigkeit bestand und die methodologischen und sonstigen Differenzen durch eine untechnische Verwendung des Naturrechtsbegriffs überspielt wurden. Während sich die Entwürfe der Vorkriegsphilosophie nicht nur in der Methode oder im Inhalt, sondern vor allem auch in Sprache und Stil voneinander unterschieden hatte,[96] versuchte die Rechtsphilosophie der Nachkriegszeit, die sich von unterschiedlichen Standpunkten aus und aus ganz unterschiedlichen Richtungen auf die Suche nach materialen Rechtsapriori begab, allem Trennenden mit einer Einheit des Ausdrucks zu begegnen. Die Selbstverständlichkeit, mit der man sich vom Positivismus befreien zu müssen glaubte, schloss daher von vornherein die Gewissheit mit ein, dass jede »gebundene Auffassung vom Recht« (Helmut Coing) zugleich eine Naturrechtslehre im guten Sinn der alten Tradition sei – ganz gleich, ob diese Bindung nun vermittelt wurde durch das Wesen oder die Werte, den Glauben oder das Sein.

Die Berufung auf Naturrecht unterstrich die juristische Relevanz der angezogenen Texte[97] und beschwor zugleich das gemeinsame gesteckte Ziel: Nur »im Zeichen der ewigen Natur- und Schöpfungsordnung, der absoluten Werte und Ideen oder der substantiellen Sittlichkeit«, glaubte man, das »Abendland« vor dem von innen herandrängenden Positivismus und dem von außen kommenden Kommunismus retten zu können.[98] Im Originalton hat das niemand besser auf den Punkt gebracht als Ernst von Hippel. In seiner *Einführung in die Rechtstheorie* schrieb er, dem Positivismus fehle jeder Sinn für »moralische Wärme«.[99] Er bedeute das »Ende des Rechtsgedankens, ja der Kultur«. Denn mit dem

96 »Man mußte es lernen, als Marxist in der Terminologie des Klassenkampfes, als Christ in der Terminologie des Thomas oder der Reformatoren, als Relativist in der Sprache der Bezugssysteme, als Analytiker in Verdrängungen und Komplexen zu argumentieren, je nachdem, von welchem Punkte aus das eigene Dasein ökonomisch haltbar oder spirituell verständlich wurde«, schreibt Max Bense (*Philosophie*, Frankfurt/Main 1951, S. 14).

97 Vgl. auch Peter, Existenz, S. 15: Mit der »vermeintlichen Verwandtschaft zum naturrechtlichen Denken« sei begründet worden, dass die Existenzphilosophie sich überhaupt eigne, einen »relevanten Beitrag zur philosophischen Grundlegung des Rechts zu leisten«.

98 Topitsch, Einleitung, S. 12.

99 Ernst von Hippel, *Einführung in die Rechtstheorie*, 2. Aufl., Bonn 1947, S. 71 – Daher zieht Hippel am Ende den Schluss: »wer kein Gefühl für Gerechtigkeit, für Menschlichkeit, Moralität, für Wahrheit, Schönheit und Güte hat, mag wohl scharfsinnig sein, aber eignet sich nicht mehr zum Juristen, als der Bock zum Gärtner« (S. 81). Weitere Nachweise zur zeitgenössischen Kennzeichnung des Positivismus als gefährlich, böse, steril, lebensfremd,

völlig missverstandenen Normgedanken zerstöre »man die ganze geistige Welt und jeden höheren Lebenssinn«. Gerade so wie das Naturrecht »zur höchsten Liebe« heraufführe, gerade so führe der Positivismus »herab zu der Hölle tiefsten Hasses«. Wohin dies führe, könne man derzeit in der Sowjetunion beobachten: Der Bolschewismus sei »nichts anderes als eine zeitgenössische Ausprägung positivistischer Gedankengänge«, der »als religiöser Antichrist den mit der Norm ausgetriebenen Gott durch die Materie zu ersetzen« suche. Jede Wissenschaft finde ihre Mitte in einem Glauben; wer »bloß den Stoff für wirklich« halte oder »die dunkle Kraft«, wer »überall nur Zufall« sehe, der glaube im Grunde an den Teufel, den »Antichrist und damit an das Ur-Böse der Welt als der wahren Wirklichkeit«.[100]

naiv, irrgeleitet, kalt, despotisch, verderblich, zerstörerisch, unkritisch, feige, herzlos, geistesfern, vertrocknet und verdorrt, bei Foljanty, Recht, S. 23f.

100 Hippel, Einführung, S. 79; 69.

Zweiter Teil
Naturrecht in der Rechtsprechung der drei Westzonen und in der Bundesrepublik Deutschland

1. Naturrecht und Rechtszersplitterung

I.

Am Anfang der westdeutschen Naturrechtsbegeisterung stand eine Beobachtung. Im Frühjahr 1946 beobachtete Gustav Radbruch, dass sich im strafrechtlichen Umgang mit der nationalsozialistischen Vergangenheit ein Spannungsverhältnis abzeichnete. Behandelte man Delinquenten, die sich in jenen zwölf Jahren eigentlich strafbar gemacht hatten, streng nach dem zur Tatzeit geltenden Gesetz, hätte dies in vielen Fällen Freisprüche bedeutet. Beschritt man aber den umgekehrten Weg, sprach diesem Gesetz die Geltung ab und verurteilte die Täter nach billigem Recht, so verging man sich am Verbot rückwirkender Bestrafung. Radbruch wollte diesen Konflikt zwischen Recht und Gesetz, zwischen der Gerechtigkeit einerseits und der Rechtssicherheit andererseits, nicht prinzipiell entscheiden, etwa dahingehend, dass er einem Gesetz durchgängig Vorrang eingeräumt hätte. Im Gegenteil. Er schlug eine am Einzelfall orientierte Abwägungslösung vor: Im Allgemeinen habe sich ein Richter streng an das Gesetz zu halten; sollte ein Gesetz der Gerechtigkeit aber doch einmal in unerträglichem Ausmaß widersprechen, habe der Richter ausnahmsweise einzugreifen und dem »unrichtigen Recht« eigenmächtig die Geltung abzusprechen. In diesem präzisen Sinne hätten Gerichte überall im Deutschen Reich den Kampf gegen das »gesetzliche Unrecht« aufgenommen.[1]

Radbruchs Appell, der aufrechte Richter möge dem gestrauchelten Gesetzgeber nicht folgen und beim übergesetzlichen Recht Zuflucht nehmen, entwickelte in der Folgezeit eine unvorhergesehene Dynamik. Seine bald schon als Formel kanonisierte Intervention in das Zeitgeschehen ließ das unwegsame Grenzgebiet zwischen Rechtsphilosophie und Dogmatik, für das sie wohl ursprünglich gedacht war, rasch hinter sich, löste sich von ihrem vergangenheitspolitischen Kontext und hielt Einzug in den moralaffinen und politiksensiblen Bereichen des Rechts. Im Familienrecht zum Beispiel. Oder im Verfassungsrecht. In Bonn verkündete der katholische Ordinarius, Friedrich Wilhelm Bosch, dass es sich beim berühmten Zitat aus dem Epheserbrief, der Mann sei des Weibes Haupt, um einen »Grundsatz des auf Gott, den Schöpfer, zurückgehenden Naturrechts« handele, der, um »mit Radbruch zu sprechen«, stärker sei

1 Radbruch, Unrecht.

als »jede rechtliche Satzung«.[2] Und Hermann Weinkauff, der nachmalige Präsident des Bundesgerichtshofs, mahnte in einem Vortrag vor der Evangelischen Akademie Baden, dass »uferlose Scheidungsmöglichkeiten« ebenso klar und eindeutig gegen das übergesetzliche Recht verstießen wie das »Hinweggehen« über die wohlerworbenen Beamtenrechte.[3]

Auf den ersten Blick scheint die Begeisterung für übergesetzliches Recht am Katheder nicht Halt gemacht, sondern auch die Rechtsprechung erfasst zu haben. Das Wiesbadener Amtsgericht eilte seiner Zeit voraus und urteilte bereits im November 1945, dass Gesetze, die mit dem Naturrecht in Widerspruch stünden, von Anfang an ungültig gewesen seien. Der Bundesgerichtshof, 1950 eröffnet, erinnerte in mehreren Entscheidungen an dieses epochale Paradigma. Und auch das Bundesverfassungsgericht erkannte in einem seiner ersten Urteile überhaupt die »Existenz überpositiven, auch den Verfassungsgeber bindenden Rechts« an und erklärte sich im selben Atemzug dafür zuständig, die Verfassung an diesem Maß zu messen. Wenig später ließ es angesichts der nunmehr grundgesetzlich verbürgten Gleichberechtigung zwar durchblicken, dass es derart rabiate Eingriffe in die Familie einstweilen passieren lasse, dass es Radbruchs Beispiel allerdings zu folgen gedachte, sollte sich der Gesetzgeber doch einmal an der Gerechtigkeit vergreifen.[4]

2 Friedrich Wilhelm Bosch, *Zur Gleichberechtigung von Mann und Frau*, in: *Familienrechtsreform*, Siegburg 1952, S. 81–119, 96. Während sich katholische Kreise auf die Enzyklika Casti Connubii beriefen, die den Mann zum Haupt und die Frau zum Herzen der Familie verklärt hatte, stellten Vertreter der Evangelischen Kirche in Deutschland klar, dass vor lauter Gleichberechtigung »Raum bleiben« müsse, für »jenes sich Unterordnen«, das in einer Ehe nicht fehlen dürfe (zit. n. Bosch, Gleichberechtigung, S. 88).

3 Und weiter: »die Diskriminierung einer Bevölkerungsgruppe durch den gelben Stern oder durch den grundsätzlichen Makel des Klassenfeindes«, staatlicher Terror, Konzentrationslager und verwandte Anstalten, »Sklavenarbeit, und zwar auch in der modernen Form der schrankenlosen Arbeitspflicht«, die »Austreibung von Bevölkerungsgruppen«, die »entschädigungslose Enteignung des jüdischen Vermögens oder des feindlichen Vermögens oder des dem angeblichen Klassenfeind gehörendenden Vermögens«, Eingriffe in die »innere Substanz der Kirchen«, »Strafe ohne zurechenbare Schuld«, die »Bestrafung einer politischen Gesinnung«, rückwirkende und uferlose Strafen, die »Tyrannis«, der »schrankenlos allmächtige Staat«, der »klar ungerechte« Krieg, der »grob ungerechte Frieden«, die »Verweigerung des Friedens« oder die »Zerschneidung eines lebendigen Volkskörpers«, Hermann Weinkauff, Das Naturrecht in evangelischer Sicht, in: Maihofer (Hg.), *Naturrecht*, S. 210–218, 217.

4 BVerfGE 1, 14, 18, weitere Nachweise bei Carsten Bäcker, *Gerechtigkeit im Rechtsstaat*, Tübingen 2015, S. 26f., und Hubertus-Emmanuel Dieckmann, *Überpositives Recht als Prüfungsmaßstab im Geltungsbereich des Grundgesetzes?*, Berlin 2006, S. 48–57.

II.

Angesichts derartiger Befunde war die Forschung sich schnell einig: Nach dem Zweiten Weltkrieg habe sich der altersmilde Radbruch vom positivistischen Saulus zum naturrechtsaffinen Paulus gewandelt. Rechtstheorie und Rechtspraxis hätten es ihm gleichgetan und sich gemeinsam auf den »Rückweg zum Naturrecht« gemacht.[5] So oder so ähnlich kann man es jedenfalls in den meisten Schilderungen der juristischen Zeitgeschichte nachlesen. Für die Rechtswissenschaft gilt dieser Befund als gut gesichert. Für die Rechtsprechung gibt es immerhin so gewichtige Anhaltspunkte, dass Alfred Langner bereits in den fünfziger Jahren glaubte, einen Durchbruch des »Naturrechtsgedankens nicht nur in der Wissenschaft, sondern in einem vorher nicht geahnten Umfang in der gesamten Rechtsprechung« feststellen zu können.[6]

Langner hat den bislang gründlichsten Versuch unternommen, die Naturrechtsprechung nach dem Zweiten Weltkrieg wissenschaftlich zu vermessen. Er hat alles gelesen, was in den vierziger und fünfziger Jahren zu diesem Thema veröffentlicht wurde, und alles, was er gelesen hat, in mühevoller Arbeit aufbereitet. Nach einer umfassenden Auswertung der veröffentlichten Judikatur kam er zu dem Ergebnis, das Naturrechtsproblem sei nach 1945 von »eminent praktischer Bedeutung« gewesen. Obwohl die Rechtswissenschaft über diese wie über jede andere Frage heillos zerstritten gewesen sei, habe die Rechtsprechung doch das eindrucksvolle »Bild eines prinzipiell geschlossenen Ganzen« dargeboten.[7]

Langners Arbeit ist ein unverzichtbares Hilfsmittel bei der Suche nach naturrechtlichen Urteilen, krankt allerdings an mehreren, im Einzelnen nicht bloß unerheblichen Mängeln. Ihr Hauptproblem besteht darin, dass sie sich in einer Quantifizierung ganz unterschiedlicher Qualitäten erschöpft. Dieses Problem äußert sich zunächst dahingehend, dass Entscheidungen, die gleich mehrere einschlägige Referenzen enthalten, auch mehrfach gelistet sind. So entsteht der Eindruck, der Bundesgerichtshof habe sich nicht in 75, sondern in 129 Fällen zum Naturrecht und seinen Surrogaten geäußert. Da Langner außerdem nicht immer zwischen rechtskräftigen Entscheidungen und kraftlosen Gutachten unterscheidet, erhöht sich die Zahl der für einschlägig befundenen Fälle fast auf das Doppelte. Dieser Anschein wird schließlich dadurch weiter verstärkt, dass Langner seinen Naturrechtsbegriff denkbar weit fasst. Naturrecht und Menschenrecht synonym zu verwenden, mag traditionell

5 Dieter Simon, Zäsuren im Rechtsdenken, in: Martin Broszat (Hg.), *Zäsuren nach 1945*, München 1990, S. 153–167, 155.

6 Langner, Gedanke, S. 9. In diesem Sinne sprach auch Wolf Rosenbaum von einer »Flut naturrechtlich fundierter Urteile« (Naturrecht, S. 124).

7 Langner, Gedanke, S. 91f.

begründet und in gewissen Umfang theoriegeschichtlich plausibel sein. Wenn Langner aber den »gerechten Interessensausgleich« ebenso unzweideutig auf das Konto des Naturrechts bucht wie den »Grundsatz der Rechtsstaatlichkeit«,[8] wird der Begriff in seinen Äquivalenten aufgelöst. Dann erscheint beinahe jedes Urteil, in dem es um gerechte Risikoverteilung oder Schadensausgleich geht als naturrechtlicher Orakelspruch.

Dieser letzte Einwand wiegt besonders schwer, da Langner Entscheidungen auch dann positiv registriert, wenn sie unmittelbar dem Gesetzeswortlaut – etwa den §§ 138, 826 BGB (Sittenwidrigkeit) – entlehnt sind. Schließlich wertet er auch solche Entscheidungen, die andere nur deshalb paraphrasieren oder zitieren, um sich anschließend von ihnen zu distanzieren, oder solche, die die Frage nach einem wie auch immer gearteten Naturrecht zwar anreißen, aber ausdrücklich offenlassen, als Belege für die Allgegenwart des Naturrechts. So entpuppt sich der zunächst ungeahnte Umfang der Judikatur als weitgehend ahnungsloser Umgang mit den Quellen. Noch immer weiß man nicht genau, in welchem Ausmaß sich Gerichte tatsächlich auf Naturrecht beriefen, oder auch nur, ob sie sich tatsächlich einmal auf Naturrecht beriefen.

III.

Die überschaubare Literatur zur Naturrechtsprechung nach dem Zweiten Weltkrieg hat zum größeren Teil auf die unbefriedigende Quellenlage reagiert, einerseits, indem sie sich auf bestimmte Probleme fixierte und ihre Quellen immer schon im Lichte dieser Probleme interpretierte, andererseits, indem sie die Praxis aus der Theorie heraus erklärte, das heißt, indem sie die vergleichsweise unzugängliche Entwicklung der Rechtsprechung mit der ungleich zugänglicheren Entwicklung der Rechtswissenschaft parallelisierte. Schon Gustav Radbruch glaubte, er stehe im Strafrecht vor demselben Problem wie das Wiesbadener Amtsgericht und dachte dabei ersichtlich nicht an den gutgläubigen Erwerb, um den es in der Sache ja tatsächlich ging, sondern an ein Problem, das die Rechtsphilosophie seiner Zeit umtrieb. Die Zeitgeschichtsforschung ist diesem Ansatz überwiegend gefolgt und hat sich über weite Strecken damit begnügt, Radbruchs Einschätzung zu plausibilisieren, die Renaissance des Naturrechts sei eine Reaktion auf das Unrecht der Nationalsozialisten gewesen.

Kristian Kühl zum Beispiel. Er referierte auf einer Tagung im September 1994, im Verlauf des 20. Jahrhunderts könne man überall in Europa eine wiederkehrende Beschäftigung mit dem Naturrecht verzeichnen. Bereits 1910 habe es erste Ansätze zu einer paneuropäischen

8 Ebd., S. 97, 101.

Naturrechtsrenaissance gegeben. Die neuerliche Begeisterung nach dem Zweiten Weltkrieg unterscheide sich von dieser ersten, mehr tastenden Hinwendung nicht grundsätzlich, sondern lediglich durch ihre »Ausbreitung und Stoßrichtung«, besonders aber dadurch, dass sie nicht auf die Rechtswissenschaft beschränkt geblieben sei, sondern sich auch auf die Rechtsprechung erstreckt habe. Nicht die Wiederkehr des Naturrechts sei daher erklärungsbedürftig, sondern ihr außergewöhnlicher Einfluss auf die Praxis. Kühl glaubte, allein die Erfahrung gesetzlichen Unrechts könne die »Wucht und Durchschlagskraft« dieser neuerlichen Naturrechtsrenaissance erklären.[9]

Lena Foljanty hat diese letzte Überlegung zwischenzeitlich aufgegriffen, weitegerdacht und schließlich folgende Erklärung angeboten: Radbruchs apologetische Bemerkungen zur vermeintlichen Wehrlosigkeit der Justiz seien zwar nachweislich falsch, aber deshalb nicht ohne Wirkung geblieben. Die sogenannte Wehrlosigkeitsthese habe erlaubt, die schmerzliche Wahrheit durch eine mnemonische »Wahrheit auf anderer Ebene« zu ersetzen.[10] Die vermeintliche Naturrechtsrenaissance nach dem Krieg sei das Produkt einer uneingestandenen Schuld gewesen, die sich weniger rechtshistorisch als vielmehr sozialpsychologisch erklären lasse. Foljanty weitet diesen Befund auf die Rechtspraxis aus, einerseits, indem sie behauptet, nach dem Zweiten Weltkrieg sei die Grenze zwischen Rechtsprechung und Rechtsphilosophie durchlässig geworden, die Theorie also gewissermaßen in die Praxis eingesickert, andererseits, indem sie die Naturrechtsrenaissance als Diskurs analysiert und die Rechtsprechung nur im Rahmen »rechtspraktische[r] Auseinandersetzungen« thematisiert.[11] Sie betrachtet also erklärtermaßen nicht die Rechtsprechung als Rechtsprechung, sondern ein diskurstheoretisches Dispositiv.[12] Und als zusammenschließende Perspektive dient ihr dann die Vorstellung, der Umgang mit der nationalsozialistischen Vergangenheit sei der Ausgangspunkt der theoretischen wie der praktischen Naturrechtsbegeisterung gewesen.

Zurecht betonen Radbruch, Kühl und Foljanty die prominente Rolle, die die Aufarbeitung der unsäglichen Vergangenheit im

9 Kristian Kühl, Kontinuitäten und Diskontinuitäten im Naturrechtsdenken des 20. Jahrhunderts, in: Karl Acham, Knut Wolfgang Nörr & Bertram Schefold (Hg.), *Erkenntnisgewinne, Erkenntnisverluste*, Stuttgart 1998, S. 605–658, 621.

10 Foljanty, Recht, S. 45.

11 Ebd., S. 51; vgl. auch die Bemerkung auf S. 4: »Für einen kurzen Zeitraum von höchstens fünf Jahren« seien »die sonst eher starren disziplinären Grenzen zwischen der Rechtsphilosophie, den übrigen rechtswissenschaftlichen Disziplinen, Rechtspraxis und Politik durchlässiger« gewesen.

12 »Eine Auswertung der Rechtsprechung auf die Verwendung naturrechtlicher Argumente […] steht noch aus«, schreibt Foljanty, Recht, S. 52 Fn. 4.

Naturrechtsdiskurs der vierziger Jahre spielte. Allerdings zielen ihre Überlegungen nicht eigentlich auf das Naturrecht, sondern auf die Probleme, die es vermeintlich lösen sollte. Sie betreiben Rechtsgeschichte als Problemgeschichte und finden die Einheit ihres Gegenstands, der Naturrechtsrenaissance nach dem Zweiten Weltkrieg, immer schon in der Einheit ihres Problems: dem »gesetzlichen Unrecht« (Radbruch), den »Unrechtsvorschriften« (Kühl), in »Identität und Autorität« (Foljanty), und legen sich damit von vornherein auf einen bestimmten Ausschnitt aus der veröffentlichten Judikatur fest. Dieser Ausschnitt mag zwar repräsentativ sein, für den punktuellen Einfluss, den die Rechtswissenschaft auf die Rechtsprechung hatte. Doch ist damit, wie Kühl an einer Stelle einräumt, noch nichts über seine eigene Aussagekraft gesagt.[13]

Tatsächlich spielte die justizielle Aufarbeitung des Nationalsozialismus eine verblüffend geringe Rolle in der Rechtsprechung der vierziger Jahre. Nur selten wurden Verfahren gegen nationalsozialistische Delinquenten eingeleitet.[14] Noch seltener ging es um die Geltung faschistischen Unrechts. Erst mit den Frankfurter Auschwitz-Prozessen von 1963 setzte so etwas wie eine Wende ein. Ein nennenswerter Teil der deutschen Bevölkerung begann erstmals damit, sich mit der jüngeren Vergangenheit zu beschäftigen. Eine »gewisse Grundschuld, den Krieg überhaupt begonnen zu haben«, sei zwar eingeräumt worden, urteilt Harald Jähner in seiner opulenten Mentalitätsgeschichte der deutschen Nachkriegszeit, für die millionenfache Ermordung der europäischen Juden sei im eigenen Erleben aber schon deshalb kein Platz gewesen, weil sich die Deutschen überwiegend selbst als Opfer gefühlt hätten.[15]

In der überwältigen Mehrzahl der Fälle führten Faschismus, Krieg und Besatzung nicht zu ideeller Einkehr, sondern zu materiellem Elend und spontaner Abhilfe. Besonders deutlich zeigte sich dieser Umstand an den Strafgerichten. Frühen westdeutschen Schätzungen zufolge schwoll die Kriminalität der unmittelbaren Nachkriegszeit auf das fünf- bis sechsfache des Vorkriegswerts an.[16] Einfache Diebstähle nahmen um das elffache, Raubüberfälle um das acht- bis zwölffache zu.[17] Es kam nicht nur

13 Kühl, Kontinuitäten, S. 624.

14 Zahlen bei Hubert Rottleuthner, Zum Umgang der Justiz mit System-Unrecht in der Bundesrepublik und in der DDR, in: *NK* 3, 28 (2016), S. 251–267, und Andreas Eichmüller, Die Strafverfolgung von NS-Verbrechen durch westdeutsche Justizbehörden seit 1945, in: *VfZ* 4, 56 (2008), S. 621–640, 628.

15 Harald Jähner, *Wolfszeit*, Berlin 2019, S. 12.

16 Legt man diesen Schätzungen Zahlen aus dem letzten Friedensjahr zugrunde, gelangt man zu knapp zwei Millionen Strafverfahren (Errechnet nach Statistisches Reichsamt (Hg.), *WISTA* 21, 18 (1938), S. 886; *WISTA* 1, 19 (1939), S. 36f.; *WISTA* 5, 19 (1939), S. 202; *WISTA* 10, 19 (1939), S. 420).

17 Karl Siegfried Bader, *Soziologie der deutschen Nachkriegskriminalität*, Tübingen 1949, S. 76, 86.

zu einem quantitativen Anstieg der Kriminalität, sondern auch zu einer Verschiebung im Objekt. Für den Badischen Generalstaatsanwalt, Karl Siegfried Baader, war diese Verschiebung treffender Ausdruck einer umfassenden »Primitivierung« der gesamten Lebensverhältnisse: »Das Stehlen von Holz und Kohle vom fahrenden Zug, das Mitnehmen des Eßbestecks durch den Gast, von Glühbirnen, Einwickelpapier, Klebstoff und Schnur durch den im Ladengeschäft anstehenden Käufer; all die Tausende von Kleinstdiebstählen, auf was immer sie sich richten: Taten von Warenhungrigen, die, kaum je in echter Not, aber stets in zahlreichen Nöten, nach dem Nächstbesten greifen, um den schweren Alltag zu erleichtern«.[18]

Eine Entscheidung vom Herbst 1946 zeigt paradigmatisch, dass sich dieses Erleben auch in der Naturrechtsprechung widerspiegelte, dass es also nicht bloß um nationalsozialistisches Unrecht ging, wenn von transzendenten Prinzipien die Rede war.

Im September 1946 stand der Leiter der Abteilung für Landwirtschaft und Ernährung in Baden, einer Einrichtung des Badischen Wirtschaftsministeriums, vor Gericht. Er und seine Mitarbeiter hatten rationierte Lebensmittel als Weihnachtszulage an die Belegschaft verteilt und sich damit eigentlich wegen Untreue und Vorteilsannahme strafbar gemacht. Derart belangt, verteidigte sich der Abteilungsleiter vor Gericht. Er habe gemäß einer Verordnung über die öffentliche Bewirtschaftung Sonderzulagen gewähren dürfen, derartige Zulagen auch gewährt und sein ansonsten tatbestandsmäßiges Handeln durch entsprechende Anordnung gerechtfertigt. Die Streitfrage, über die das Oberlandesgericht Stuttgart nun zu befinden hatte, lautete also, ob der Leiter der Landwirtschaftsabteilung seine Untaten durch eigene Anordnung hatte rechtfertigen können. Zur Antwort verwiesen die Richter zunächst auf ein ungeschriebenes Tatbestandsmerkmal. Der Abteilungsleiter habe nicht im »öffentlichen Interesse« gehandelt und eine etwaige Rechtsgrundlage,

18 ebda, S. 81. Derartige Einschätzungen veranschaulichen die hohe Auslastung der Justiz und das deutliche Übergewicht der Vermögenskriminalität, sind aber ansonsten wenig belastbar. Weder geben sie Aufschluss über die Zahl der Einstellungen noch über die Zahl der Verurteilungen. Zudem weisen sie lediglich das aus, was ohnehin gerichtsbekannt war. Schon früh wies der Kriminologe Ruprecht Jacobs daher auf eine Dunkelziffer hin, die außerhalb aller bisherigen Erfahrung liege, und führte diese Dunkelziffer auf die geringe Anzeigefreudigkeit in der Bevölkerung, die latente Kriminalität und die Unfähigkeit der Behörden zurück, kurz: auf die »Ungleichförmigkeit und Uneinheitlichkeit von Gesetzgebung und Rechtsprechung« (*Die Kriminalität der Nachkriegszeit in Deutschland*, Bad Godesberg 1952, S. 7 Fn. 6). Bader meinte aus demselben Grund, das »bisher vorliegende, an sich höchst aufschlußreiche Material« lasse sich »zu einer wirklichen Einheit nicht zusammenfügen« (Soziologie, S. 13).

die ihn zur Gewähr von Sonderzulagen hätte ermächtigen können, damit überreizt. Weil er sich zu »Beginn eines Winters, der nach allgemeiner Auffassung die Weiterexistenz eines beträchtlichen Teils des Volkes ernstlich in Frage stellte« ausgerechnet an solchen Waren bereichert habe, die unter anderem für Schwerkranke vorgesehen waren, habe er sich nicht nur am Gesetz versündigt, sondern auch an den über allem stehenden »Geboten der Moral«.[19] Seine Anordnung sei daher nicht nur rechtswidrig, sondern naturrechtswidrig, er selbst nicht gerechtfertigt, sondern strafbar.

Die Entscheidung handelt vom Naturrecht – den ungeschriebenen Geboten der Moral – fügt sich aber gleichwohl nicht in die Meistererzählung, das Naturrecht der Nachkriegszeit sei nur aus dem Unrecht der dreißiger oder der Rechtsphilosophie der vierziger Jahre heraus verstehbar. Der zugrundeliegende Tatbestand war nicht durch faschistischen Fanatismus motiviert, sondern vom Hunger diktiert. Die Entscheidung zeigt beispielhaft, dass es nicht nur das Problem sogenannter Unrechtsvorschriften war, das nach naturrechtlichen Lösungen verlangte. Weder wurde Naturrecht ausschließlich in Fällen herangezogen, in denen es um die Abwicklung gesetzlichen Unrechts ging, noch stand es immer im Mittelpunkt einer Entscheidung. Dreh- und Angelpunkt der meisten Entscheidungen unmittelbar nach 1945 war nicht die unsägliche Vergangenheit, sondern die prekäre Gegenwart. Man weiß nicht so viel über die Naturrechtsprechung, wie man gemeinhin zu wissen glaubt, glaubt aber viel über die Naturrechtsprechung zu wissen, weil man den Blick von vornherein auf bestimmte Probleme lenkt und von vornherein auf spezifische Lösungsversuche verengt. Weil man die Lücken in der brüchigen Überlieferung durch »kongeniale Einfühlungsgabe« schließt,[20] durch den vermuteten Einfluss der Theorie auf die Praxis. Oder aber, indem man die Rechtsprechung nicht aus sich selbst heraus zu verstehen sucht, sondern sie von vornherein als Teilnehmerin an einem gesamtgesellschaftlichen Diskurs begreift.

IV.

Gustav Radbruch hatte auf die Frage nach dem richtigen Umgang mit dem unrichtigen Recht bekanntlich geantwortet, dass die Rechtsicherheit in diesem Fall ausnahmsweise der Gerechtigkeit zu weichen habe. Sein »Kampf gegen den illegitimen Positivismus« war »in Wahrheit ein Kampf gegen die Verbindlichkeit ungerechter Gesetze«.[21] In

19 OLG Stuttgart, Urteil vom 4. September 1946, in: *SJZ* 8/9, 1 (1946), Sp. 236f., 237.

20 Mitteis, Lebenswert, S. 26.

21 Wieacker, Privatrechtsgeschichte, S. 562.

diesem Sinne hat Gerhard Otte unlängst versucht, die rechtshistorische Fixierung auf das nationalsozialistische Unrecht nicht bloß aufzugeben, sondern rechtstheoretisch aufzuheben. In einem differenzierten Aufsatz zur Naturrechtsprechung bestimmte er das Naturrecht anhand seiner rechtspraktischen Funktion. Otte unterschied ein »kassierendes« Naturrecht, das die Geltung von Gesetzen suspendierte, von einem »reparierenden« Naturrecht, das zur Interpretation vorhandener Gesetze herangezogen wurde, und ließ nur solche Entscheidungen als im »strengen Sinn naturrechtlich« gelten, in denen ungerechte Gesetze »kassiert« wurden. Wo das Recht dagegen nicht zur Änderung oder Ergänzung, sondern lediglich zur Auslegung geltender Gesetze herangezogen worden sei, handele es sich nicht um die Beantwortung einer rechtstheoretischen »Grundsatzfrage«, sondern um eine Frage der richtigen oder falschen Gesetzesauslegung, nicht eigentlich um Naturrecht, sondern um das redliche »Bemühen um eine nicht wertblinde Anwendung des positiven Rechts«.[22]

Auf den ersten Blick überwindet diese kluge Unterscheidung Langners besinnungslose Aufzählung und ermöglicht, die Entscheidung, sich ausschließlich auf bestimmte Probleme zu konzentrieren, theoretisch zu fundieren. Indem das Naturrecht anhand seiner geltungsaufhebenden Funktion bestimmt wird, kann die zugrundeliegende Problematik auf einer Ebene artikuliert werden, auf der von Anfang an klar ist, dass sie sich nicht nur, aber vor allem am Umgang mit nationalsozialistischem Unrecht beobachten lässt. Ottes Ansatz greift also weiter als die Ansätze von Radbruch, Foljanty und Kühl. Er greift aber immer noch zu kurz. Denn einerseits beschränkte sich ein erheblicher Teil jener Entscheidungen, in denen ein Richter beim Naturrecht Zuflucht nahm, darunter so berüchtigte Fälle wie die Kuppelei-Entscheidung der fünfziger Jahre, darauf, geltendes Recht bloß zu interpretieren. Andererseits kamen Entscheidungen, in denen Gesetzen die Geltung abgesprochen wurde, normativ nicht aus dem Nichts, sondern präsentierten sich ihrerseits als Auslegung am geltenden Recht. Beispielsweise wurde die vielzitierte Entscheidung des Wiesbadener Amtsgerichts, ein Urteil, das auch Otte breit thematisiert, nicht im rechtsleeren Raum erörtert, sondern anhand der Frage, ob eine Erbschaft abhandengekommen war und also gutgläubig hatte erworben werden können, §§ 932, 935 BGB. Indem Otte seine Unterscheidung zwischen einem reparierenden und einem kassierenden Naturrecht nicht an das Ende, sondern an den Anfang seiner Überlegungen setzt, legt er die empirische Arbeit vorschnell auf bestimmte Phänomene fest. Die differenzierte Analyse gerät zur diskriminierenden Heuristik.

22 Gerhard Otte, Die Naturrechtsprechung der Nachkriegszeit, in: Kristian Kühl & Gerhard Seher (Hg.), *Rom, Recht, Religion*, Tübingen 2011, S. 189–204, 202.

Und die vorgebliche Untersuchung des Naturrechts zu einer problemgeschichtlichen Untersuchung des richterlichen Prüfungsrechts.

Eine solche Untersuchung bleibt natürlich weiter möglich. Sie sensibilisiert für spezifische Kontinuitäten und Problemlagen, namentlich für die Friktionen, die die Annahme eines solchen Prüfungsrechts in den fünfziger Jahren hervorrief. Schließlich mag die Entscheidung, ein Naturrecht im strengen Sinn vom Naturrecht im Allgemeinen zu unterscheiden und sich auf diese und jene Urteile zu beschränken, im Rahmen eines Aufsatzes nicht nur gerechtfertigt, sondern gar geboten sein. Allerdings überstrapaziert Otte seine Entscheidung zur Schwerpunktbildung, indem er einen Teil des Phänomens überhaupt nur als solches gelten lässt und die theoretischen Gründe für diese Entscheidung weitestgehend schuldig bleibt.[23] Schließlich versteht sich nicht schon von selbst, dass und warum die Frage der richtigen Rechtsanwendung keine rechtstheoretische Grundsatzfrage sein soll, oder warum Entscheidungen, die Gesetze unter Berufung auf sittliche Werte kassieren, anders zu werten sein sollen, als Entscheidungen, die Gesetze im Lichte übergesetzlichen Rechts interpretieren. Eine Beschränkung auf die Frage nach einem richterlichen Prüfungsrecht war praktisch nicht gegeben und ist theoretisch auch nicht geboten.

V.

Gibt man den Fokus auf den strafrechtlichen Umgang mit der nationalsozialistischen Vergangenheit auf und vermeidet die vorschnelle Festlegung auf ein kassierendes Naturrecht, sieht man Entscheidungen, die man sonst geneigt ist zu übersehen. Eine richtungsweise Entscheidung des Hanseatischen Oberlandesgerichts zum Beispiel. Unter Berufung auf höchste Werte verurteilte das Hamburger Gericht einen überführten Ehebrecher im Frühjahr 1946 dazu, weiter an seinem ehelichen Treugelübde festzuhalten. Diese Entscheidung ist allerdings nur dann recht verständlich, wenn man einerseits das Unbehagen der Geschlechter nach

23 Allerdings lässt Otte, der »eher politisch motivierte […] Einwände« gegen das Naturrecht ausdrücklich beiseitelassen möchte, keinen Zweifel an seiner eigenen Motivation. Wo die »Rechtsordnung durch die Sicherheit gesetzlichen Unrechts in Gefahr« gerate, müsse man »Farbe bekennen« und dort, wo »man die Rechtsprechung für falsch hält, sagen, ob und mit welcher Begründung man anders entschieden hätte« (Naturrechtsprechung, S. 191, 202, 194). Am Ende seiner Ausführungen steht daher keine nüchterne Mahnung zu begrifflicher Präzision, sondern ein Vorwurf. Wer dem Richter die Berufung auf Naturrecht abschneide, degradiere ihn – »und vielleicht auch […] sich selbst« – zum »nachträglichen Komplizen gesetzlichen Unrechts« (S. 203).

dem Zweiten Weltkrieg berücksichtigt, andererseits die überkommene Rechtsauffassung des Reichsgerichts.

Viele Frauen erlebten dem 8. Mai 1945 nicht als Befreiung, sondern als Belastung.[24] Sie mussten sich nach dem Krieg nicht nur um sich selbst kümmern. Von ihnen wurde außerdem erwartet, Alte, Kranke und Kinder, vor allem aber ihre körperlich wie seelisch ruinierten Männer zu pflegen. Noch dazu mussten sie oft allein für den gemeinsamen Lebensunterhalt sorgen.[25] Doch während Frauen in Familie und Gesellschaft ihren Mann standen, die Last nicht nur der öffentlichen Produktion, sondern auch der privaten Reproduktion trugen, identifizierten sich Männer wie Frauen nach wie vor mit einer Geschlechterordnung, die Frauen als Hausfrauen und Gebährerinnen imaginierte und Männer als Ernährer und Gebieter idealisierte. Sein und Sollen, Leben und Leitbild klafften auseinander – die Ordnung des Paares war unbehaglich geworden.[26]

Die damit verbundenen Irritationen wurden nicht reibungslos verarbeitet. Viele Abtreibungen[27], ein deutlicher Anstieg der nichtehelichen Geburten[28] und Scheidungen[29] deuten auf eine Krise der sogenannten Kernfamilie nach dem Zweiten Weltkrieg hin, genauer: auf eine Krise ihrer patriarchalen Struktur. Doch dem abrupt gestiegenen Bedarf nach

24 In einer Umfrage aus dem Jahr 1947 gab über ein Drittel der befragten Berlinerinnen an, kurz vor dem nervlichen Zusammenbruch zu stehen und sich nur noch durch ihr »angespanntes Pflichtgefühl« aufrecht zu halten, Hilde Thurnwald, *Gegenwartsprobleme Berliner Familien*, Berlin 1948.

25 Zum Folgenden, siehe Rita Polm, *»… neben dem Mann die andere Hälfte eines Ganzen zu sein?!«*, Münster 1990; Barbara Willenbacher, Zerrüttung und Bewährung der Nachkriegsfamilie, in: Martin Broszat, Klaus-Dietmar Henke & Hand Woller (Hg.), *Von Stalingrad zur Währungsreform*, 3. Aufl., München 1990, S. 595–618, und Nora Möding, Die Stunde der Frauen?, ebd., S. 619–647; ferner Sybille Meyer & Eva Schulze (Hg.), *Wie wir das alles geschafft haben*, 3. Aufl., München 1985.

26 Diese Formulierung in Anlehnung an Johanna Meyer-Lenz (Hg.), *Die Ordnung des Paares ist unbehaglich*, Hamburg 2000. Zum Wandel des Familienbildes im 20. Jahrhundert, siehe Christopher Neumaier, *Familie im 20. Jahrhundert*, Berlin 2019.

27 Vgl. Kirsten Poutrus, Von den Massenvergewaltigungen zum Mutterschutzgesetz, in: Richard Bessel & Ralph Jessen (Hg.), *Die Grenzen der Diktatur*, Göttingen 1996, S. 170–198, 178

28 Vgl. Sybille Buske, *Fräulein Mutter und ihr Bastard*, Göttingen 2004.

29 Für die Kriegszeit liegen keine belastbaren Zahlen vor, doch lässt sich bis zum Ausbruch des Zweiten Weltkriegs ein steter Anstieg der Scheidungszahlen beobachten. Diese Kurve wird nur an zwei Stellen unterbrochen. Und zwar jeweils vom kriegsbedingten Stillstand der Statistik. Nach dem Zweiten Weltkrieg wurden die Scheidungen wieder gezählt; die Zahlen erreichten ihren absoluten Höhepunkt, vgl. Michael Wagner, *Scheidung in Ost- und Westdeutschland*, Frankfurt/Main 1997, S. 117f.

Scheidung stand nach wie vor ein unhandliches Scheidungsrecht gegenüber. Nach dem »Anschluss« Österreichs hatten die Nationalsozialisten zwar ein großdeutsches Scheidungsrecht geschaffen, sich aber nicht zwischen Zerrüttungs- und Verschuldensprinzip entscheiden können.[30] Da im Regelfall ein untreuer Ehemann auf Scheidung klagte und die betrogene Ehefrau dagegen Widerspruch erhob, hatte das Leipziger Reichsgericht unter dem Eindruck der nationalsozialistischen Bevölkerungspolitik entschieden, dass ein Widerspruch schon deswegen unbeachtlich bleiben müsse, weil ein Seitensprung der Volksgemeinschaft im Zweifelsfall mehr Kinder schenke als eine zerrüttete Ehe.[31] Der alliierte Gesetzgeber hatte die gesetzliche Grundlage dieses Urteils, den alten § 55 Ehegesetz (EheG), mit dem Kontrollratsgesetz Nr. 16 entnazifiziert und die sogenannte Heimtrennungsklage in den neuen § 48 EheG integriert. Diese Praxis stellte deutsche Richter vor ein Problem. Sie hatten das Spannungsverhältnis von Zerrüttung und Verschulden zu lösen, konnten aber nicht auf die bevölkerungspolitische Rechtsprechung des Reichsgerichts zurückgreifen und sich auch nicht auf die eugenischen Motive hinter dem Gesetz berufen. Sie musste ein altes Gesetz anwenden. Und ihm neuen Sinn einhauchen.[32]

Vor dem Hintergrund der schwierigen Versorgungslage nach dem Krieg entschied das Hanseatische Oberlandesgericht am 15. Februar

30 Diese Unentschlossenheit schlug sich in § 55 EheG a. F. nieder. Abs. 1 bestimmte, dass eine objektiv zerrüttete Ehe nach drei Jahren Heimtrennung geschieden werden konnte. Abs. 2 sah jedoch vor, dass der andere Teil dagegen Widerspruch erheben konnte, wenn der Partner, der die Scheidung begehrte, die Zerrüttung der Ehe subjektiv verschuldet hatte. Allerdings schränkte der zweite Halbsatz die Beachtlichkeit des Widerspruchs wieder ein. Er beschränkte den Widerspruch auf Fälle, in denen dieser mit dem »Wesen der Ehe« vereinbar war und als »sittlich gerechtfertigt« galt. Problematisch gestaltete sich das Verhältnis der beiden Absätze zueinander. Da einvernehmliche Scheidungen stets geschieden wurden, im Streitfall aber stets Widerspruch erhoben wurde, stellte sich vor Gericht die Frage, welches Prinzip maßgeblich war: das Zerrüttungsprinzip des ersten oder der Verschuldensgedanke des zweiten Absatzes.

31 Aus der uferlosen Literatur zur Scheidungsrechtsprechung des Reichsgerichts, siehe nur Kathrin Nahmmacher, *Die Rechtsprechung des Reichsgerichts und der Hamburger Gerichte zum Ehescheidungsgrund des § 55 Ehegesetz 1938 in den Jahren 1938 bis 1945*, Frankfurt/Main 1999; Dieter Niksch, *Die sittliche Rechtfertigung des Widerspruchs gegen die Scheidung der zerrütteten Ehe in den Jahren 1938–1944*, Köln 1990, und Ernst Wolf, Gerhard Lüke & Herbert Hax, *Scheidung und Scheidungsrecht*, Tübingen 1959 S. 78–86.

32 Eine methodologische Untersuchung der Scheidungsrechtsprechung nach dem Zweiten Weltkrieg findet sich bei Bernd Rüthers, *Die unbegrenzte Auslegung*, 9. Aufl., Tübingen 2022, S. 411–430.

1946, also noch bevor das neue, alte Gesetz wieder in Kraft getreten war, dass der Widerspruch einer betrogenen Ehefrau stets beachtet werden müsse und hielt der Bevölkerungspolitik des Reichsgerichts »sittliche Werte erster Ordnung« entgegen: den Glauben »an die Gerechtigkeit der geltenden Rechtsordnung, die Überzeugung von der Unantastbarkeit der Familie und der Unverbrüchlichkeit des ehelichen Treuegelübdes«.[33] Ersichtlich handelte es sich dabei nicht um einen unvermittelten Durchgriff auf sakrale Grundsätze oder um eine Auseinandersetzung mit dem gesetzlichen Unrecht der Nationalsozialisten,[34] sondern um eine frömmelnde Auslegung des »Wesens der Ehe« und der »sittlichen Rechtfertigung« des Widerspruchs, § 48 Abs. 2 EheG. Mit anderen Worten: Es ging gar nicht darum, ob es ein Naturrecht gab oder nicht gab, oder gar darum, ob das faschistische Unrecht in Wahrheit gar kein Recht gewesen war. Es ging um eine Verhältnisbestimmung von Grundsatz und Ausnahme, um eine dogmatische Frage, der vor dem Hintergrund der schwierigen Situation vieler Frauen nach dem Zweiten Weltkrieg besondere Brisanz zugekommen war. Durch die Berufung auf sittliche Werte erster Ordnung konnte eine betrogene Ehefrau eine Scheidung womöglich abwenden und so ihren Unterhalt sichern.

Auch das Hamburger Urteil fügt sich nicht in die Meistererzählung, Naturrecht sei eine Antwort auf die drängende Frage nach der Geltung unrichtigen Rechts gewesen. Aus diesem Grund ist es heute weitgehend vergessen. Wo es zitiert wird, werden seine sittlichen Werte erster Ordnung jedenfalls nicht mit dem Naturrecht assoziiert.

VI.

Die Rezeptionsgeschichte der Hamburger Entscheidung weist auf ein tieferliegendes Problem hin, vor dem jede Untersuchung der Rechtsprechung der vierziger Jahre die Waffen strecken muss: der Zersplitterung des Rechts. Sie kann weder die Einheit ihres Problems voraussetzen noch die Einheitlichkeit der Lösungsvorschläge. Zwar übernahmen Gerichte aus allen vier Besatzungszonen die Hamburger Rechtsprechung

33 OLG Hamburg, Urteil vom 15. Februar 1946, in: *SJZ* 4, 1 (1946), S. 94.

34 Ebenfalls im Februar 1946 hatte das OLG Braunschweig über die nationalsozialistische Familienpolitik zu urteilen. Es bestätigte die Geltungskraft der nationalsozialistischen Verordnung zum Schutze von Ehe, Familie und Mutterschaft mit dem Argument, dass sie »in keiner Weise gegen eine gesunde demokratisch-christliche Weltanschauung« verstoße. Weil eine entsprechende Regelung auch in der christlichen Demokratie denkbar sei, könne ihm schon keine faschistische Rechtsauffassung zu Grunde liegen (OLG Braunschweig, Urteil vom 6. Februar 1946, in: *SJZ* 5, 1 (1946), S. 118).

zum Scheidungsrecht und urteilten übereinstimmend, dass die Linie des Leipziger Reichsgerichts aufgegeben, der Widerspruch der betrogenen Ehefrau stets beachtet werden müsse und eine Ehe auch dann nicht geschieden werden dürfe, wenn sie offensichtlich zerrüttet sei.[35] Doch schon 1947 kam es zu einer ersten Abweichung von dieser schnell »gefestigten Rechtsprechung«.[36] Am 13. März 1947 verwarf das Freiburger Oberlandesgericht die norddeutsche Scheidungsrechtsprechung und plädierte seinerseits für eine umfangreiche Abwägung aller Umstände des Einzelfalls.

Vor diesem Hintergrund wurde die Frage, ob ein Ehemann, der seine Frau betrogen hatte, sich von seiner Gattin, die weiter an der Ehe festhalten wollte, scheiden lassen konnte, rasch zu einer Frage des Wohnsitzes. Norddeutsche Gerichte verteidigten den Unterhalt der betrogenen Ehefrau unter Rückgriff auf sittliche Werte, süddeutsche Gerichte plädierten für eine Abwägungslösung. Der 1948 eingerichtete Oberste Gerichtshof für die Britische Zone folgte zunächst der »Freiburger Linie« (Martin Löhnig) und versuchte, das trübe Wesen der Ehe anhand einiger Topoi aufzuhellen – dem äußeren Verhalten der Eheleute zum Beispiel oder ihrer inneren Einstellung zur Ehe[37] – fand das maßgebliche Kriterium aber letztlich in der Versorgungslage. Ein Widerspruch sollte zwar nicht grundsätzlich beachtlich sein, wohl aber, wenn die Frau sonst in die Armut rutschte. Nach anfänglichem Schwanken schlug die Justiz der Sowjetischen Besatzungszone den umgekehrten Kurs ein. In einer leitenden Entscheidung hielt das Oberlandesgericht Dresden fest, dass eine Ehe jedenfalls nicht allein aus Gründen der Versorgungssicherheit aufrechterhalten werden könne. Frauen müssten sich ihren Lebensunterhalt vielmehr selbst verdienen.[38]

Mit dieser Entscheidung waren vier Möglichkeiten auf dem Tableau, das Wesen der Ehe auszulegen. Nur eine davon berief sich auf Naturrecht und seine Surrogate. Im Zentrum der familienrechtlichen Auseinandersetzung stand nicht die Frage sittlicher Werte oder ihres ontischen Stellenwertes, sondern die Frage, ob man den Widerspruch einer vielfach betrogenen und oft mittelosen Ehefrau beachten sollte. Wenn in diesem Zusammenhang von Naturrecht die Rede war, ging es nicht um die strafrechtliche Aufarbeitung der Vergangenheit, sondern um ein familienrechtliches Problem der Gegenwart, nicht um die Aufhebung ungerechter, sondern um die Auslegung geltender Gesetze.

35 Martin Löhnig, *Die Justiz als Gesetzgeber*, Regenstauf 2010, S. 86 m. w. N. Im Osten vertrat das OLG Gera die Beachtlichkeit des Widerspruchs.

36 Hermann Steidle, Anmerkung zu OLG Frankfurt, Urteil vom 9. September 1946 in: SJZ 8/9, 1 (1946), S. 226.

37 Vgl. Martin Grieß, »Im Namen des Rechts«, Tübingen 2015, S. 271–328.

38 Vgl. Löhnig, Justiz, S. 85–89.

Deutlich kann man der unsteten Scheidungsrechtsprechung der vierziger Jahre die Schwierigkeiten ablesen, mit denen sich die Justiz nach 1945 konfrontiert sah. Sie war mit Problemen alleingelassen, die sie alleine nicht lösen konnte. Das Resultat war keine wie auch immer geartete Renaissance des Naturrechts, sondern eine Zersplitterung der juristischen Dogmatik. Regional wurden unterschiedliche Lösungen für Fälle gesucht, für die es keine gefestigte Rechtsprechung mehr gab und noch keine herrschende Meinung. Es gab kein oberstes Gericht, das die oft unübersichtliche und uneinheitliche Rechtsprechung überwachen, sie hätte anleiten oder gar steuern können,[39] keine Zeitschriften, in denen die Lösung eines dogmatischen Problems hätte ausgehandelt werden können. Es kann daher kaum überraschen, dass Gerichte, die einen Rechtstreit zu entscheiden hatten, bei dem es ja von vornherein immer schon zwei Möglichkeiten gab, einen Fall zu entscheiden, unterschiedliche Lösungen für dasselbe Problem fanden.

VII.

In den juristischen Zeitschriften der ersten Nachkriegsjahre findet man nicht nur Fälle, in denen die Frage nach einem wie auch immer gearteten Naturrecht bejaht wurde. Mit derselben Frequenz finden sich Entscheidungen, in denen sie gar nicht erst angesprochen wurde, obwohl man das hätte erwarten können,[40] solche, in denen diese Frage zwar angerissen, aber letztlich offengelassen wurde,[41] und solche, in denen sie ablehnend

39 Vgl. Ernst Kern, Die Grenzen der naturrechtlichen Rechtserneuerung in Justiz und Verwaltung, in: *MDR* 3, 3 (1949), S. 137–141, 140: »Das erhebliche Ausmaß der forensischen Verwertung naturrechtlicher Gedankengänge und das völlige Fehlen eines Analogon hierzu im Bereich der Gesetzgebung, deutet darauf hin, daß der Anstoß zur Heranziehung des Naturrechts weniger in einer geistigen Neubesinnung zu suchen ist als in praktischen Bedürfnissen, die durch das Fehlen eines intakten deutschen Gerichts ausgelöst wurden.«

40 Im März 1947 entschied das Landgericht Hagen zur Wirksamkeit eines Pachtvertrags, die »Gesetze des nationalsozialistischen Staats« seien »nur für die Zukunft aufgehoben« (Urteil vom 1. März 1947, in: *MDR* 1, 1 (1947), S. 29f., 30).

41 Im 29. Oktober 1946 hatte das Berliner Kammergericht über die Klage einer Jüdin zu befinden, die unter dem Eindruck der Pogromnacht 1938 ihr Grundstück veräußert hatte. Die Berliner Richter entschieden zwar, dass die entsprechende Verordnung, die Juden aufgegeben hatte, sich von ihren Immobilien zu trennen, als »so unsittlich zu betrachten« sei, dass »ihr Verbindlichkeit nicht zukommen« könne; allerdings käme es auf die Geltung dieser Verordnung gar nicht streitentscheidend an, da nicht die Verordnung,

beantwortet wurde. Zu dieser letzten Gruppe gehört beispielsweise eine Entscheidung des Oberlandesgerichts Kiel, das einem angeklagten Deserteuer die Berufung auf Notwehr versagte, weil die »staatsrechtliche Lage« des »Dritten Reichs« nicht »rückwirkend durch juristische Konstruktionen beseitig« werden könne, sondern als »Tatsache mit Rechtskraftwirkung« anerkannt werden müsse – und zwar »selbst nachdem sie als verfehlt und verbrecherisch erkannt« worden sei.[42] In exakt diesem Sinne beschwor das Oberlandesgericht Saarbrücken die normative »Kraft des rein Tatsächlichen«.[43] Und das Hanseatische Oberlandesgericht lehnte eine Revision mit dem Argument ab, dass ein »im Sinne der Rechtsphilosophie inhaltlich unrichtiges Gesetz« nicht schon dadurch seine Geltung einbüße, dass es »etwas für Recht« erkläre, was »vom Standpunkt der Ethik aus nicht Recht sein sollte«.[44]

Deutlich zeigt sich die Uneinheitlichkeit, mit der deutsche Gerichte auf naturrechtliche Begründungen zurückgriffen, auch im strafrechtlichen Umgang mit den nationalsozialistischen Krankenmorden. In diesen spektakulären Verfahren mussten sich Ärzte, Krankenpfleger und Krankenschwestern wegen der Auswahl, der Verlegung und Tötung ihrer Patienten verantworten. Auf den ersten Blick kreisten sie um die Frage, ob einem geheimen Erlass Hitlers, der ausgewählten Ärzten erlaubt hatte, unheilbar Kranken den »Gnadentod« zu gewähren, Gesetzeskraft zukam.[45] In der ersten dazu veröffentlichten Entscheidung, dem Urteil des

sondern der extralegale Terror der Nazis die Zwangslage der Klägerin verursacht habe (*SJZ* 5, 2 (1947), Sp. 257–263, 262).

42 OLG Kiel, Urteil vom 26. März 1947, in: *SJZ* 6, 2 (1947), Sp. 323–337, 326f. – nur um die Staatsgewalt schließlich doch an die Rechtsidee zu binden, und so zu einer Abwägung zwischen Rechtssicherheit und Gerechtigkeit zu gelangen.

43 OLG Saarbrücken, Urteil vom 21. Mai 1947, in: *DRZ* 10, 2 (1947), 341f., 342. Anhängig war die Klage eines Käufers, der auf Erfüllung eines Grundstückkaufvertrages klagte, den er mit dem verstorbenen Ehemann der Beklagten geschlossen hatte. Dessen Witwe verweigerte die Erfüllung mit dem Argument, die erforderliche Genehmigung des notariellen Vertrages sei seinerzeit aus politischen Gründen verweigert worden, ihr Ehemann im KZ gestorben und das Rechtsgeschäft endgültig unwirksam geworden. Das OLG pflichtete dieser Auffassung mit Rücksicht auf die Verkehrssicherheit bei. In die gleiche Kerbe schlug eine Entscheidung des LAG Mannheim, das einem jüdischen Zwangsarbeiter, der gegen das Unternehmen geklagt hatte, das ihn seinerzeit dienstverpflichtet hatte, den Entgeltanspruch verweigerte, und ihn – nicht etwa das Unternehmen – auf ein noch zu erlassendes Entschädigungsgesetz vertröstete (Urteil vom 26. Juni 1947, in: *SJZ* 7, 2 (1947), Sp. 516–519).

44 OLG Hamburg, Urteil vom 18. Juni 1947, in: *SJZ* 1, 2 (1947), Sp. 35–42.

45 Dick de Mildt (Hg.), *Tatkomplex NS-Euthanasie*, 2 Bde. Amsterdam 2009; siehe außerdem Anika Burkhardt, *Das NS-Euthanasie-Unrecht vor den*

Berliner Kammergerichts vom 24. August 1946, argumentierte das Gericht zwar, dass die Vernichtung »unwerten Lebens« gegen das »allgemein anerkannte Sittengesetz« verstoße, beantwortete damit aber nicht diese, sondern eine andere Frage. Da die Angeklagten die beschränkte Einzelermächtigung des Geheimerlasses ohnehin überschritten hätten, käme es auf dessen Geltung nämlich überhaupt nicht an. Das Kammergericht äußerte sich daher nicht zum objektiven Unrecht des Geheimerlasses, sondern zum subjektiven Unrechtsbewusstsein der Ärzte und Pfleger.

Während das Reichsgericht den sogenannten Verbotsirrtum, die falsche Vorstellung also von der Rechtswidrigkeit des eigenen Handelns, abgelehnt und das Unrechtsbewusstsein des Täters für unbeachtlich erklärt hatte, verhandelte die Nachkriegsliteratur den Verbotsirrtum als Problem des subjektiven Tatbestands. Sie suchte die Verantwortlichkeit des irregehenden Täters auf solche Fälle zu beschränken, in denen dieser die Tat nicht nur begehen wollte, sondern ihren Unrechtsgehalt zumindest hätte kennen müssen, auf eine Formel gebracht: »Schuld gleich Tatvorsatz plus Rechtsfahrlässigkeit«.[46] In dieser Gemengelage hob das vom Kammergericht ins Spiel gebrachte Sittengesetz nicht etwa die Geltung des Geheimerlasses auf, sondern präzisierte, was genau unter die sogenannte Rechtsfahrlässigkeit fiel. Weil der Krankenmord gemeinhin als unsittlich gelte, könnten die Angeklagten nicht damit gehört werden, sie hätten ihn irrtümlich für rechtens gehalten. Da beide Auffassungen zur Strafbarkeit der Angeklagten führten, ließ die Kammer den Streit aber letztlich dahinstehen.

Denselben Weg schlug auch die zweite veröffentlichte Euthanasie-Entscheidung jener Jahre ein. Allerdings liegt der Fall hier komplizierter. Nachdem das Frankfurt Landgericht im Dezember 1946 entschieden hatte, dass Hitlers Geheimerlass das »elementarste aller Naturrechtsgüter«, das menschliche Leben, missachtet, daher kein Recht geschaffen habe, und die Angeklagten also zu bestrafen seien[47] – eine waschechte Naturrechts-Entscheidung, die es in zwei weiteren Urteilen aktualisierte, die aber ebenso unveröffentlicht blieben[48] – vollzog die allein veröffentlichte Revisionsentscheidung eine Kehrtwende. Unter dem Eindruck

Schranken der Justiz, Tübingen 2015, und Benjamin Lahusen, Die Normalität des Maßnahmenstaates, in: *JZ* 17, 70 (2015), S. 805–814.

46 KG Berlin, Urteil vom 24. August 1946, in: *DRZ* 6, 2 (1947), S. 198–200, 199.

47 LG Frankfurt, Urteil vom 21. Dezember 1946, abgedr. als Verfahren 4 KLs 15/46 (Lfd.-Nr. 011a), in: Christiaan Frederik Rüter (Hg.), *Justiz und NS-Verbrechen*, Bd. I, Amsterdam 1968, S. 131–165, 156.

48 LG Frankfurt, Urteile vom 30 Januar 1946 und vom 21. März 1947, ebd. abgedr. als Verfahren 4 Ks 1/48 und 4 Kls 7/47, (Lfd.Nr. 014 und 017), S. 219–261 und 303–365.

der Berliner Entscheidung befand das Frankfurter Oberlandesgericht am 12. August 1947, dass es »einer Erörterung der Frage, ob und in welchem Umfang gesetztem Recht Geltung versagt werden kann oder muß, wenn es mit Forderungen in Widerstreit tritt, die als Naturrecht bezeichnet werden« überhaupt nicht bedürfe.[49] Hitlers Geheimerlass sei nämlich schon formell rechtswidrig gewesen. Das Schreiben sei an niemanden adressiert, nicht unterschrieben und lasse die erforderliche Gegenzeichnung vermissen; im Übrigen sei das Vernichtungsprogramm aber auch nach Kräften vertuscht worden, sodass ihm nicht einmal die normative Kraft des Faktischen zugebilligt werden könne. Allerdings, so die Frankfurter Richter weiter, müsse man in der Frage des Unrechtsbewusstseins »aktuellen Entwicklungen in der Rechtsprechung« Rechnung tragen. Daher äußerte sich die Kammer abschließend zum Verbotsirrtum. Der angeklagte Arzt könne auch nicht damit gehört werden, er habe irrtümlich an das Vorhandensein einer Rechtfertigung geglaubt, da dieser Rechtfertigungsgrund seinerseits gegen die Grundlagen menschlichen Zusammenlebens verstoße.

An dieser entscheidenden Stelle griff das Gericht in der Tat auf die in Berlin entwickelten Erwägungen zurück, ohne jedoch die Geltungsfrage anzusprechen und dem Geheimerlass die Geltung abzusprechen. Es stellte auf Naturrecht ab – nicht um Geltung zu derogieren, sondern um die dogmatische Figur des Rechtsgewissens zu präzisieren. Letztlich ging es also auch in diesen beiden Fällen nicht um die Frage, ob es ein Naturrecht gab oder nicht gab, sondern darum, ob »die anzuwenden Normen des positiven Rechts so zu interpretieren« waren »als ob es ein Naturrecht gäbe«, nicht um die abstrakte Frage des richtigen Rechts, sondern darum, ob nationalsozialistische Ärzte und Pfleger im konkreten Fall zu bestrafen waren oder eben nicht.[50]

VIII.

Das Naturrecht mag zwar prägend gewesen sein für einen bestimmten Abschnitt der strafrechtlichen Vergangenheitsbewältigung; umgekehrt bildet der strafrechtliche Umgang mit der nationalsozialistischen Vergangenheit jedoch nur einen kleinen Ausschnitt aus der veröffentlichten Naturrechtsjudikatur der vierziger Jahre. Vor Gericht ging es um Widrigkeiten und Widerrechtlichkeiten aller Art, um Entschädigungen und Entschuldigungen, nicht immer und nicht immer unmittelbar um den Nationalsozialismus, nicht immer um das Problem als ungerecht

49 OLG Frankfurt, Urteil vom 12. August 1947, in: *SJZ* 11, 2 (1947), Sp. 622–633, 622f.

50 Otte, Naturrechtsprechung, S. 94.

empfundener Gesetze, um gesetzliches Unrecht, oder die damit verbundene Frage nach seiner Aufhebung. Stets ging es um konkrete Einzelfragen und dogmatische Probleme im Rahmen einer durchweg am Gesetz orientierten Lösung: die Frage etwa, ob einem Erblasser, der im »Dritten Reich« enteignet worden war, das Eigentum abhandengekommen war; ob der Widerspruch der betrogenen Ehefrau von einem Gericht berücksichtigt werden musste – oder wie sich ein Irrtum über die Strafbarkeit des eigenen Verhaltens auswirkte; ob eine Verwaltungsanordnung den Gesetzesverstoß auch der Stelle rechtfertigen konnte, die ihn erlassen hatte; um die Frage, ob Juden, die nach dem 9. November 1938 Grundstücksverkäufe getätigt hatten, diese nun anfechten konnten; darum, ob eine für zu hoch erkannte Strafe aufgrund besonderer Umstände herabgesetzt werden sollte, auf dem Revisionswege überprüft werden durfte oder gar darum, ob alliierte Direktiven vom deutschen Richter dann ignoriert werden mussten, wenn sie gegen rechtsstaatliche Prinzipien verstießen. Kurzum: Um komplizierte Fragen der juristischen Dogmatik, die zum Teil unter Rückgriff auf Naturrecht beantwortet wurden, zum Teil aber auch nicht. Um Fragen und Antworten, die zeigen, dass sich das Naturrecht nach 1945 verhielt wie jedes andere Argument, wie jede andere Begründungsfigur der richterlichen Kunst.

Schon aus diesem Grund war das vermeintliche Naturrecht nach dem Zweiten Weltkrieg nicht mehr das, was man einst den »guten Sinn der alten Tradition« genannt hat.[51] Denn in der klassischen Vorstellung eines invarianten Naturrechts fielen Entscheidung und Begründung im Akt der Erkenntnis in eins. Was als unausweichlich erkannt ist, muss auch nicht begründet werden. Seit seiner rekursiven Schließung im langen 19. Jahrhundert wird Recht aber nicht mehr erkannt, sondern als Entscheidung begründet. Und das vermeintliche Naturrecht gibt weder das eine noch das andere vor, weder die Begründung noch die Entscheidung.

Deutlich lässt sich dieser Zusammenhang dort beobachten, wo die Annahme eines konsistenten Gebrauchs naturrechtlicher Begründungsstrategien besonders plausibel erscheint: in der strafrechtlichen Ahndung nationalsozialistischer Verbrechen. Nicht einmal die Rechtsprechung in NS-Strafsachen nahm sich von der allgemeinen Rechtszersplitterung der vierziger Jahre aus.

Zwei Jahre nach Kriegsende, am 8. Mai 1947, entscheid das Landgericht Siegen über das Schicksal eines Kraftfahrers, der einen Kollegen denunziert hatte. Nach Kriegsende wollte die Staatsanwaltschaft den Denunzianten zur Rechenschaft ziehen. Sie hatte Haftbefehl beantragt. Doch das zuständige Amtsgericht hatte den Erlass eines Haftbefehls mit der Begründung abgelehnt, dass das einschlägige Kontrollratsgesetz

51 Hermann Isay, *Die Isolierung des deutschen Rechtsdenkens*, Berlin 1924, S. 39.

Nr. 10 gegen das Verbot rückwirkender Bestrafung[52] verstoße und daher nicht anwendbar sei. Das zuständige Gericht hatte nun über die Beschwerde des Oberstaasanwalts zu befinden. Es befand, dass das Rückwirkungsverbot ein »Grundrecht erstens Grades« sei, ein »höchster rechtlicher und sittlicher Wert«, ein »Naturrecht« gar, das auch ein Kontrollratsgesetz nicht überschreiben könne.[53] Daher habe der deutsche Richter das alliierte Gesetz nicht anzuwenden.

Näher besehen entpuppte sich die prinzipiell geschlossen Rechtsprechung der vierziger Jahre also als ebenso zerstritten wie die Rechtswissenschaft. In Wiesbaden und Berlin wurde Opfern des Faschismus ihr umstrittenes Eigentum zugesprochen. In Saarbrücken und Mannheim wurde die Verkehrssicherheit dagegen starkgemacht. In Berlin konnte ein Kläger wegen widerrechtlicher Kollektivdrohung anfechten; in Hagen und in Saarbrücken obsiegte der Vertrauensschutz. Während man in Stuttgart die besondere Schwere der Tat naturrechtlich untermauerte, sahen es Wuppertaler Richter als ihre »heilige Verantwortung« an, zu hohe Strafen verrohte »Halberwachsene« zu verhindern.[54] War es in Köln möglich, wegen unmenschlicher Strafen in Revision zu gehen, verweigerten die Oberlandesgerichte von Braunschweig und Hamburg einem verurteilten Delinquenten diese Möglichkeit. Manche Entscheidungen besannen sich auf Naturrecht, andere nicht. Und auch solche Entscheidungen, die sich ausdrücklich auf Naturrecht beriefen, unterschieden sich im Ergebnis. Man kann das für unvollständige Erkenntnis oder sonst wie unbefriedigend halten, Farbe bekennen und andere dazu auffordern. Oder aber man begnügt sich mit der nüchternen Feststellung: So war es.

IX.

Nach alledem kann es nur befremden, mit welcher Unbekümmertheit seit mittlerweile 75 Jahren die gleichen Halbsätze und Randbemerkungen bemüht werden, aus Urteilen, die zum Teil nicht einmal vollständig überliefert sind oder auf einhellige Ablehnung stießen, um einer Naturrechtsrenaissance auch und gerade in der Rechtsprechung das Wort zu reden.[55]

52 Zur Diskussion um die Rückwirkung des KRG 10, siehe Foljanty, Recht, S. 66–76; außerdem Susanne Jung, *Die Rechtsprobleme der Nürnberger Prozesse dargestellt am Verfahren gegen Friedrich Flick*, Tübingen 1992, S. 138–170.

53 LG Siegen, Beschluss v. 8. Mai 1947, in: *MDR* 6, 1 (1947), S. 203–205, 204.

54 Das »absolute[...] Pflichtbewusstsein[...]« des Richters stehe über der »Heiligkeit der Gesetze«, meinte das AG Wuppertal in einem Urteil vom 23. September 1946 (*DRZ* 10, 2 (1947), S. 343).

55 Kritik an der Behauptung einer uniformen Naturrechtsprechung findet sich bereits bei Hans-Ulrich Evers, Zum unkritischen Naturrechtsbewußtsein in

Von den zitierten Entscheidungen wurden zwei, die Entscheidungen von Wiesbaden und Wuppertal, nur auszugsweise veröffentlicht. Drei veröffentlichte Entscheidungen, die Entscheidungen von Stuttgart, Köln und Berlin, zitieren Naturrecht zwar, allerdings nur, um ihre rechtlichen Erwägungen moralisch zu panzern. Andere wurden aufgehoben, nur wenige Tage nachdem sie ergangen waren. Die Entscheidung des Siegener Landgerichts zum Beispiel. In wieder anderen tauchte Naturrecht zwar auf, in den Euthanasie-Entscheidungen von Berlin und Frankfurt, aber lediglich im Rahmen eines Meinungsstreits, der dann zum Teil offengelassen wurde. Und all diese Verfahren bewegten sich vollständig in den Bahnen der juristischen Dogmatik. Manchmal ging es sogar lediglich darum, das Strafmaß nach unten oder die Entschädigungssumme[56] nach oben zu korrigieren. All diese Verfahren waren seltene Ausnahmen in einer von geistiger und körperlicher Armut geprägten Elendszeit. Und für jede Erwähnung naturrechtlicher Erwägungen lässt sich ein zweiter Fall beibringen, indem das gleiche Problem anders gelöst wurde, ohne Rückgriff auf übergesetzliches Recht, teilweise sogar unter ausdrücklicher Ablehnung eines wie auch immer gearteten Naturrechts.

Eine quantitative und qualitative Einordnung dieser Entscheidungen zeigt naturgemäß ein völlig anderes Bild als der von Radbruch und anderen herbeigeschriebenen Unrechtszäsur. Mit Gerhard Otte kann man ein reparierendes von einem kassierenden Naturrecht unterscheiden. Man kann beobachten, dass das Naturrecht nicht nur bejaht wurde, sondern auch auf Ablehnung stieß; dass nationalsozialistische Täter nicht nur bestraft, sondern auch freigesprochen wurden. Und man kann all das mit der Kommunalisierung der Justiz und der Zersplitterung der Dogmatik erklären. Die physischen Ausgangsbedingungen waren denkbar ungünstig.[57] Die Infrastruktur lag völlig brach. Straßen und Gleise waren oft unbenutzbar geworden, die Postwege abgeschnitten. Telefonleitungen waren zu großen Teilen abgerissen. Zahlreiche Amtsgerichte hatten daher überhaupt keine Möglichkeit mehr, mit den umliegenden Gerichten in Verbindung zu treten. Zeitschriften gab es noch nicht. Und auch Landgerichte und Oberlandesgerichte wurden teilweise erst im Laufe der vierziger Jahre wiedereröffnet. Die Entnazifizierung verlief weder geradlinig noch einheitlich, sowohl, was das Personal anging, als auch was den zu verwaltenden Normenbestand betraf. Erst vor dem Hintergrund dieser

der Rechtsprechung der Gegenwart, in: *JZ* 8, 16 (1961), S. 241–248; Franz Wieacker, Rechtsprechung und Sittengesetz, in: *JZ* 11/12, 16 (1961), S. 337–345, und Rosenbaum, Naturrecht, dort insbes. auf S. 354f., in den Fn. 56 und 63; siehe auch Günter Spendel, Rechtspositivismus und Strafjustiz nach 1945, *JZ* 12, 42 (1987), S. 581–587.

56 LG Frankfurt, Urteil vom 9. Juni 1947, in: *NJW* 3, 1 (1947/48), S. 106–108.

57 Edith Raim, Justiz, S. 150ff., hat zahlreiche Beispiele zusammengetragen, die diese Umstände anschaulich illustrieren.

allgemein empfundenen Rechtsnot wird verständlich, wieso sich Gerichte wie das Wiesbadener Amtsgericht im Umgang mit nationalsozialistischem Unrecht auf die Grundlagen des Rechts überhaupt zurückzogen – und warum sie es immer seltener taten, nachdem oberste Gerichte errichtet und Zeitschriften gegründet worden waren. In der Praxis war das Naturrecht nicht mehr als eine Verlegenheitslösung. Und Naturrechtsbegeisterung – eine Sache der Wissenschaft.

2. Naturrecht und Verfassungsrecht

I.

In der unordentlichen Gemengelage nach dem Ende des Zweiten Weltkriegs hatten Gerichte punktuell von der Möglichkeit Gebrauch gemacht, gesetzliches Unrecht aufzuheben oder im Lichte übergesetzlichen Rechts auszulegen. Mit dem Erlass von Verfassungsgesetzen[58] und der Verabschiedung des Bonner Grundgesetzes im Mai 1949 fielen diese beiden Funktionen den Verfassungsurkunden und Verfassungsgerichten des Bundes und der Länder zu. Stand ein Gericht 1951 vor dem gleichen Problem wie einst das Wiesbadener Amtsgericht, musste es kein Prüfungsrecht mehr fingieren, sondern konnte das Verfahren nach Art. 100 GG suspendieren und den Fall dem Bundesverfassungsgericht vorlegen. Sich in der rechtsdogmatischen Auseinandersetzung auf natürliche Rechte zu berufen, war angesichts einer Verfassung, die in seiner Präambel die Verantwortung vor Gott beschwor, die alle Staatsgewalt auf Recht und Gesetz verpflichtete, die Würde, Leben, Freiheit, Gleichheit und Eigentum

58 Die WBVerf vom 28. November 1946 bekannte sich in der Präambel »zu den ewigen Rechten des Menschen«, die RhPfVerf vom 18. Mai 1947 versprach dem Einzelnen »ein natürliches Recht auf die Entwicklung seiner körperlichen und geistigen Anlagen und auf die freie Entfaltung seiner Persönlichkeit innerhalb der durch das natürliche Sittengesetz gegebenen Schranken«. Die WHVerf vom 18. Mai 1947 sprach vom »unveräußerlichen Menschenrechte[n]« (Art. 4), die badische Verfassung vom 22. Mai 1947 bekannte »sich zu dem Grundsatz, daß jeder Mensch ohne Unterschied [...] unveräußerliche und geheiligte Rechte« besitze. Und Art. 1 der Bremer Verfassung vom 21. Oktober 1947 lautete schlicht: »Gesetzgebung, Verwaltung und Rechtsprechung sind an die Gebote der Sittlichkeit und Menschlichkeit gebunden«. Zum Einfluss des Naturrechts auf die Verfassungsgebung siehe Rosenbaum, Naturrecht, S. 116–120; vgl. auch Adolf Süsterhenn, Der Durchbruch des Naturrechts in der deutschen Verfassungsgesetzgebung nach 1945, in: Hermann Conrad & Heinrich Kipp (Hg.), *Gegenwartsprobleme des Rechts*, Bd. I, Paderborn 1950, S. 43–52.

grundrechtlich garantierte und die allgemeine Handlungsfreiheit nur innerhalb der Grenzen des Sittengesetzes tolerierte, die von einem natürlichen Recht der Eltern sprach und eine besondere Instanz, das Bundesverfassungsgericht, eigens zum Hüter dieser Rechte bestellt hatte, über weite Strecken entbehrlich geworden.[59]

Wer sich nach Eröffnung des Bundesverfassungsgerichts zum Naturrecht bekannte, äußerte sich zwar immer noch zum Problem übergesetzlichen Rechts, aber nicht mehr zu einem abstrakten Problem der Rechtsphilosophie, sondern zu einem konkreten Problem der juristischen Dogmatik. Übergesetzliche Prinzipien konnten unter Verweis auf Präambel und Prosa in das Grundgesetz hineingelegt, Gesetze unter Verweis auf ein Verfassungsrecht ausgehebelt werden, dessen eigene Geltung im Zweifelsfall unter dem Stichwort »verfassungswidriges Verfassungsrecht« problematisiert werden konnte.[60] Sich nach 28. September 1951 zum Naturrecht zu bekennen, bestand also eigentlich kein Anlass. Die Begründungsleistung des Naturrechts ließ sich leicht ersetzen. Und im Ergebnis kam es auf Naturrecht auch dort nicht mehr an, wo es zur Begründung noch herangezogen wurde.

Es überrascht daher kaum, dass die Zahl der von Albrecht Langner und anderen erfassten Entscheidungen, in denen naturrechtlich argumentiert wurde, kontinuierlich abnahm. Der Wendepunkt war bereits 1948 erreicht, der Tiefpunkt 1951. Wenn das Naturrecht um die Jahreswende 1953/54 dann noch immer nicht aus dem juristischen Diskurs verschwunden war, sondern neuerliche Blüten trieb, dann deshalb, weil Hermann Weinkauff, der erste Präsident des Bundesgerichtshofs, seine naturrechtliche Agenda in der Praxis verfolgte und darüber mit den Verfassungsrichtern in Streit geriet. Einerseits entbrannte zwischen Bundesgerichtshof und Bundesverfassungsgericht eine heftige Diskussion über die Zuständigkeit des obersten Zivil- und Strafgerichts für Verfassungsfragen und die Grenzen von Recht und Politik; andererseits war der Bedarf für die geltungsaufhebende Funktion des Naturrechts Anfang der fünfziger Jahre noch immer nicht vollständig entfallen. Noch waren Fälle anhängig, deren Sachverhalte bereits vor Erlass des Grundgesetzes, also vor dem 23. Mai 1949, vollständig abgeschlossen waren und die nunmehr in sich ruhten. Hier war es dem erkennenden Gericht nach wie vor verwehrt, auf die Verfassung zu rekurrieren, ohne deren rückwirkende Geltung naturrechtlich zu fingieren.

59 Eben darum markiert das Jahr 1951 eine spürbare Zäsur in der Naturrechtsliteratur, vgl. Werner Maihofer, Einleitung, in: ders. (Hg.), *Naturrecht*, IX–XI, IX.

60 Foljanty, Recht, S. 91; Otto Bachof, *Verfassungswidrige Verfassungsnormen?*, Tübingen 1951.

II.

In der zweiten Hälfte der vierziger Jahre hatte sich die Frage nach dem richtigen Umgang mit dem unrichtigen Recht gestellt. Gerichte hatten diese Frage unterschiedlich beantwortet. Sie hatten ungerechte Gesetze teilweise in Geltung belassen, teilweise wegen formeller Mängel oder wegen materieller Unvereinbarkeit mit höherrangigem Recht aufgehoben. Dass unterschiedliche Richter nach einer fast vollständigen Kommunalisierung der Justiz und einer Zersplitterung der juristischen Dogmatik unterschiedliche Lösungen für dasselbe Problem fanden, wird nun niemanden überraschen. Allerdings wurde dieses Problem auch dann keiner einheitlichen Lösung zugeführt als mit dem Bundesgerichtshof eine Instanz bereitstand, die eine solche Lösung autoritativ hätte vorgeben können. Die Rechtsprechung zu sogenannten Unrechtsvorschriften bot auch in den fünfziger Jahren kein einheitliches Bild, sondern schrieb bestehende Unsicherheiten fort, die das Verhältnis von gesetzlichem Unrecht und übergesetzlichem Recht bereits in den vierziger Jahren geprägt hatten. Dazu drei Beispiele:

Am 12. Juli 1951 hatte der 3. Zivilsenat am Bundesgerichtshof die Frage zu beantworten, ob Soldaten, die einen anderen vorsätzlich sittenwidrig geschädigt hatten und nach § 826 BGB ersatzpflichtig waren, durch unmenschliche Befehle entschuldigt werden konnten. Geklagt hatten zwei Frauen. Die eine hatte die andere, eine Halbjüdin, vor der Gestapo versteckt. Dafür waren beide in Haft genommen und mit dem Tode bedroht worden. Erstere hatte noch in Haft einen Nervenzusammenbruch erlitten. Ihr Mann war auf der Flucht erschossen worden, nachdem er bereits bewusstlos mit dem Gesicht im Schlamm gelegen, ihr Sohn, nachdem er die Frage, ob er im Volkssturm kämpfen wolle, wiederholt verneint hatte. Nach dem Krieg forderten beide Frauen Schmerzensgeld.

Der BGH gab der Klage statt. Er führte aus, dass die Klage substantiiert sei und die beklagten Soldaten nicht erheblich dargetan hätten, dass ein rechtfertigender Befehl überhaupt bestanden habe, dass ein solcher Befehl aber selbst dann, wenn er denn bestanden hätte, der Gesetzesform bedurft hätte. Schließlich führte das Gericht noch eine dritte und letzte Metaebene ein. Selbst dann, wenn ein rechtfertigender Befehl in Gesetzesform bestanden hätte, wäre dieser Befehl nicht rechtsverbindlich gewesen; menschliche Normen fänden nämlich dort eine Grenze, wo sie »in Widerspruch zu den allgemein anerkannten Regeln des Völkerrechtes oder zu dem Naturrecht« treten und »der Widerspruch des positiven Gesetzes zur Gerechtigkeit ein [...] unerträgliches Maß« erreicht.[61] Zur Lösung des Falls griff der Bundesgerichtshof also

61 BGHZ 3, 94, S. 107f.

auf Radbruchs berühmte Formel zurück, um die Ausgangsfrage zu beantworten und nationalsozialistischen Befehlen die Geltung zu versagen – aber nicht exklusiv, sondern alternativ zu Völkerrecht und Übermaßverbot, ohne dass der Senat zweifelsfrei hätte erkennen lassen, ob er die Entscheidung auf dieses oder jenes stützte. Er besann sich auf Naturrecht, um formelle Zweifel am Befehlsnotstand materiell zu erhärten und etwaige Bedenken zu zerstreuen. Ein mutmaßlicher Befehl, Deserteure vor Standgerichte zu stellen, sei nicht einschlägig, jedenfalls nicht für willkürliche Erschießungen, ein etwaiger Katastrophenbefehl existiere schon nicht. Und beide Befehle wären selbst dann ungültig, wenn sie einschlägig gewesen wären oder man an ihre Existenz irrtümlich geglaubt hätte.

Ein zweiter Fall, in dem der Bundesgerichtshof die Geltung nationalsozialistischen Rechts unter naturrechtlichen Gesichtspunkten thematisierte, begann denkbar unspektakulär – mit einer Klage auf Zustimmung zur Grundbuchberechtigung – und endete denkbar spektakulär: mit einer Gegenüberstellung von Recht und Revolution. Der Entscheidung lag folgender Sachverhalt zugrunde: Unter dem Eindruck, dass der private Bergbau bald verstaatlicht würde, hatte die Klägerin, eine Aktiengesellschaft, der späteren Beklagten ein Grubenfeld veräußert. Der Vertrag war zwar nicht beurkundet, das Feld aber übernommen und der Kaufpreis beglichen worden. Jahre später, im November 1942, ordnete Reichswirtschaftsminister Hermann Göring dann an, das Bergwerksfeld auf die Beklagte zu überschreiben. Dabei ging er wie selbstverständlich davon aus, dass die Klägerin nicht rechtskräftig verkauft hatte, sondern rechtmäßig enteignet worden war. Daraufhin wurde die Klägerin aus dem Grundbuch gelöscht und die Beklagte als Eigentümerin eingetragen. Nach dem Krieg klagte die Klägerin auf Zustimmung zur Grundbuchberichtigung, § 896 BGB. Sie argumentierte, dass die Beklagte niemals rechtmäßige Eigentümerin gewesen und das Grundbuch durch ihre fälschliche Eintragung unrichtig geworden sei. Erst die Anordnung Görings habe den tatsächlichen überhaupt zu einem rechtlichen Zusammenschluss werden lassen. Dieser sei jedoch unwirksam, weil schon die Verordnung zur Durchführung des Vierjahresplans vom 18. Oktober 1936, auf der alle weiteren Anordnungen des Ministers basiert hätten, rechtsungültig gewesen sei. Es hätte eines formellen Gesetzes bedurft, so die Klägerin, um Göring zur Durchführung aller zur Erfüllung der ihm gestellten Aufgabe erforderlichen Maßnahmen zu ermächtigen. Eine als Verordnung überschriebene und von Hitler unterschriebene Norm sei unzureichend und ungültig. Sie könne sich weder auf das Recht des Reichspräsidenten stützen, die öffentliche Ordnung zu erhalten, noch auf das Gesetz zur Behebung der Not von Volk und Reich, das zwar die Reichsregierung, nicht aber den Reichskanzler zur Gesetzgebung ermächtigt habe.

Der 5. Zivilsenat am Bundesgerichtshof trat dieser Auffassung am 8. Februar 1952 entgegen. Hitlers Verordnung habe sich weder auf das Ermächtigungsgesetz noch auf die Reichsverfassung gestützt, sondern auf die »Gestaltungskraft einer Revolution«. Sie finde ihre rechtliche Grundlage daher nicht in einem Gesetzbuch, sondern »in dem revolutionären Geschehen [...], das mit der ›Machtergreifung‹ der NSDAP begonnen« habe. Dass die Regierung ihre unbeschränkte Macht missbraucht habe, sei zwar richtig, ändere aber nichts daran, dass sie qua Revolution dazu befugt gewesen sei. Man dürfe nicht nach heutiger, nach rechtsstaatlicher oder gar naturrechtlicher Auffassung urteilen, sondern müsse die damals herrschende Ansicht zu Grunde legen. Alles andere würde zu dem »unmöglichen Ergebnis« führen, dass »nahezu die ganze Gesetzgebung der nationalsozialistischen Zeit rechtsunwirksam wäre«. Der Senat erwähnte zwar nebenbei, dass es »auch« naturrechtlichen Anschauungen entspreche, dass, wenn schon nicht die Gewalt, so doch die Revolution Recht stiften könne, allerdings nicht ohne hinzuzufügen, dass damit keinesfalls entschieden sei, ob dieses Recht dann auch Recht »im wahren Sinne« des Wortes sei.[62] Die Frage nach dem wahren Recht ließ das Gericht dahinstehen, das Grundbuch unangetastet.

Im Jahr darauf kam der 2. Zivilsenat zu einer Einschätzung, die zwischen den beiden referierten Urteilen vermittelte. Hintergrund war folgender Fall: Im November 1938 war die Klägerin nach England ausgewandert und nach der 11. Durchführungsverordnung zum Reichsbürgergesetz ihrer Staatsangehörigkeit entkleidet worden. Im selben Atemzug war ihr gesamtes inländisches Vermögen, zu dem auch eine Lebensversicherung gehörte, dem Reich zugeschlagen und ausbezahlt worden. Als sie nach dem Krieg die Versicherungssumme einforderte, lehnte die beklagte Versicherung mit dem Hinweis ab, sie sei durch Leistung an das Reich von ihren Vertragspflichten frei geworden. Die Klägerin antwortete entrüstet, die Verordnung, durch die sie damals enteignet worden sei, sei schon bei Erlass nichtig gewesen, weil sie die gesetzliche Grundlage, auf die sie sich seinerzeit gestützt hatte, überschritten habe. Jene Bestimmung, die ihr Eigentum dem Staat für verfallen erklärt hatte, sei rechtswidrig und sie die rechtmäßige Inhaberin der nun fälligen Forderung.

Im Februar 1953 entschied der Bundesgerichtshof, dass die Frage, ob sich die angegriffene Verordnung noch im Rahmen ihrer Ermächtigungsgrundlage bewege, dahinstehen könne, da sie »ohnehin von dem sehr viel stärkeren, den eigentlichen Kern der Sache treffenden weiteren Einwand« überdeckt werde, dass die Durchführungsverordnung dem Rechtsempfinden aller Kulturnationen widerspreche und daher niemals

62 BGHSt 5, 75, 99, 95f., 89, 96f.

habe Recht stiften können.[63] Die Verordnung sei von Anfang an als ungültig anzusehen. Allerdings sei durch ihre tagtägliche Anwendung ein umfassendes »Rechtswirrwar« entstanden, das sich nun nicht mehr gerichtlich, sondern nur noch gesetzlich klären lasse.[64] Die Klägerin könne daher keinen gewöhnlichen Anspruch geltend machen, sondern müsse ihr rechtliches Interesse nach Maßgabe der einschlägigen Erstattungsgesetze verfolgen.[65]

Obwohl die Entscheidung die Durchführungsverordnung eigentlich aufgehoben hatte, sprach sie ihr also doch – gewissermaßen durch die Hintertür – die normative Kraft des Faktischen zu: Gesetze, die das Eigentum der Juden dem Staat für verfallen erklärt hatten, seien zwar Unrecht, aber kein Nicht-Recht. In dieser wie in den beiden anderen zitierten Entscheidungen tauchte Naturrecht zwar auf. Doch verließ man sich nirgendwo auf die ursprüngliche Kraft reiner Rechte. Durch verschiedene Instanzen hindurch, verstärkt durch die anwaltliche Vorsicht und das richterliche Sendungsbewusstsein, hatte sich ein erhebliches Argumentationspotential angestaut. Argumentiert wurde beispielsweise mit dem Grundsatz der begrenzten Einzelermächtigung, dem Bestimmtheitsgebot oder der Kompetenzordnung der Weimarer Reichsverfassung. Einig war man sich zunächst in der prinzipiellen Anerkennung einer universalen Idee – und meinte damit kaum mehr, als dass auch außerrechtliche Formen der Normativität eine gewisse Berechtigung hätten. Einig war man sich aber auch in der Ablehnung aller Extreme. Weder sollten alle Normen der Hitlerzeit pauschal aufgehoben werden noch zur Gänze oder auch nur in dem Rahmen beibehalten werden, den der alliierte Gesetzgeber geschaffen hatte. In der Folge diskutierte man in jedem Einzelfall über Sinn und Unsinn, Geltung und Außerkraftsetzung nationalsozialistischen Unrechts. Die Ergebnisse dieser Diskussion waren so uneinheitlich wie die Begründungsstrategien. Mal tauchte Naturrecht auf, mal nicht. Manchmal wurde

63 BGHZ 9, 34, 43f.

64 Ebd., S. 45.

65 Am 28. Februar 1955 brach der BGH mit dieser Rechtsprechung und ergänzte den Rückerstattungsanspruch der Betroffenen in solchen Fällen um einen Herausgabeanspruch, in denen diese lediglich pro forma enteignet und lediglich de facto von der Ausübung der Eigentümerbefugnisse ausgeschlossen worden waren. Anlass war die Klage einer Jüdin gewesen, die 1939 in die Schweiz emigriert war. Sie hatte ein Depot bei der Beklagten, einer Bank, hinterlegt, das während des gesamten »Dritten Reichs« auf ihren Namen gelaufen war. Nach Kriegsende kehrte sie nach Deutschland zurück und verlangte Herausgabe. Die Beklagte wandte dagegen ein, sie könne den Anspruch nicht anerkennen, da das Eigentum der Klägerin dem Staat verfallen sei und nun von der Jewish Restitution Successor Organization beansprucht werde (BGHZ 16, 350).

nationalsozialistischen Befehlen die Geltung abgesprochen, machmal wurde diese Frage offengelassen. Und mal wurde ein Gesetz zwar aufgehoben, aber seine faktische Wirksamkeit bekräftigt. All das zeigt, dass es auch hier nicht entscheidend auf die Existenz oder Erkenntnis übergesetzlichen Rechts ankam, sondern auf die Begründung einer Einzelfallentscheidung. In dieser Hinsicht unterschied sich der richterliche Umgang mit gesetzlichem Unrecht also nicht grundsätzlich von der Rechtszersplitterung der vierziger Jahre.

III.

Wie in den vierziger Jahren blieb die Berufung auf oberste Grundsätze nicht auf die Ahndung nationalsozialistischen Unrechts begrenzt. Wiederholt äußerte sich der Bundesgerichtshof beispielsweise zur sittlichen Rechtfertigung der Heimtrennungsklage und verwies dazu auf sittliche Essenzen. Die wohl folgenreichste Naturrechtsentscheidung der fünfziger Jahre behandelte allerdings weder die Wiedergutmachung nationalsozialistischen Unrechts noch den Widerspruch der betrogenen Ehefrau, sondern die Entschädigung von Eigentümern, denen anlässlich der staatlichen Wohnraumbewirtschaftung gewisse Nachteile entstanden waren. Da die Reichstagsbrandverordnung die Eigentumsgarantie der Weimarer Reichsverfassung am 28. Februar 1933 formal aufgehoben hatte, das Grundgesetz aber erst am 23. Mai 1949 in Kraft getreten war, fehlte es für die Zwischenzeit eigentlich an einer gesetzlichen Grundlage für den erhofften Ausgleich. Doch der Bundesgerichtshof sah und füllte diese Lücke. Der BGH argumentierte zunächst, dass das Grundgesetz zwar nicht zurückwirke, den vorstaatlichen Rang der Eigentumsgarantie aber unmissverständlich zum Ausdruck gebracht habe. Dieser Rang – und nicht seine verfassungsrechtliche Anerkennung – rechtfertige es, den Schutz des Eigentums auch auf die Zeit vor Erlass des Grundgesetzes zu erstrecken. Doch dabei beließen es die Karlsruher Richter nicht. Der Bundesgerichtshof erstreckte den Schutzbereich der grundgesetzlichen Eigentumsgarantie nicht nur auf die dreißiger und vierziger Jahre. Die Richter am Großen Senat argumentierten weiter, dass auch die Reichstagsbrandverordnung die Eigentumsgarantie der Weimarer Reichsverfassung nie vollständig aufgehoben, sondern ihre Anwendung nur eingeschränkt habe. Mit Aufhebung dieser Verordnung durch den alliierten Gesetzgeber sei die Eigentumsgarantie also vollumfänglich wiederhergestellt. Ein Eigentümer könne sich daher nicht nur auf das rückwirkende Grundgesetz, sondern auch auf die nachwirkende Reichsverfassung berufen. Doch selbst damit gaben sich die Karlsruher Richter noch nicht zufrieden. Schließlich hatten Reichsverfassung und Grundgesetz nur die Amtshaftung für schuldhaftes Handeln und die rechtmäßige Enteignung, nicht aber den enteignungsgleichen Eingriff durch rechtswidriges, aber schuldloses Handeln anerkannt. Daher griff der Gerichtshof abschließend auf das Preußischen Allgemeinen Landrecht aus dem Jahr 1794 zurück, um einen staatshaftungsrechtlichen Aufopferungsanspruch zu begründen. Kein Gedanke war zu abwegig, kein Paragraph zu angestaubt, um das selbstgesteckte Ziel zu erreichen, jeden Eigentümer vollumfänglich gegen konfiskationslüsterne Gesetzgeber zu wappnen.

Durch einen eigenwilligen Verschnitt vergangenen Rechts kreierte der Bundesgerichtshof ein naturrechtliches Eigentumsinstitut, das über alle Zeiten erhaben schien. Er identifizierte dieses angeblich überzeitliche Recht mit einer bestimmten Lesart der westdeutschen Verfassung und verklärte das Privateigentum zur Grundlage jeder Gemeinschaft.[66] Um »frei und selbstverantwortlich leben zu können und nicht zum bloßen Objekt einer übermächtigen Staatsgewalt zu werden, also um seiner Freiheit und Würde willen«, so der Große Senat, bedürfe der Einzelne »einer rechtlich streng gesicherten Sphäre des Eigentums«.[67] Kein Eingriff, auch kein gesetzlicher, dürfe diesen Wesensgehalt je antasten.

In der Sache knüpfte diese Rechtsprechung nahtlos an die Judikatur des Reichsgerichts zur staatlichen Wohnraumbewirtschaftung an.[68] Kein Wort zur Entstehungsgeschichte des Grundgesetzes, die ja gerade einmal drei Jahre zurücklag, zum Kompromisscharakter seines 14. Artikels oder zum genetischen Zusammenhang von Eigentum und Sozialisierung (Art. 15 GG). Wie dereinst das Reichsgericht unternahm es der Bundesgerichtshof »die dunklen und mehrdeutigen Erklärungen der Verfassung auch gegenüber denjenigen authentisch zu interpretieren, die an ihrem Zustandekommen mitgewirkt hatten«.[69]

In der Praxis bedeutete dieses Urteil eine fortlaufende Entschädigung gegen nahezu jede Form staatlichen Handelns. In der Theorie bedeutete die dogmatische Konstruktion eines für alle Zeiten geltenden, auch den Gesetzgeber bindenden Eigentumsinstituts, dass der Bundesgerichtshof es keinesfalls dabei beließ, geltende Gesetze bloß zu interpretieren oder unter Berufung auf übergesetzliches Recht zu suspendieren, wie Gerichtspräsident Weinkauff kurz zuvor im Berliner Titania-Palast

66 Vgl. Rittstieg, Eigentum, S. 290, 298.

67 Ebd., S. 276.

68 Das Reichsgericht hatte anlässlich der staatlichen Wohnraumbewirtschaftung erstmals behauptet, es habe schon immer das Recht in Anspruch genommen, Gesetze auf ihre Verfassungsmäßigkeit hin zu überprüfen und hielt dem verdutzten Gesetzgeber das »Heiligtum des deutschen Volkes« entgegen: das über allem thronende Grundrecht auf Mieteinnahmen (RG 102, 161, 164).

69 Rittstieg, Eigentum, S. 254.

behauptet hatte.[70] Er nahm gleichermaßen das Recht für sich in Anspruch, die Geltung einzelner Normen auch für die Zeit vor ihrem Erlass zu fingieren, mit anderen Worten: ein übernatürliches Eigentumsrecht zu kreieren.

IV.

In den vierziger Jahren war es vor allem die Zersplitterung der Dogmatik und die Kommunalisierung der Justiz gewesen, das Fehlen einer herrschenden Meinung und der Mangel an gefestigter Rechtsprechung, die mit erwartbarer Regelmäßigkeit dazu führten, dass ein ratloser Richter beim Naturrecht Zuflucht nahm. Die damalige Naturrechtsprechung war in erster Linie Graswurzelrechtsprechung gewesen. Die Entscheidungspraxis, die sich unter der Geltung des Grundgesetzes fortschrieb, hatte einen gänzlich anderen Charakter. Sie kam nicht von unten, sondern von oben. Sie war nicht aus der Not geboren, sondern entsprang einer bestimmten Geisteshaltung. Sie muss im Zusammenhang gesehen werden mit dem gesellschaftlichen Klima der Adenauerzeit.[71] Und im Zusammenhang mit einer Personalie. Denn die neuerliche Naturrechtsreprise am obersten Gericht für Zivil- und für Strafsachen ging maßgeblich auf den Einfluss seines ersten Präsidenten zurück. Sie begann damit, dass Weinkauff feierlich erklärte, es »wäre eine schöne, wenn auch sehr schwere Aufgabe [...], sich auf die metaphysischen Grundlagen des Rechts zurück zu besinnen« und »diejenigen wenigen, inhaltlich erfüllten, aus sich selbst heraus geltenden, allgemeinen Rechtssätze wieder zu erarbeiten, die jedem positiven Recht bindend vorausliegen und die jedermann, auch den Gesetzgeber, verpflichten«,[72] und ebbte just in dem Augenblick ab, als er das Gericht wieder verließ. Über die Naturrechtsrenaissance der fünfziger Jahre nachzudenken heißt daher in erster Linie, über Hermann Weinkauff nachzudenken.

70 Hermann Weinkauff, Richtertum und Rechtsfindung in Deutschland, in: *Berliner Kundgebung 1952 des Deutschen Juristentages*, Tübingen 1952, S. 13–34.

71 »Je deutlicher sich Adenauer und die Liberalen in der deutschen Bundesrepublik durchsetzten, um so lebhafter wurden ein Mangel an Vorstellungskraft, das Ausbleiben von Besinnung, der Rückgriff auf überlieferte Denkformen und Mittel, die Wiederherstellung kapitalistischer Macht und eine allgemeine Unfähigkeit zur Neuerung beklagt«, schreibt Hans-Peter Schwarz unter Berufung auf Walter Dirks und Eugen Kogon (*Gründerjahre der Republik 1949 – 1957*, Stuttgart/Mannheim 1981, S. 447).

72 Hermann Weinkauff, Ansprache des Präsidenten des Bundesgerichtshofes, in: *Ansprachen zur Eröffnung des Bundesgerichtshofes in Karlsruhe am 8. Oktober 1950*, Karlsruhe 1951, S. 24–31, 30.

Weinkauff dominierte seinen Gerichtshof.[73] Er war selbst an mehreren Urteilen beteiligt, und autorisierte persönlich drei Gutachten, die sich auf naturrechtliche Erwägungen stützten.[74] Diese Gutachten wurden in der amtlichen Entscheidungssammlung veröffentlicht, und zwar zum Teil noch bevor das Bundesverfassungsgericht über den betreffenden Fall entschieden hatte. Im Rahmen dieser Praxis trat Weinkauff der Verfassungsinterpretation des zuständigen Gerichts oft vehement entgegen. Dieser Konflikt zwischen einer hergebrachten Justiz, die sich auf das Sittengesetz berief, und einer neuartigen Verfassungsgerichtsbarkeit, die dieser Berufung die formale Zuständigkeit für Letztbegründungen entgegenhielt, war der eigentliche Anlass für die zweite Naturrechtsrenaissance der 1950er Jahre.[75]

Vieles was heute selbstverständlich ist, war damals heftig umstritten: dass Grundrechte nicht nur im öffentlichen Recht gelten, sondern in alle Rechtsgebiete ausstrahlen – auch in das staatsferne Privatrecht; dass alle Staatsgewalten an Recht und Gesetz gebunden sind, nicht nur Exekutive und Judikative; dass legislative Vorgaben einer gerichtlichen Überprüfung überhaupt zugänglich sind und ein besonderes Gericht, das Bundesverfassungsgericht, dazu berufen ist, diese Prüfung vorzunehmen; schließlich – dass die Entscheidungen dieses Gerichts mehr sind als bloß gut gemeinte

73 Weinkauffs »starke und prägende Richterpersönlichkeit« habe »auf den Inhalt und besonders auf den Geist der Rechtsprechung dieses Gerichts« nachhaltigen Einfluss ausgeübt, meint Robert Fischer (*Die Rechtsprechung des Bundesgerichtshofes*, Karlsruhe 1960, S. 9). Vgl. auch das übereinstimmende Urteil von Joachim Rückert, Zu Kontinuitäten und Diskontinuitäten in der juristischen Methodendiskussion nach 1945, in: Acham, Nörr & Schefold (Hg.), Erkenntnisgewinne, S. 113–165, 134, und Walter Odersky, Hermann Weinkauff zur Erinnerung, in: *NJW* 6, 47 (1994), S. 370f., 370; ferner Welzel, Naturrecht[4], S. 226.

74 Gerichte, die eine abstrakte Normenkontrolle initiieren wollten, mussten den Fall aussetzen und einem oberen Gericht zuleiten, das ihn dann seinerseits dem BVerfG vorzulegen hatte. Das weiterleitende Gericht konnte dann zur Rechtmäßigkeit der angegriffenen Norm gutachterlich Stellung beziehen. Bis 1955 machte der BGH regen Gebrauch von diesem Privileg. Sein Erster Senat war bald schon als Verfassungssenat berüchtigt, vgl. Hans Joachim Faller, Bundesverfassungsgericht und Bundesgerichtshof, in: *AöR* 2, 115 (1990), S. 185–211, 189ff.; Michael Kirn, *Verfassungsumsturz und Rechtskontinuität*, Berlin 1972, S. 228–230. Am 30. September 1955 folgerte das BVerfG »die Unzulässigkeit solcher den Gerichten wesensfremden Gutachten« aus dem Schweigen des § 80 Abs. 1 BVerfGG (BVerfGE 4, 358, 364).

75 Vgl. Hasso Hofmann, *Rechtsphilosophie nach 1945*, Berlin 2012, S. 24; ferner Hans Vorländer, Regiert Karlsruhe mit?, in: *APuZ* 35/36, 61 (2011), S. 15–29, 19f.; Thomas Henne, ›Von 0 auf Lüth in 6 1/2 Jahren‹, in: ders. & Arne Riedlinger (Hg.), *Das Lüth-Urteil in (rechts-)historischer Sicht*, Berlin 2005, S. 197–222.

Ratschläge.[76] Heute ist allgemein anerkannt, dass ein Verfassungsgericht die Verfassungsbindung des Gesetzgebers in ständiger Rechtsprechung »effektuiert«.[77] Damals zählte das Bundesverfassungsgericht nicht einmal zum erlesenen Kreis oberster Bundesorgane. Es musste sich im staatsrechtlichen Gefüge der jungen Republik erst noch etablieren und gegenüber der ordentlichen Gerichtsbarkeit emanzipieren.[78]

Dieser Kampf um die Deutungshoheit wurde prominent mit den Waffen des Naturrechts ausgetragen und kreiste um dieselben zwei Themen, an denen sich schon der Weimarer Streit um ein richterliches Prüfungsrecht entzündet hatte: um Eigentum und Gleichheit.[79] Deutlich sieht man diese Kontinuität am Streit um die Besoldung und Weiterbeschäftigung solcher Beamter, die unter Hitler verbeamtet worden waren, und an der Auseinandersetzung um die Gleichberechtigung von Mann und Frau, den Artikeln 117 und 131 GG.

V.

Aufhänger der Diskussion über die staatsrechtliche Kontinuität des Deutschen Reichs und die Wiederverwendung seiner Beamten war die alliierte Entnazifizierungspolitik gewesen.[80] Nach dem Zweiten Weltkrieg hatten die Alliierten den deutschen Beamtenapparat gründlich gesäubert

76 Im Parlamentarischen Rat war umstritten, ob eine eigene Verfassungsgerichtsbarkeit einzurichten oder ein oberstes Bundesgericht mit entsprechender Zuständigkeit auszustatten sei. Als das BVerfG dann gegründet wurde, war es zunächst kein Verfassungsorgan mit eigenem Etat, sondern dem Justizministerium unterstellt, vgl. Christoph Schönberger, Anmerkungen zu Karlsruhe, in: Matthias Jestaedt, Oliver Lepsius, Christoph Möllers & ders (Hg.), *Das entgrenzte Gericht*, Frankfurt/Main 2011, S. 9–76, 20, 23f.

77 Vgl. Oliver Lepsius, Die maßstabsetzende Gewalt, in: Jestaedt, ders., Möllers & Schönberger (Hg.), Gericht, S. 159–279, 166; vgl. auch Rainer Wahl, Der Vorrang der Verfassung, in: *Der Staat* 4, 20 (1981), S. 485–516, 487, und Ernst-Wolfgang Böckenförde, Zur gegenwärtigen Lage der Grundrechtsdogmatik, in: *Der Staat* 1, 29 (1990), S. 1–31

78 Zur Konkurrenz zwischen BVerfG, BAG und Bundesregierung siehe den kursorischen Überblick bei Manfred Baldus, Frühe Machtkämpfe, in: Henne & Riedlinger (Hg.), Lüth-Urteil, S. 237–248. Ferner Oliver Lembcke, *Hüter der Verfassung*, Tübingen 2007; Richard Häußler, *Der Konflikt zwischen Bundesverfassungsgericht und politischer Führung*, Berlin 1994; Heinz Laufer, *Verfassungsgerichtsbarkeit und politischer Prozeß*, Tübingen 1968.

79 Kirchheimer, Grenzen, S. 291; Neumann, Funktionswandel, S. 578, Rittstieg, Eigentum, S. 255f.

80 Die Darstellung folgt Klaus Joachim Grigoleit, *Bundesverfassungsgericht und deutsche Frage*, Tübingen 2004, S. 184–203, Norbert Frei, *Vergangenheitspolitik*, München 1996, S. 69–100, und Kirn, Verfassungsumsturz.

und pauschal alle Mitglieder der NSDAP, die ihr aktiv und nicht nur nominell angehört hatten, aus öffentlichen Ämtern entfernt.[81] Betroffene sollten keine Wartegehälter beziehen und nicht in den Genuss der sonstigen Rechte kommen. Die Kontrollratsdirektive Nr. 38 vom 12. Oktober 1946 hatte die »Verhaftung und Bestrafung von Kriegsverbrechern, Nationalisten und Militaristen« dann spezifiziert und weiter nach Hauptschuldigen, Belasteten und Minderbelasteten, Mitläufern und Entlasteten differenziert. Da die Entfernung als Parteigenosse mit einer Einstufung als Entlasteter enden konnte, wurden in den drei Westzonen Ausgleichsregelungen geschaffen, um unbillige Härten abzufedern. In der amerikanischen Zone hatten Nicht-Betroffene einen Anspruch auf Wiederanstellung. Entlastete sollten, Mitläufer konnten und Minderbelastete durften wiederwendet werden.[82]

Diese Uneinheitlichkeit nahm die Beamtenschaft als Ungerechtigkeit wahr.[83] Unter dem Einfluss der Berufsverbände setzte sich in Rechtsprechung und Rechtswissenschaft allmählich die Auffassung durch, dass eine Entfernung aus dem Dienst das Beamtenverhältnis nicht etwa beendet, sondern lediglich für eine Weile suspendiert habe – und zwar selbst dann, wenn sie aus politischen Gründen erfolgt war.[84] Die Bundesrepublik sei die legitime Rechtsnachfolgerin des Deutschen Reichs. Als solche habe sie nicht nur dessen Rechte geerbt, sondern müsse auch seine Verbindlichkeiten bedienen.[85]

Im Parlamentarischen Rat erzielte man in dieser Frage keine Einigung. Allerdings gelang es den Interessenvertretern der Beamten, dem

81 Vgl. Art. III, Nr. 6 Potsdamer Abkommen vom 2. August 1945, Art. 1 Kontrollratsdirektive Nr. 24 vom 12. Januar 1946 über die Entfernung von Nationalsozialisten und Personen, die den Bestrebungen der Alliierten feindlich gegenüberstehen, aus Ämtern und verantwortlichen Stellungen.

82 Carl Heyland, Die Rechtstellung der entfernten, erfolgreich entnazifizierten deutschen Beamten, Teil I, in: *DÖV* 10, 3 (1950), S. 289–298, 294.

83 Die Strategie der Beamtenverbände bestand mutmaßlich darin, die Unterschiede zwischen Vertriebenen und solchen Beamten, die ihre Stelle aufgrund der Entnazifizierung verloren hatten, zu verwischen, vgl. Frei, Vergangenheitspolitik, S. 73.

84 Müller, Juristen, S. 205f. In der amerikanischen Besatzungszone wurden 13.180.300 Männer und Frauen überprüft, insgesamt 1.654 als Hauptschuldige und weitere 22.122 als Belastete eingestuft; das entspricht 0,05 bzw. 0,6%, vgl. Anette Weinke, *Die Verfolgung von NS-Tätern im geteilten Deutschland*, Paderborn 2002, S. 38 m.w.N.; Klaus Godau-Schüttke schätzt, nur 0,5 % der Betroffenen seien als Schuldige, die übrigen 99,5% als Mitläufer oder Entlastete eingestuft wurden (Von der Entnazifizierung zur Renazifizierung der Justiz in Westdeutschland, auf *https://forhistiur.de/*, Rn. 29).

85 Das war kein Zufall, nicht politischem Druck oder besseren Argumenten geschuldet, sondern vor allem der Zusammensetzung der westdeutschen

bundesdeutschen Gesetzgeber eine rasche Regelung ihrer Situation qua Verfassung aufzutragen: in Art. 131 GG. Der sah vor, die Angelegenheit solcher Beamter, die aufgrund von Entnazifizierung oder Vertreibung nicht ihrer früheren Stellung entsprechend verwendet wurden, per Bundesgesetz zu regeln. Nach hitziger Diskussion machte der Deutsche Bundestag am 11. Mai 1951 von dieser Kompetenz Gebrauch.[86] Er verabschiedete ein Gesetz zur Regelung der Rechtsverhältnisse der unter Art. 131 GG fallenden Personen (G131).[87]

Dieses Gesetz, das sogenannte 131er-Gesetz, kam den Interessenverbänden weit entgegen und übte enormen Druck auf die Gemeinden aus. Sie hatten »131er« nach Quoten unterzubringen. Bis zu

Justiz. Britische Entnazifizierungskommissionen hatten bereits Ende 1945 damit begonnen, Juristen, die erst 1937 in die Partei eingetreten waren, als Unbelastete zu führen. Ebenso die Wehrmachtsrichter. Kurz darauf war man auf das sogenannte Huckepackverfahren verfallen und hatte für jeden Unbelasteten einen Belasteten eingestellt. Im Juni 1946 war selbst diese Beschränkung fallen gelassen worden. Nun genügte es, ein Entnazifizierungsverfahren überhaupt durchlaufen zu haben. Der Zustrom aus den ehemaligen und sowjetisch besetzten Gebieten tat sein Übriges. In etlichen Behörden waren Ende der vierziger Jahre mehr Parteigenossen beschäftigt als unter Hitler. Josef Beyerle, der Württembergisch-Badische Justizminister, ging daher bereits 1949 davon aus, etwa die Hälfte der beschäftigten Richter und Staatsanwälte seinen Partiegenossen. Für Hessen kam die amerikanische Rechtsverwaltung zu einer ähnlichen Einschätzung: etwa 55% der dortigen Richter und Staatsanwälte seien in der Partei gewesen; in Bremen waren 65%, in Niedersachsen 70% aller Richter und Staatsanwälte belastet. Am Schlimmsten war die Situation in Bayern: Eine Zusammenstellung des Bayerischen Justizministeriums kam im April 1949 zum Ergebnis, bei 75,2% der höheren Justizbeamten in Bayern handele es sich um frühere Nazis, deren Prozentzahl zudem laufend steige (Raim, Justiz, S. 325f., 393 m. w. N.).

86 Am 13. September 1950 hatte die Adenauerregierung einen Gesetzesentwurf eingebracht, der die Forderungen der sogenannten Beamten zur Wiederverwendung zu zwei Dritteln, die der Pensionäre zur Hälfte befriedigte und durch Gehaltskürzungen im Öffentlichen Dienst gegenfinanziert werden sollte. Noch bevor der Entwurf überhaupt in den Bundestag eingebracht worden war, hatte der südbadische Landesverband des »Verbaost« vor einem Verfassungsbruch gewarnt, der »alles übersteige, was sich das faschistische System des Nationalsozialismus in seiner Beamtenpolitik geleistet« habe. Aller Unmenschlichkeit, die man »vom Osten her« habe erdulden müssen, werde nun »durch einen Willkürakt der eigenen Staatsführung die Krone aufgesetzt«, zit. n. Udo Wengst, *Beamtentum zwischen Tradition und Reform*, Düsseldorf 1988, S. 189.

87 Zur Entstehungsgeschichte des Gesetzes, siehe Wengst, Beamtentum.

einer Unterbringung wurden sie als sogenannte Beamte zur Widerverwendung gehandelt und erhielten – bei mehr als zehn Dienstjahren – ein Übergangsgehalt in Höhe von rund 55% des erdienten Ruhegehalts.[88] Es war nur eine Frage der Zeit bis dieses Gesetz in Karlsruhe landete.

Am 6. Oktober 1952 äußerte sich der Bundesgerichtshof erstmals zum 131er-Gesetz.[89] Ein als entlastet eingestufter Gemeindebeamter, der nach Bundesrecht ein Übergangsgehalt bezog, zuvor aber nach Landesrecht die Hälfte des gesetzlichen Wartegeldes bezogen hatte, hatte auf rückwirkende Zahlung seiner vollen Bezüge geklagt. Dem stand das Ausführungsgesetz eigentlich entgegen. Es hatte in § 77 Abs. 1 S. 1 G131 alle Ansprüche ausgeschlossen, die über das Übergangsgehalt hinausgingen.[90] Doch das Landgericht Bad Kreuznach hielt den entsprechenden Paragraphen für verfassungswidrig, setzte das Verfahren aus und beantragte eine konkrete Normenkontrolle. Der Bundesgerichtshof leitete die Vorlage weiter und nutzte die Gelegenheit, um eine gutachterliche Stellungnahme dazwischenzuschalten.[91]

In seinem Gutachten führte Hermann Weinkauff federführend aus, dass Art. 131 GG zwar rechtmäßig sei, es sich jedoch um eine bloße Kompetenzregelung handele. Er erkläre den Gesetzgeber dafür

88 Kirn, Verfassungsumsturz, S. 125 m. w. N

89 Bereits am 20. März 1952 hatte das BVerfG über eine Verfassungsbeschwerde der Stadt Offenbach zu entscheiden, die geltend machte, dass die Pflicht, Beamte zur Wiederverwendung bevorzugt zu behandeln, unzulässig in das Selbstverwaltungsrecht der Gemeinden eingreife. Das Bundesverfassungsgericht präzisierte, dass Art. 131 GG den Gesetzgeber dazu ermächtige, den »mehr und mehr bedrückend gewordenen Komplex der Rechtsverhältnisse verdrängter Beamter nach eigenem gesetzgeberischem Ermessen konstitutiv zu ordnen«. Es handele sich nicht um eine bloße Zuständigkeitsregelung, sondern um die verfassungsmäßige Ermächtigung, auch in entgegenstehende Rechte einzugreifen (BVerfGE 1, 167, 177). Zwei Monate später hatte der BGH erstmals Gelegenheit, sich zur Sache zu äußern. Ein Polizeibeamter hatte die Landesregierung NRW wegen rückwirkender Herabsetzung seiner Bezüge verklagt. Der Große Senat gab dem Kläger Recht. Er entschied, dass die wichtigsten Grundrechte der Weimarer Reichsverfassung auch im »Dritten Reich« und darüber hinaus gegolten hätten. Die angegriffene Verordnung verstoße gegen Art. 129 WRV, der Eingriffe in die wohlerworbenen Beamtenrechte, zu denen unstreitig die Bezüge zählten, nur aufgrund verfassungsändernden Gesetzes zulasse. Dieser Artikel sei nicht entfallen, sondern gelte mit Verfassungskraft weiter (BGHZ 6, 208).

90 §77 Abs. 1 S. 1 G131 lautete: »Den unter Artikel 131 des Grundgesetzes fallenden Personen stehen außer den Ansprüchen nach diesem Gesetz Ansprüche aus ihrem früheren Dienst- oder Arbeitsverhältnis (...) auch für die Zeit vor dem Inkrafttreten dieses Gesetzes, nicht zu.«

91 Gutachten vom 6. Oktober 1952, abgedr., in: BGHZ 11, Anhang A, S. 2–34.

zuständig, die Angelegenheiten verdrängter Beamter zu regeln, ermächtige ihn aber nicht dazu, jene Schranken zu überschreiten, die sich aus dem Gleichheitsgrundsatz und der Eigentumsgarantie ergeben. Beiden käme ein überzeitlicher Rang zu, der »nicht nur den ordentlichen Gesetzgeber, sondern auch den Verfassungsgesetzgeber, ja selbst den künftigen Verfassungsgesetzgeber«, derart binde, dass er »entweder überhaupt nicht oder nur unter bestimmten strengen Ausnahmevorrausetzungen« abweichen könne. Vom Gleichheitsgrundsatz könne »überhaupt niemals« abgewichen werden. Darüber hinaus verbiete die Eigentumsgarantie die entschädigungslose Entlassung, ohne dass »davon abgewichen oder zur Abweichung« ermächtigt werden könne.[92] Der Bundesgerichtshof kam so zum Ergebnis, dass das Grundgesetz zwar verfassungsgemäß,[93] das entsprechende Ausführungsgesetz aber verfassungswidrig sei. Es verletze das Recht auf Gleichbehandlung, indem es Beamten zur Wiederverwendung ein Sonderopfer gegenüber anderen Beamten aufbürde. Außerdem greife es rechtswidrig in die wohlerworbenen Beamtenrechte ein und verstoße damit gegen die überzeitliche Eigentumsgarantie.[94]

Das Bundesverfassungsgericht trat dieser Salbung wohlerworbener Rechte methodisch und inhaltlich entgegen. Während sich der Gerichtshof auf Naturrecht berief und damit »auf eine absolute, letztlich dem Diskurs unter Gerichten entzogene Quelle«, deutete das Verfassungsgericht das Grundgesetz selbst als eine Art »positiviertes Naturrecht« und

92 Frei, Vergangenheitspolitik, S. 25.

93 Anders als die WRV, die entschädigungslose Enteignungen noch ausdrücklich zugelassen hatte: Soweit die WRV den entschädigungslosen Eingriff des Gesetzgebers in elementare Rechte zugelassen habe, sei »auch das mit dem von dem Bonner Grundgesetz anerkannten übergesetzlichen Rang dieser Rechte unvereinbar«, Gutachten vom 8. Juni 1953, abgedr., in: BGHZ 11, Anhang C, S. 81–85, 84. Nur in Parenthese sei angemerkt, dass für die vermögensrechtlichen Streitigkeiten der Beamten eigentlich der Dritte Senat des BGH zuständig gewesen wäre, vgl. Matthias Roßbach, Weichenstellung und Vergangenheitsbewältigung im Öffentlichen Dienst, in: Florian Meinel (Hg.), *Verfassungsgerichtsbarkeit in der Bonner Republik*, Tübingen 2019, S. 229–250, S. 244 Fn. 192.

94 Für die Weitergeltung dieser Rechte stützte sich der 1. ZS auf den Beschluss vom 11. Juni 1952, letztlich also auf Art. 129 WRV. Das entsprechende Gesetz verstoße »übrigens auch« gegen Art. 33 Abs. 5 GG; ein Verstoß gegen den Gleichheitssatz liege »im übrigen in der Tat auch« vor (ebd., S. 18). Wenn Daniel Herbe dagegen betont, dass Gericht habe sich in den tragenden Gründen nicht auf Naturrecht, sondern auf die Art. 3 und 14 GG berufen bringt er das Grundgesetz gegen ein Gesetz in Stellung, das vor ihm erlassen wurde (Daniel Herbe, *Hermann Weinkauff (1894–1981)*, Tübingen 2008, S. 201f.).

damit als Quelle, deren Deutung ihm oblag.[95] Aus diesem Grund bestand sein Kernanliegen freilich weniger darin, die »Gestaltungsfreiheit der jungen Bundesrepublik« verfassungsrechtlich abzusichern als vielmehr darin, die Kontinuitätsrhetorik des Bundesgerichtshofs und der herrschenden Lehre zu widerlegen und »zugleich den Primat der Verfassung vor überkommenen Rechtstraditionen« zu betonen.[96] Das Gericht stellte klar, dass die zum Deutschen Reich bestehenden Beamtenverhältnisse mit dem 8. Mai 1945 endgültig erloschen seien und dokumentierte, dass und wie der Nationalsozialismus das deutsche Beamtentum durchdrungen und das anonyme Beamtenverhältnis in ein persönliches Treueverhältnis zum »Führer« verwandelt habe. Der Beamtenapparat, der auf Hitler vereidigt worden sei, sei mit dessen Staat untergegangen. Gegenwärtige Beamtenverhältnisse ebenso wie die Positionen, die das Ausführungsgesetz einräume, seien gänzlich neu begründet worden. Mit dieser Begründung[97] wies der Senat die insgesamt 34 Verfassungsbeschwerden ehemaliger Beamter zurück.

Hermann Weinkauff, der als ehemaliger Reichsgerichtsrat selbst unter das 131er-Gesetz fiel, wollte dieses Urteil nicht akzeptieren und wandte sich mit einer zweiten Vorlage an das Verfassungsgericht, in dem er die Bindungskraft verfassungsgerichtlicher Entscheidungen überhaupt anzweifelte. Er relativierte die ideologische Durchdringung der Beamtenschaft zum bloßen »Zierrat« und vertrat weiter die Auffassung, dass die Beamtenverhältnisse nicht erloschen seien, sondern noch immer fortgalten. Ein »zwingender Satz des übergesetzlichen Rechts« verbiete dem Sieger, dem Besiegten die Staatlichkeit zu rauben; wo aber die Staatlichkeit nicht untergegangen sei, hätten auch die Beamtenverhältnisse überdauert.[98] Die Verfassungsrichter hätten kein

95 Rainer Wahl, Das Bundesverfassungsgericht der Gründungsphase, in: Meinel (Hg.), Verfassungsgerichtsbarkeit, S. 28–62, 37.

96 Roßbach, Weichenstellung, S. 246, 240, 248.

97 Diese Urteilsbegründung war keineswegs zwingend. Denn das BVerfG hätte auch argumentieren können, dass es sich bei Art. 131 GG nicht bloß um eine Zuständigkeitsnorm handele, sondern dass der Artikel den Bundesgesetzgeber dazu ermächtige, die Beamtenverhältnisse konstitutiv neu zu regeln. Diese Lösung war im Votum auch angelegt, vgl. Roßbach, Weichenstellung, S. 238ff. Dass das Gericht diesen Weg schließlich nicht ging, dürfte nicht zuletzt persönlichen Gründen geschuldet gewesen sein. Von den zehn Richtern am Ersten Senat waren mindestens fünf aus politischen Gründen entlassen oder degradiert worden; der BGH repräsentierte in personeller Hinsicht dagegen eine »lückenlose Kontinuität vom Nationalsozialismus zur Bundesrepublik« (Christoph Möllers, *Der vermisste Leviathan*, 3. Aufl., Frankfurt/Main 2008, S. 36). In den Worten Justin Collings: »The matter, as everyone knew, was personal« (*Democracy's Guardians*, Oxford 2015, S. 34).

98 BGHZ 13, 265, 293

rechtliches, sondern ein historisches Urteil gefällt. Das hinderte ihn jedoch nicht daran, nun seinerseits zu schildern, wie es eigentlich gewesen sei. Es sei »unvertretbar, aus der großen Teilen der Beamtenschaft terroristisch aufgezwungenen, äußeren, persönlichen Verpflichtung auf Hitler und die Partei eine innere Umgestaltung des Beamtenrechtsverhältnisses als solchem anzunehmen und daraus eine wesensmäßige Entartung der ganzen Institution zu folgern«. Denn der überwiegende Teil der deutschen Beamten habe sich »trotz des schimpflichen, rechtswidrigen Druckes, der auf ihm lastete, in erster Linie dem Staate und seinen legitimen Aufgaben verpflichtet« gefühlt und sein Amt in dieser Gesinnung wahrgenommen. Die »Bindung an Hitler« habe »zu Anfang und eine gewisse Zeit hindurch als eine Bindung an das oberste Staatsorgan verstanden werden« können, die »Bindung an die Partei zunächst als die Respektierung einer politischen Mehrheitsentscheidung der Nation«.[99]

Das Bundesverfassungsgericht wies diese Vorlage am 19. Februar 1957 zurück,[100] nahm aber am selben Tag die Verfassungsbeschwerde eines früheren Kriminalassistenten der Gestapo an, der noch keine Anstellung gefunden hatte, die seinem früheren Dienstrang entsprochen hätte. Im sogenannten Gestapo-Urteil stellte das Bundesverfassungsgericht schließlich fest, dass ein beachtlicher Teil der Beamtenschaft die »Pflicht zu jederzeitigem Eintreten für den Nationalsozialismus als gesetzliche Pflicht aus ihrem Beamtenrechtsverhältnis auch von sich aus ernst genommen und bejaht« habe.[101] Aus dem Grundsatz der Kontinuität könne »keine Vermutung für das Weiterbestehen von Rechtseinrichtungen mit spezifisch verfassungsrechtlichem Gehalt abgeleitet werden, wenn eine neue Verfassung – wie das Grundgesetz – von einer grundlegend anderen Auffassung des Rechts und der die Verfassung tragenden politischen Werte und Prinzipien« ausgehe. Im Gegenteil. Es sei ein »begriffsjuristischer Irrweg, von einem gewissermaßen über- oder vorstaatlichen Begriff des Berufsbeamtentums auszugehen«. Es gebe keinen »naturrechtlichen« Begriff des Beamtentums.[102] Denn das Beamtentum beruhe einzig und allein auf einer politischen Entscheidung.

Damit war Weinkauffs eigennütziger Versuch, das Grundgesetz naturrechtlich zu entkernen, endgültig vereitelt. Das Verfassungsgericht hatte ein Machtwort gesprochen und war aus der verfassungsrechtlichen Auseinandersetzung über die Vergangenheit siegreich hervorgegangen.

99 Ebd., 299.
100 BVerfGE 6, 222, 222.
101 BVerfGE 6, 132, 180.
102 BVerfGE 6, 170, 132, 152f.

VI.

Während der Streit um die wohlerworbenen Beamtenrechte rund eine halbe Millionen Menschen betraf,[103] spaltete die zweite große Auseinandersetzung um verfassungswidriges Verfassungsrecht die westdeutsche Gesellschaft bis an die Wurzel.[104] Bereits die zivilrechtliche Diskussion um die sogenannte Heimtrennungsklage hatte eine tiefgreifende Verunsicherung im Geschlechterleben artikuliert. Die verfassungsrechtliche Auseinandersetzung konzentrierte sich demgegenüber auf die Gleichberechtigung von Mann und Frau. Art. 117 Abs. 1 GG hatte dem Gesetzgeber eine Frist von vier Jahren eingeräumt, um alle Regelungen aufzuheben, die Frauen rechtlich benachteiligten.[105] Da die Adenauer-Regierung untätig blieb, traten am 31. März 1953 nominell alle Bestimmungen außer Kraft, die Art. 3 Abs. 2 GG entgegenstanden. Drei Wochen später ging die Justiz in die Offensive. In einem Beschluss vom 22. April 1953 argumentierte das Frankfurter Oberlandesgericht, dass Art. 117 GG aus Gründen der Rechtssicherheit und Gewaltenteilung dort einzuschränken sei, wo er die Bestimmungen des Ehescheidungsrechts ersatzlos aufzuheben drohe.[106] Der 1. Zivilsenat am Bundesgerichtshof leitete eine entsprechende Vorlage an

103 Frei, Vergangenheitspolitik, S. 70f. m. w. N.

104 Vgl. Elizabeth Heineman, *What Difference Does a Husband Make?*, Berkeley 1999; Robert G. Moeller *Geschützte Mütter*, München 1997.

105 Beispiele bei Christine Franzius, *Bonner Grundgesetz und Familienrecht*, Frankfurt/Main 2003, S. 21f. Art. 117 GG war hochumstritten. Vor allem Christ- und Freidemokraten ließ die Vorstellung erschaudern, wesentliche Teile des BGB könnten über Nacht außer Kraft treten. Justizminister Thomas Dehler (FDP) bezeichnete die Forderung nach Gleichberechtigung gar als den »Albtraum« seiner »schlaflosen Nächte« (zit. n. Marianne Feuersenger, *Die garantierte Gleichberechtigung*, Freiburg 1980, S. 81). Zu verdanken war dieser Vorstoß dem furchtlosen Einsatz der sozialdemokratischen Juristin Elisabeth Selbert. Selbert hatte den Protest tausender Frauen gegen den Versuch mobilisiert, die handfeste Forderung nach Gleichberechtigung zur bloßen Staatszielbestimmung zu relativieren, vgl. Barbara Böttger, *Das Recht auf Gleichheit und Differenz*, Münster 1990; siehe auch Heike Vaupel, *Die Familienrechtsreform in den fünfziger Jahren im Zeichen widerstreitender Weltanschauungen*, Baden-Baden 1999, S. 55–83.

106 OLG Frankfurt am Main, Beschluss vom 22. April 1953, in: *NJW* 20, 6 (1953), S. 746–748, 747. Die Parteien waren vor dem LG geschieden worden. Die Beklagte hatte gegen die Scheidung Berufung eingelegt, konnte allerdings den entsprechenden Kostenvorschuss nicht aufbringen. Sie hatte beantragt, dem Kläger die Zahlung des Vorschusses aufzuerlegen. Anspruchsgrundlage war in diesem Fall § 1387 Nr. 1 BGB i. V. m. § 627 Abs. 1 ZPO, der zur Voraussetzung hatte, dass die Eheleute im Güterstand der Nutzverwaltung lebten, der Mann also den »ehelichen Aufwand« zu

das Bundesverfassungsgericht weiter und nutzte die Gelegenheit, um eine neuerliche Stellungnahme abzugeben.

In seinem Gutachten führte ein Teil der Richter aus, dass es sich bei Art. 117 GG zwar nicht um verfassungswidriges Verfassungsrecht handele, dass es aber sehr wohl Bestimmungen gebe, die »übergesetzlichen, ja überverfassungsmäßigen Rang« hätten. Dazu zählten Weinkauff und seine Mitstreiter ausdrücklich die Geschlechterordnung: Mann und Frau unterschieden sich nicht nur biologisch, sondern auch in ihrer »schöpfungsmäßigen Zueinanderordnung«. Der Mann zeuge die Kinder; die Frau empfange, gebäre und ernähre sie. Der Mann sichere, vorwiegend nach außen gewandt, Bestand und Zukunft; die Frau widme sich, vorwiegend nach innen gekehrt, der inneren Ordnung der Familie. An dieser Verschiedenheit könne das Recht nicht doktrinär vorübergehen. Es sei schlicht widersinnig an den familiären Urtatbestand gesellschaftliche Rechtsformen herantragen zu wollen.[107] Jede Fabrik brauche einen Chef, jedes Schiff einen Kapitän. Die Autorität des Vaters und Ehemanns müsse selbst dann fortbestehen, wenn entsprechende Passagen im Gesetz ersatzlos wegfielen. Iustitiae Domini rectae, laetificantes corda: die Befehle des Herrn sind richtig und erfreuen das Herz.[108]

Doch schon 1953 ließ sich über die »naturrechtliche Grundlage der Familienordnung [...] keine einheitliche Auffassung mehr erreichen«.[109] Der Streit um die Gleichberechtigung von Mann und Frau spaltete nicht nur die westdeutsche Gesellschaft. Er spaltete auch die Gutachter am Bundesgerichtshof.[110] Ein Teil der Bundesrichter verweigerte Weinkauff die Gefolgschaft, stellte sich gegen die von ihm ausbuchstabierte Schöpfungsordnung und nutzte die Möglichkeit eines Minderheitenvotums, um für die Verfassungsmäßigkeit des Grundgesetzes zu plädieren.

Das Bundesverfassungsgericht schloss sich diesem Minderheitenvotum am 18. Dezember 1953 an.[111] Es urteilte, dass Art. 117 Abs. 1 GG weder die Rechtssicherheit noch die Gewaltenteilung verletze. Eine »unerträgliche Rechtsunsicherheit« sei durch die Gleichstellung der Frau weder entstanden noch zu erwarten. Art. 3 Abs. 2 GG sei kein inhaltsleerer Programmsatz, sondern eine Rechtsregel mit präzisem Sinn, der

bestreiten hatte; diesen Güterstand hielt das OLG für unvereinbar mit Art. 3 Abs. 2 GG.

107 Gutachten vom 6. September 1953, abgedr. in. BGHZ 11, Anhang B, S. 34–81, 65.

108 Psalm 19:8.

109 Weinkauff, Naturrechtsgedanke, S. 1695.

110 Gerda Krüger-Nieland, Hermann Weinkauff, in: *NJW* 41, 34 (1981), S. 2235f., 2236.

111 BVerfGE 3, 225.

nach den Regeln richterlicher Kunst dort zur Geltung gebracht werden könne, wo etwaige Lücken entstünden. Allerdings ließ das Gericht hinter der praktischen Unwahrscheinlichkeit die theoretische Möglichkeit durchblitzen, dass sich der Verfassungsgeber doch einmal an der Gerechtigkeit vergreifen könne. In diesem Fall, so das Gericht, müsse man Radbruchs Beispiel folgen und unrichtigem Recht die Geltung absprechen. Doch obwohl sich das Verfassungsgericht an versteckter Stelle zum Naturrecht bekannt hatte, machte es davon keinen Gebrauch. Anders als der Bundesgerichtshof, der seine restaurative Agenda in verschiedenen Gutachten und Vorlagebeschlüssen mit zwingenden Sätzen übergesetzlichen Rechts begründete.

VII.

Im Parlamentarischen Rat war es westdeutschen Frauen gelungen die Gleichberechtigung im Grundgesetz zu verankern. Art. 117 GG hatte sie für vier Jahre suspendiert. In den fünfziger Jahren hatten christliche Fundamentalisten dann den Versuch unternommen, die Gleichberechtigung auszusitzen, auszusetzen und schließlich ganz auszuhebeln. Vor dem Bundesverfassungsgericht war dieser Durchgriff auf die Schöpfungsordnung an der Einheit der Verfassung gescheitert. Das Grundgesetz kenne keine Rangordnung seiner Bestimmungen und damit kein verfassungswidriges Verfassungsrecht. Also wurde diese Einheit nun selbst in Stellung gebracht. Allmählich trat an die Stelle göttlicher Gebote ein Verfassungsverständnis, das in Art. 6 GG eine Institutsgarantie der Ehe ausmachte, die den Gleichheitssatz dogmatisch begrenzen könne. Aus der Lehre von verfassungswidrigem Verfassungsrecht wurde die Lehre von der praktischen Konkordanz. Und aus dem naturrechtlichen Primat der Ehe die Suche nach »›unverfügbaren‹, ›unverrückbar vorgegebenen‹ Grundsätzen [...], die das ›Wesen‹ der ›Institution‹ Familie« bestimmten.[112] Auf diese Art und Weise wurde das Naturrecht in der Verfassung versenkt. Der Streit um natürliche Rechte verlagerte

112 Spiros Simitis, Familienrecht, in: Simon (Hg.), Rechtswissenschaft, S. 390–448, 410. Reaktionäre Hardliner wie Friedrich Wilhelm Bosch argumentierten, der Gleichheitssatz dürfe nicht für sich stehen, sondern müsse mit der grundgesetzlichen Garantie der Ehe zusammengelesen werden. Art. 6 GG spreche vom »natürlichen Recht der Eltern«, sichere also die christliche Ehevorstellung naturrechtlich ab. Gleichberechtigung sei schön und gut, finde aber dort eine Grenze, wo sie Ehe und Familie gefährde (Gleichberechtigung im Bereich der elterlichen Gewalt, in: *SJZ* 9, 5 (1950), Sp. 625–646, 627). Weitere Nachweise für die Rechts-Auslegung von Art. 3 Abs. 2 GG bei Simitis, Familienrecht; vgl. auch Franzius, Grundgesetz, S. 84–116, und Vaupel, Familienrechtsreform, S. 91–112.

sich vom »stürmischen Meer der Politik« in die »stille Bucht der Rechtsdogmatik«.[113]

VIII.

Nach den beiden Niederlagen im Streit mit dem Verfassungsgericht und nachdem ein Teil der Bundesrichter gegen ihren Präsidenten gemeutert hatte, wurde es stiller um das Naturrecht. Es tauchte immer seltener auf und stieß dort, wo es noch auftauchte, oft auf harsche Kritik. Unvergessen ist in diesem Zusammenhang eine Entscheidung, die Weinkauff am Ende seiner Laufbahn selbst zum »Bruchstück [...] einer großen Konfession« stilisierte.[114] Der bekannteste Fall, in dem sich der Bundesgerichtshof naturrechtlicher Argumente bediente, handelte von der Verlobtenkuppelei.

Am 17. Februar 1954 hatte der Bundesgerichtshof über die Strafbarkeit einer vierfachen Mutter und Kriegerwitwe zu entscheiden, die dem Verlobten ihrer volljährigen Tochter erlaubt hatte, in deren Zimmer zu übernachten. Fraglich war, ob dieses Übernachtenlassen der »Unzucht Vorschub leistete«, also den Tatbestand der Kuppelei verwirklichte. Die unteren Instanzen hatten leise Zweifel daran geäußert, ob eine derart rigide Handhabung des Sexualstrafrechts noch zeitgemäß sei. Der Große Senat für Strafsachen wies diesen Vorstoß barsch zurück. Grundlage jeder Rechtsprechung sei nicht die Sitte, sondern die Sittlichkeit. Mit dem Abstellen auf bloße Konventionalregeln hätten die Vorinstanzen die »objektiv geltende und verpflichtende Wertordnung verneint und alles auf die wechselnden Meinungen oder Verhaltensweisen wechselnder Volksteile gestellt, die der Richter überdies kaum feststellen« könne. Diese Ansicht leiste einem »inhaltlosen Relativismus« Vorschub, dem »nichts anderes als die soziale Wirklichkeit ohne jede Bewertung zur Richtschnur« diene.[115] Das Sittengesetz habe dem Menschen die Einehe zwischen Mann und Frau als verbindliche Ordnung gesetzt und den außerehelichen Verkehr verboten; daran könne auch der Zeitgeist nicht vorübergehen. Daher wurde die Strafbarkeit des Verlobten letztlich bejaht.

IX.

Der biedere Moralismus, den der Bundesgerichtshof in der Kuppelei-Entscheidung an den Tag legte, schlug schließlich auch auf das

113 Ludwig Raiser, Der Gleichheitsgrundsatz im Privatrecht, in: *ZHR* 111 (1948), S. 75–101, 75.
114 Weinkauff, Naturrechtsgedanke, S. 1696.
115 BGHSt 6, 46, 50.

Scheidungsrecht durch. Bis zur Mitte der fünfziger Jahre hatte der Bundesgerichtshof im Anschluss an den Obersten Gerichtshof für die Britische Zone eine Abwägungslösung vertreten. Einer Heimtrennungsklage konnte trotz Widerspruchs des Ehepartners ausnahmsweise stattgegeben werden, wenn sich aus den Umständen des Einzelfalls die Unbeachtlichkeit des Widerspruchs ergab.[116] Am 18. Juni 1955 brach der Bundesgerichtshof mit dieser gefestigten Rechtsprechung. Der 4. Senat am Bundesgerichtshof wies eine anhängige Heimtrennungsklage ab, erklärte den Widerspruch der beklagten Ehefrau grundsätzlich für beachtlich, und beschränkte die Unbeachtlichkeit des Widerspruchs auf zwei eng auszulegende Ausnahmetatbestände: die sogenannte Fehlehe und den Widerspruch aus unlauteren Motiven.[117] Für eine Scheidung komme es nicht auf die besseren Gründe an. Maßgeblich sei nicht die Liebe oder das Gefühl gegenseitiger Zuneigung, sondern allein die sittliche Pflicht. Das »Wesen der Ehe« sei grundsätzlich unlösbar, ein Scheidungsbegehren schon dann nicht mehr zu rechtfertigen, wenn ein Ehepartner die Scheidung ablehne.[118]

Im Kuppeleibeschluss hatten die Richter Sitte und Sittlichkeit einander gegenübergestillt. Im Urteil zur Heimtrennungsklage stellte der Bundesgerichtshof nicht mehr auf die Sittlichkeit ab, um zu bestimmen, was das Wesen der Ehe ausmachte, sondern auf das Wesen der Ehe, um die sittliche Ordnung näher zu bestimmen. Vorher galt eine Scheidung dann als mit dem Wesen der Ehe vereinbar, wenn sie sittlich gerechtfertigt war. Nun war eine Scheidung sittlich zu rechtfertigen, wenn sie mit dem Wesen der Ehe vereinbar war. Das Sittengesetz, das in der Kuppeleientscheidung noch deutlich zu vernehmen gewesen war, wich einer substantiellen Wesenslehre, die ihre Argumente aus einer angeblichen »Natur der Sache« zog.

X.

Unter Weinkauffs Vorsitz hatte der Bundesgerichtshof dem liberalen Eigentümerbelieben und der katholischen Soziallehre quasi Verfassungsrang verliehen. Zu diesem Zweck hatte er sich zunächst auf Naturrecht und Sittengesetz gestützt, dann auf die Dynamik sittlicher Essenzen und wesenhafte Gegebenheiten. Im Laufe der fünfziger

116 BGHZ 4, 279. Einen möglichen Grund, den Widerspruch der betrogenen Ehefrau abzulehnen, sah der BGH beispielsweise in ihrer »frigide[n] Natur«. Sie sei »unter Umständen geeignet gewesen, das überwiegende Verschulden des Klägers an der Ehezerrüttung auszuschließen«, Urteil vom 31. Januar 1952, IV ZR 82/51.

117 Wolf, Lüke & Hax, Scheidung, S. 89.

118 BGHZ 18, 13, 19.

Jahre radikalisierte sich diese Tendenz zur werthaften Auslegung. Ihren Höhepunkt erreichte diese Entwicklung allerdings nicht am Bundesgerichtshof, sondern mit dem Lüth-Urteil des Bundesverfassungsgerichts.

Das Lüth-Urteil war zunächst ein Fall Harlan gewesen. Veit Harlan war ein deutscher Regisseur, der sich mit dem Nationalsozialismus eingelassen hatte. Er hatte den berüchtigten »Jud Süß« gedreht, in dem Juden als gierig, schmutzig und kriminell dargestellt und am Ende vertrieben wurden. Goebbels war begeistert. »Ein ganz großer, genialer Wurf. Ein antisemitischer Film, wie wir ihn uns nur wünschen können«, notierte er in sein Tagebuch.[119] Bis Kriegsende wurde der Film von 20 Millionen Menschen gesehen. Ein Ausnahmeerfolg. Nach dem Zweiten Weltkrieg wollte Harlan an diesen Erfolg anknüpfen.[120] Nachdem er vom Vorwurf eines Verbrechens gegen die Menschlichkeit freigesprochen worden war, nahm er erneut die Regiearbeit auf und adaptierte eine Novelle Theodor Storms für die Leinwand: die »Unsterbliche Geliebte«. Im September 1950 rief Erich Lüth, der Direktor der Staatlichen Pressestelle in Hamburg, zum Boykott des Films auf. Harlan erwirkte daraufhin ein Unterlassungsurteil. Lüth musste den Boykottaufruf zurücknehmen und erhob nun seinerseits Verfassungsbeschwerde.

Im Zivilverfahren war es um die Frage gegangen, ob Lüths Aufruf sittenwidrig in Harlans in Rechte eingegriffen hatte. Das Verfassungsgericht hatte indes nicht diese, sondern die Frage zu beantworten, ob das Zivilgericht Lüths Meinungsfreiheit außer Acht gelassen als es Harlan in der Sache Recht gegeben hatte. Es formulierte den zivilen Konflikt zwischen zwei Privaten als öffentlich-rechtlichen Konflikt zwischen zwei Grundrechten: Lüths Meinungsfreiheit auf der einen Seite, Harlans Freiheit, weiter Filme zu drehen, auf der anderen. Die Richter urteilten, dass die Meinungsfreiheit in diesem Fall wichtiger sei als die allgemeine Handlungsfreiheit, da sie für ein demokratisches Gemeinwesen »schlechthin konstituierend« sei.[121] Das Grundgesetz transzendiere keine vorstaatlichen Werte, sondern sei selbst objektive Wertordnung und – das war neu – objektive Wertrangordnung, nach der ein Konflikt zwischen zwei widerstreitenden Werten zu beurteilen sei.

Bis zum Lüth-Urteil hatte das Bundesverfassungsgericht vehement bestritten, dass das Grundgesetz eine Hierarchie seiner Normen kenne. Es

119 Joseph Goebbels, Eintrag vom 19. August 1940, in: Elke Fröhlich (Hg.), *Die Tagebücher von Joseph Goebbels*, Teil I, Bd. VIII, München 1998, S. 277–279, 279.

120 Zum Verfahrensgang siehe Henne & Riedlinger (Hg.), Lüth-Urteil; ferner Christoph Fiedler, BVerfGE 7, 198 – Lüth, in: Jörg Menzel & Ralf Müller-Terpitz (Hg.), *Verfassungsrechtsprechung*, 3. Aufl., Tübingen 2017, S. 113–124.

121 BVerfGE 7, 198, 215.

hatte geurteilt, dass verfassungswidriges Verfassungsrecht denknotwendig ausgeschlossen sei. Nun begann das Gericht, die Verfassung selbst als sprudelnden Quell immer neuer Werte zu deuten und diesen Werten ihrerseits abstrakte Stellenwerte zuzuweisen. Das aber war eine kleine Revolution, nicht weniger als eine »Wiedergeburt der Rechtsordnung aus dem Geiste der Grundrechte«.[122]

Grundrechte sollten nun nicht mehr nur im Verhältnis von Staat und Bürger Anwendung finden, als Eingriffsabwehrrechte, sondern mittelbar in alle Rechtsbereiche ausstrahlen, nicht für sich gelten, sondern überall – selbst im staatsfernen Privatrecht. Mit dieser Konstitutionalisierung des einfachen Rechts ging eine Bedeutungsverschiebung des Geltungsbegriffs einher. Dass die Verfassung gilt, hieß nun nicht mehr nur, dass sie zwangsweise durchsetzbar war. Es bedeutete auch, dass sie in alle Bereiche des Rechtslebens ausstrahlte, sie durchwirkte und modifizierte. Auf diese Weise wandelte sich das Grundgesetz von einer Teilrechtsordnung, die das Verhältnisse der Staatsorgane zueinander regelte, zu einer werthaften »Grundordnung des gesamten Gemeinwesens« (Uwe Volkmann). Alles was in Philosophie und Politik zu Fragen des menschlichen Zusammenlebens verhandelt wurde, konnte nun auch »in das Gewand einer verfassungsrechtlichen Erörterung gekleidet werden [...] und umgekehrt«.[123]

Vor diesem Hintergrund konnte die gerichtliche Anerkennung überpositiven Rechts nicht mehr den Sinn haben, vorrechtliche Freiheitsphären gegenüber dem Staat zu sichern. Sie musste den Sinn haben, die Suprematie der Verfassungsgerichtsbarkeit naturrechtlich zu fundieren. Die Materialisierung der Grundrechte und die Konstitutionalisierung des einfachen Rechts ermöglichte eine Verselbständigung der Verfassungsrechtsprechung gegenüber dem »demokratischen Prozeß und gleichzeitig den dynamisch-voluntaristischen Umgang mit den behaupteten Grundrechtsinhalten«.[124] Das Lüth-Urteil holte das Naturrecht gewissermaßen in das Grundgesetz hinein.

Die Verfassung, die das rationale Naturrecht einst funktional beerbt hatte, wurde zur Wertrangordnung.[125] Und aus »einst naturrechtlich begründeten und verfassungsrechtlich garantierten Freiheitsrechten von

122 Rainer Wahl, Die objektivrechtliche Dimension der Grundrechte im internationalen Vergleich, in: Detlef Merten & Hans-Jürgen Papier (Hg.), *Handbuch der Grundrechte*, Bd. I, Heidelberg 2004, S. 745–781, 746.

123 Uwe Volkmann, Verfassungsrecht zwischen normativem Anspruch und politischer Wirklichkeit, in *VVDStRL* 67 (2008), S. 57–93, 68.

124 Maus, Naturrecht, S. 14f.

125 Vgl. Henne, Lüth, S. 204f.; Ilse Staff, Das Lüth-Urteil, in: Henne & Riedlinger (Hg.), Lüth-Urteil, S. 315–326, 318; Rainer Wahl, Lüth und die Folgen, ebd., S. 371–397, 380; Hofmann, Rechtsphilosophie, S. 24.

Individuen gegen den Staat« wurde »die große Freiheit eines Staatsapparats, über den Inhalt solcher Rechte je nach Lage der Sache privilegiert und durchaus voluntaristisch zu entscheiden«.[126]

126 Maus, Naturrecht, S. 9.

Dritter Teil
Naturrecht in der Sowjetischen Besatzungszone und in der Deutschen Demokratischen Republik

3. Naturrecht und Antifaschismus

I.

Es gehört zu den Eigentümlichkeiten der Geschichte der deutschen Arbeiterbewegung, dass die KPD nach dem Zusammenbruch des Deutschen Reichs für eine »Entfaltung des freien Handels und der privaten Unternehmerinitiative auf der Grundlage des Privateigentums« eintrat. In ihrem Gründungsaufruf vom 11. Juni gab das Zentralkomitee die Forderung nach einem »Sowjet-Deutschland« auf und erklärte, der »Weg, Deutschland das Sowjetsystem aufzuzwingen« sei falsch und entspreche nicht den »gegenwärtigen Entwicklungsbedingungen in Deutschland«.[1] Stattdessen plädierte man für eine »parlamentarisch-demokratische [...] Republik mit allen Rechten und Freiheiten für das Volk«. Nicht die Oktoberrevolution, sondern die Märzrevolution sollte Pate stehen für das kurz darauf beschlossene Programm. Um die »Fehler von 1918« zu vermeiden, müsse man die »Sache der bürgerlich-demokratischen Umbildung«, die 1848 begonnen worden sei, zu Ende führen.[2]

Die Männer der Paulskirche hatten ein neues Deutschland auf der Grundlage des rationalen Naturrechts errichten wollen.[3] An diese Tradition wollte die KPD nach dem verlorenen Krieg anknüpfen. Gleichwohl irritiert die Frage zunächst, ob es in der Sowjetischen Besatzungszone eine Naturrechtsrenaissance gegeben habe.

Ein wesentlicher Grund für diese Irritation dürfte darin liegen, dass die DDR heute weitgehend als zweite deutsche Diktatur erinnert und ihre Geschichte als die Geschichte einer Diktaturdurchsetzung erzählt wird, die mit dem gewaltsamen Einmarsch der Roten Armee begann und mit der friedlichen Revolution endete. Dokumente wie der Gründungsaufruf der KPD werden daher regelmäßig mit dem vielzitierten Hinweis Wolfgang Leonhards abgetan, Walter Ulbricht habe alles demokratisch inszeniert, insgeheim aber die Fäden in der Hand behalten.[4] Kurze Phasen der Entspannung, der Neue Kurs nach dem 17. Juni 1953 oder die

1 Vgl. Hermann Weber, *Die DDR 1945–1990*, München 2012, S. 6.

2 Zu den Motiven, siehe Meuschel, Legitimation, S. 64ff.

3 Vgl. Sibylle Tönnies, *Die Menschenrechtsidee*, Wiesbaden 2011, S. 156f.

4 In klassischem Sächsisch habe Walter Ulbricht die Direktive ausgegeben »Es ist doch ganz klar: es muß demokratisch aussehen, aber wir müssen alles in der Hand haben«, schreibt Wolfgang Leonhard, *Die Revolution entläßt ihre Kinder*, Köln 1955, S. 440.

Tauwetterperiode nach dem Ungarnaufstand von 1956, werden als retardierende Momente einer Durchherrschung verbucht, die im Übrigen unaufhaltsam vor sich ging.

Die juristische Zeitgeschichte ist diesem historiographischen Trend über weite Strecken gefolgt. Sie fragte erst spät nach Gerichtsalltag und Eigensinn und konzentrierte sich vornehmlich auf die Diktaturdurchsetzung mit den Mitteln und innerhalb des Rechts.[5] Klaus Wilhelm Frickes bahnbrechende Arbeit über die Geschichte der politischen Verfolgung, Wolfgang Schullers Geschichte und Struktur des Politischen Strafrechts oder Falco Werkentins fulminante Abrechnung mit der Strafjustiz in der Ära Ulbricht, Christian Meyer-Seitz deutsch-deutscher Vergleich des strafrechtlichen Umgangs mit NS-Verbrechen, die zahlreichen Arbeiten zur Justizpolitik von SED und SMAD[6] und Hermann Wentkers notorischer Diktaturvergleich haben das Wissen über das Recht der DDR beträchtlich erweitert, aber mitunter zu einer einseitigen Schwerpunktbildung geführt.

Im Spiegel der einschlägigen Publizistik stellt sich die Rechtsgeschichte der DDR heute weitgehend als Unrechtsgeschichte dar. Selbst dort, wo es um die Aufarbeitung faschistischen Unrechts ging, lautet die stets beckmesserisch erhobene Frage, ob die Verurteilung nationalsozialistischer Kriegsverbrecher nicht möglicherweise ihrerseits gegen rechtsstaatliche Grundsätze verstoßen habe. Der westdeutschen Aufarbeitung der Vergangenheit wird mit den Auschwitz-Prozessen gedacht, deren Rechtsstaatlichkeit allenfalls den Angeklagten fraglich erschien. Für den Osten dagegen wird an die Waldheimer Verfahren erinnert, deren Nichtigkeit aufgrund schwerster Verfahrensverstöße »jederzeit und ohne Rücksicht auf den Zeitablauf geltend gemacht werden« könne.[7] So wird suggeriert, im Westen habe der Umgang mit dem Unrecht zur verspäteten Einsicht in die unverbrüchliche Natur der Menschenrechte geführt, im Osten dagegen zu neuerlichem Unrecht. Der westdeutsche

5 Ausnahmen wie Inga Markovits *Gerechtigkeit in Lüritz* seien bereitwillig konzediert.

6 Vgl. nur Helga Welsh, Die Zentralverwaltung für Justiz, in: Martin Broszat & Hermann Weber (Hg.), *SBZ-Handbuch*, München 1993, S. 218–228; Hubert Rottleuthner (Hg.), *Steuerung der Justiz in der DDR*, Köln 1994; Heike Amos, *Justizverwaltung in der SBZ/DDR*, Köln 1996, und Ruth-Kristin Rössler, *Justizpolitik in der SBZ/DDR 1945–1956*, Frankfurt/Main 2000; Gennadij A. Bordjugov, Die Rechtsabteilung der Sowjetischen Militäradministration in Deutschland (1945–1949), in: Gerd Bender & Ulrich Falk (Hg.), *Recht im Sozialismus*, Bd. II, Frankfurt/Main 1999, S. 55–82, und Maxim A. Perkow, Rechtsabteilung, in: Horst Möller & Alexandr O. Tschubarjan (Hg.), *SMAD-Handbuch*, München 2009, S. 464–469.

7 KG Berlin, Urteil vom 15. März 1954, in: *NJW* 50, 7 (1954), S. 1901f., 1902.

Rechtsstaat wird als Lehre aus der Geschichte präsentiert, der ostdeutsche »Unrechtsstaat« als gescheitertes Experiment. Es nimmt daher kaum Wunder, dass die Vokabel noch immer durch die Zeitungen geistert – mehr als dreißig Jahre nach dem Fall der Berliner Mauer.[8]

II.

Das Kompositum Unrechtsstaat geht zurück auf niemand anderen als Gustav Radbruch.[9] Der Rechtsphilosoph war augenscheinlich der erste, der die Vokabel nutzte und seinen Einsatz für das Naturrecht mit einer Warnung vor der Wiederkehr der Diktatur verband.[10] Es mag auf den ersten Blick überraschen, entbehrt aber nicht der Ironie, dass Radbruch seine Belege für diesen Kampf gegen das Unrecht ausgerechnet in der Rechtspraxis der Sowjetischen Besatzungszone fand: in zwei Verfahren in Thüringen und in der Provinz Sachsen, dem heutigen Sachsen-Anhalt, der Ankündigung des sächsischen Generalstaatsanwalts, John Ulrich Schroeder, Juristen zur Rechenschaft zu ziehen, und in der Freilassung eines sächsischen Deserteurs, der einen Polizisten auf der Flucht erschossen hatte.

Die Forschung hat diesen Fingerzeig in den Osten zwar registriert, ist ihm aber bislang kaum einmal nachgegangen.[11] Die Gründe dafür liegen klar zutage. In einer Geschichte, die im Rückblick immer schon auf das Unausweichliche hin zusteuerte, war schlicht kein Platz für ein wie auch immer geartetes Naturecht. Einer Unrechtsgeschichte, die sich auf Personen und Institutionen fixierte, die die Rechtsprechung im Allgemeinen

8 2014 hatte die Thüringer Landesregierung den Begriff in den Koalitionsvertrag aufgenommen und so eine breite Diskussion ausgelöst. Später gab Thüringens Ministerpräsident an, der Begriff sei für ihn »persönlich unmittelbar und ausschließlich mit der Zeit der Nazi-Herrschaft« verbunden und löste damit eine neuerliche Debatte aus.

9 Hubert Rottleuthner, Gustav Radbruch und der »Unrechtsstaat«, in: Martin Borowski & Stanley L. Paulson (Hg.), *Die Natur des Rechts bei Gustav Radbruch*, Tübingen 2015, S. 91–117, 92. Radbruch erklärte die »Gleichsetzung von Recht und vermeintlichem oder angeblichem Volksnutzen« zum Definiens eines Unrechtsstaats, Fünf Minuten Rechtsphilosophie, in: *RNZ* vom 12. September 1945.

10 Radbruch, Unrecht, S. 108.

11 Christian Meyer-Seitz beispielsweise weist ausdrücklich auf den »überpositive[n] Ansatz der ostzonalen Rechtsprechung zum KRG 10« hin (*Verfolgung von NS-Straftaten in der Sowjetischen Besatzungszone*, Berlin 1998, S. 345). Auch Anika Burkhardt arbeitet die naturrechtliche Argumentation ostdeutscher Gerichte bei der Bestrafung nationalsozialistischen Unrechts sauber heraus (Euthanasie-Unrecht, S. 435ff.).

und die Zeit zwischen Kriegsende und Staatsgründung im Besonderen vernachlässigte und ernsthaft glaubte, die Verhältnisse in der DDR mit Passagen aus dem Kommunistischen Manifest erklären zu können, gelang es nicht, dieses Vorurteil kraft tieferer Einsicht zu widerlegen, und konnte es nicht gelingen, die Plausibilität einer Diktaturdurchsetzung ex ovo zu erschüttern. Selbst eine sonst so umsichtige Beobachterin wie Lena Foljanty mutmaßte, obgleich man noch nicht habe absehen können, wie sich die Verfolgung nationalsozialistischer Verbrechen in der Sowjetzone entwickeln würde, habe der aufmerksame Radbruch dort vorsorglich im Sinne der Rechtsstaatlichkeit intervenieren wollen.[12] So sehr hat man sich an den Zusammenhang von Antifaschismus und Unrechtsstaat, Naturrecht und Rechtsstaat gewöhnt, dass aus der Bewältigung nationalsozialistischen Unrechts immer schon realsozialistisches Unrecht avant la lettre wird.

Zweifellos – die Soldaten, die mit der Roten Armee nach Deutschland kamen, sprachen eine kriegerische Sprache. Sie nutzten Methoden, die sie vom Alltag an der Front oder von der Praxis der sowjetischen Geheimdienste kannten. Die sowjetische Geheimpolizei, die Spionageabwehr und die Staatssicherheit unterwanderten die beiden deutschen Arbeiterparteien. Sie schikanierten gesellschaftliche Kräfte, wo sie nur konnten, und sie verfolgten Andersdenkende mit brutaler Gewalt. Die Ordnung, die mit den Soldaten der Roten Armee nach Deutschland kam, folgte ihrem Wesen nach sowjetischen Ordnungsvorstellungen. Und wie sollte eine Ordnung, die von sowjetischen Soldaten gelebt, die von Sowjetmenschen importiert und implementiert wurde, auch anders sein als sowjetisch?

Die Übertragung und Übernahme sowjetischer Ordnungsvorstellungen, die Sowjetisierung Ostdeutschlands, konnte die Rechtsprechung allerdings schon deshalb nicht bis ins Detail bestimmen, weil ihr selbst keine klaren Ziele vor Augen standen.[13] Stalin war ein Tyrann, aber er war auch ein Pragmatiker. Er verfolgte nicht die Absicht, Deutschland zu teilen, einen Teil Deutschlands dauerhaft zu besetzen oder gar in einen sozialistischen Vasallenstaat zu verwandeln, jedenfalls nicht von Anfang an.[14] »Die Sowjetunion feiert den Sieg«, verkündete er im Augenblick des Triumphs, wenn »sie sich auch nicht anschickt, Deutschland zu

12 Foljanty, Recht, S. 64f. Fn. 50.

13 Michael Lemke, Einleitung, in: ders. (Hg.), *Sowjetisierung und Eigenständigkeit in der SBZ/DDR (1945–1953)*, Köln 1999, S.11–30, 11; siehe auch Konrad Jarausch & Hannes Siegrist (Hg.), *Amerikanisierung und Sowjetisierung in Deutschland 1945–1970*, Frankfurt, 1997; ferner Andreas Hilger, Mike Schmeitzner & Clemens Vollnhals (Hg.), *Sowjetisierung oder Neutralität?*, Göttingen 2006.

14 Die klassische Formulierung dieser These findet sich bei Wilfried Loth, *Stalins ungeliebtes Kind*, Berlin 1994; eine aktualisierte Fassung samt Überblick

zerstückeln oder zu vernichten«. Stalin ging es vor allem um eins. Um Reparationen. Deutschland war seine Verhandlungsmasse zu diesem Ende. Eine Teilung behielt er sich als Sicherheit und als Druckmittel vor, im Innern wie nach außen.[15] Sein verlängerter Arm, die Sowjetische Militärverwaltung, war daher kein bloßes Instrument einer scharf umrissenen Politik. Karlshorst, der Sitz dieser Verwaltung, war vielmehr selbst Schauplatz dieser Politik.[16]

Wie alle Besatzungsverwaltungen war die SMAD in einem doppelten Sinne abhängig. Sie war den Schwankungen der heimischen Politik unterworfen, abhängig von der Stimmung im Kreml, und angewiesen auf die örtliche Zusammenarbeit mit deutschen Kräften. Aus diesem Grund lässt sich in der historischen Rückschau nicht immer eindeutig angeben, wem genau wann welche Rolle zufiel: einer Massenorganisation oder einer Partei, der örtlichen oder der Zentralverwaltung der Justiz, der Militärverwaltung oder einer ihrer Untergliederungen, Walter Ulbricht oder Josef Stalin. Aus diesem Grund hat Julia Küppers, die der Wahrheit über die Bodenreform auf den Grund gehen wollte, 30 Erzählern nicht weniger als 15 verschiedene Erzählungen darüber ablauschen können, wer das Junkerland eigentlich in Bauernhand gebracht hatte.[17]

Es war diese Unentschlossenheit, die anfängliche Zurückhaltung der Militärverwaltung und die komplexen politischen Verhältnisse der Besatzungszone, die es deutschen Traditionen und westdeutschen Einflüssen weiter ermöglichten, die ostdeutsche Entwicklung mitzubestimmen. Das musste für das Naturrecht in besonderem Maße gelten, weil es gerade kein vorstaatliches Recht im Sinne der katholischen Moraltheologie oder des liberalen Verfassungspathos war, sondern ein staatliches Zugriffsrecht. Es diente nicht dem Zweck, staatliche Macht zu limitieren, sondern sollte den staatlichen Zugriff auf die nationalsozialistische Vergangenheit legitimieren. Das Naturrecht der ersten Stunde war antifaschistisch und etatistisch. Dass Radbruch seine Belege für eine Wiederkehr des Naturrechts ausgerechnet in der Rechtsprechung der Sowjetischen Besatzungszone fand, kann daher nur auf den ersten Blick überraschen.

über und Antworten auf die Kritik gibt ders., in: *Die Sowjetunion und die deutsche Frage*, Göttingen 2007.

15 Einen guten Überblick über den Forschungsstand verschafft Jan Foitzik, Einleitung, in: ders. (Hg.), *Sowjetische Interessenpolitik in Deutschland 1944–1954*, München 2012, S. 5–154, insbes. 39–49.

16 Jan Foitzik, Sowjetische Militäradministration in Deutschland, in: Martin Broszat & Hermann Weber (Hg.), *SBZ-Handbuch*, München 1990, S. 7–69, insbes. 37ff.

17 Julia Küppers, *Die wahre Wahrheit über die Bodenreform*, Weilerswist 2015.

III.

Bereits während des Zweiten Weltkriegs hatten die Alliierten beschlossen, Nationalsozialisten nicht nur völkerrechtlich, sondern auch strafrechtlich zur Verantwortung zu ziehen. Im Herbst 1945 verabschiedete der Alliierte Kontrollrat daher ein Gesetz zur Bestrafung von Kriegsverbrechen, Verbrechen gegen den Frieden und die Menschlichkeit, das KRG10,[18] das die Besatzer ermächtigte, Verbrechen, die Deutsche an Deutschen begangen hatten, an deutsche Gerichte abzugeben. Die Sowjetunion machte von dieser Möglichkeit vereinzelt Gebrauch. Es waren diese frühen Verfahren gegen nationalsozialistische Täter, die Gustav Radbruch zur Einschätzung bewogen, in der Sowjetischen Besatzungszone habe man den Kampf gegen das gesetzliche Unrecht aufgenommen.

Der erste dokumentierte Prozess, der nicht vor einem sogenannten Volksgericht, sondern vor einem ordentlichen Strafgericht geführt wurde, begann im März 1946 in Nordhausen bei Erfurt.[19] Im Februar 1942 hatte Josef Puttfarcken, ein Angestellter des dortigen Finanzamts, den Kaufmann Karl Göttig aus Kleinwenden angezeigt. Göttig hatte einen Zettel auf der Toilette des Finanzamts beschmiert und in eine Wandkerbe gefaltet: »Hitler ist ein Massenmörder! Er ist am Krieg schuld. Hier gehört sein Bild hin. Es lebe die Rote Armee«. Wenig später kauerte er vor einem Sondergericht in Kassel, war unter anderem angeklagt ein hochverräterisches Unternehmen vorbereitet zu haben. Die Richter sahen die Tat als erwiesen an. Also wurde Göttig zum Tode verurteilt und wenig später hingerichtet.

Der zweite von Radbruch ins Auge gefasste Fall spielte ebenfalls in der Peripherie der Gerichte. Etwa einen Monat, nachdem das Urteil gegen Josef Puttfarcken ergangen war, begann die Verhandlung gegen zwei Scharfrichtergehilfen in Halle. Andreas Rose und Johannes Kleine wurde zur Last gelegt, sich aus reiner Geldgier an der Ermordung Unschuldiger beteiligt zu haben.[20]

18 Zur Geschichte des KRG 10 siehe Martin Broszat, Siegerjustiz oder strafrechtliche »Selbstreinigung«, in: *VfZ* 4, 29 (1981), S. 477–544. Einen instruktiven Überblick bietet Georg Andoor, Das Nürnberger Tribunal vor 70 Jahren, in: *ZJS* 4, 8 (2015), S. 356–369.

19 Bereits zuvor gab es undokumentierte Verfahren, zum Beispiel den Prozess, den Ernst Melsheimer im Sommer 1945 vor dem AG Schöneberg führte, und die Verfahren vor sogenannten Volksgerichten, zum Beispiel in Dresden, vgl. Bericht in der Mordsache Kieling vom 5. Juni 1945, BArch, DP 3 GStA/986, Bl. 58ff., und Gerald Hacke, Der Dresdner Juristenprozess 1947 im Spannungsfeld der politischen und medialen Auseinandersetzung, in: Jörg Osterloh & Clemens Vollnhals (Hg.), *NS-Prozesse und deutsche Öffentlichkeit*, Göttingen 2011, S. 167–188, 177, 171.

20 LG Halle, Urteil vom 14. Juni 1946, abgedr. als Verfahren 4 Js 1346/45 (Lfd.-Nr. 1837), in: Christiaan Frederik Rüter (Hg.), *DDR-Justiz und*

Beide Prozesse erregten damals große Aufmerksamkeit.[21] Sie wurden von Umzügen, Demonstrationen und Artikeln in der Lokalpresse begleitet.[22] Die Urteile wurden mit Spannung erwartet, weil sie im Grunde jeden betreffen konnten, der sich auf irgendeine Weise mit dem Regime arrangiert hatte. Die deutsche Rechtswissenschaft beobachtete sie freilich nicht nur deswegen. Puttfarcken hatte Anzeige erstattet, Kleine und Rose hatten Urteile vollstreckt. Angeklagt und gefällt aber hatten diese Urteile deutsche Richter und Staatsanwälte. Über den Anzeigenerstatter, der den Prozess in Gang gesetzt hatte, und die Henker zu befinden, die die Urteile vollstreckt hatten, hieß daher nichts anderes, als über die nationalsozialistische Rechtspflege zu befinden. Nicht jene saßen eigentlich auf der Anklagebank. Auf der Anklagebank saß die deutsche Justiz.

Vor diesem Hintergrund fällte das Hallenser Gericht im Juni 1946 eine einsame Entscheidung. Es hob das nationalsozialistische Ermächtigungsgesetz auf, weil es ohne die erforderliche Zweidrittelmehrheit zustande gekommen, also schon formell rechtswidrig gewesen sei, stempelte sämtliche Todesurteile, die in der Hitlerzeit verhängt worden waren, zu Justizmorden und erklärte die Vollstreckung solcher Urteile kurzerhand zur Beihilfe zum Mord. Maßgeblich stützte das Gericht seine Entscheidung darauf, dass die Angeklagten zu Henkersknechten geworden waren, als »bereits für jeden Menschen erkennbar« gewesen sei, dass »zur Niederhaltung jedes sich gegen das Regime regenden Widerstandes neben Gestapo und Konzentrationslager die Strafjustiz im stärksten Masse in Anspruch genommen wurde«.[23]

NS-Verbrechen, Bd. XIII, Amsterdam 2009, S. 479–489.

21 Zu den Hintergründen des Denunzianten-Falls siehe Meyer-Seitz, Verfolgung, S. 69–78; Christoph Thonfeld, *Sozialkontrolle und Eigensinn*, Köln 2003, S. 245ff.; Andrew Szanajda, The Prosecution of Informers in Eastern Germany, in: *Int Hist Rev* 1, 34 (2012), S. 139–160, insbes. 143ff.

22 Denunziationen mit Todesfolge machten gut ein Viertel aller dokumentierten Verfahren aus, die man im Osten gegen NS-Täter anstrengte. In der Fall-Sammlung DDR-Justiz und NS-Verbrechen bilden sie mit 435 Verfahren die mit Abstand größte Gruppe nationalsozialistischer Tötungsverbrechen. Gerade für die ersten beiden Nachkriegsjahre dürfte ihr Anteil höher und die Dunkelziffer noch höher sein; immerhin vier von fünf dokumentierten Verfahren beschäftigen sich mit Denunzianten. Von den 52 Verfahren der Jahre 1945f. (Lfd.-Nr. 1798a–1839) behandeln insgesamt 42 Prozesse Denunziationen, Christiaan Frederik Rüter (Hg.), *DDR-Justiz und NS-Verbrechen*, Bde. XII und XIII, Amsterdam 2008 und 2009. Über die Lage in Westdeutschland gibt Eichmüller, Strafverfolgung, S. 628, Aufschluss. Dort machten Denunziationen rund 38% aller NS-Verbrechen aus, die von westdeutschen Gerichteten im einschlägigen Zeitraum geahndeten wurden.

23 LG Halle, Urteil vom 14. Juni 1946, S. 489.

Das Gericht verurteilte beiden Scharfrichtergehilfen nach dem KRG10 zum Tode. Kleine verstarb am 22. Dezember 1946 in Haft. Rose wurde am 19. Juni 1947 enthauptet, nachdem sein Gnadengesuch abgelehnt worden war.

Das Landgericht Halle hatte die Justiz zur Täterin und die Henker zu Gehilfen erklärt. Im Fall des Nordhäuser Denunzianten argumentierte das erkennende Gericht ähnlich. Auch Josef Puttfarcken habe absehen können, dass er den Angezeigten nicht der Justiz, sondern einem »vollkommen wilden Verfahren« aussetze, das »mit Rechtspflege nur noch den Namen gemein« habe.[24] Er habe jeden Verfahrensausgang billigend in Kauf genommen und könne sich auch nicht damit herausreden, er sei verpflichtet gewesen, Anzeige zu erstatten, da Göttig ja die Wahrheit gesagt habe. Auch das Nordhäuser Gericht fand, die Kasseler Sonderjustiz habe den Wortlaut der damals geltenden Hochverratsgesetze überdehnt und so einen Justizmord begangen. Also müsse Puttfarcken sich für seine Beteiligung an diesem Mord verantworten. Am 7. Mai 1946 verurteilte das Landgericht Nordhausen den Denunzianten zu lebenslänglichem Zuchthaus. Er verstarb drei Jahre später in und an den Folgen seiner Haft.

In beiden Fällen wurden die Angeklagten schuldig gesprochen. In beiden Fällen ging es nicht eigentlich um die Angeklagten, sondern um die unrühmliche Rolle, die die Justiz im Nationalsozialismus gespielt hatte. Beide Male erkannte das erkennende Gericht auf Beihilfe, erklärte den Anzeigenden oder die Ausführenden zu bloßen Handlangern und die Justiz zur eigentlichen Täterin hinter dem Täter. Die Richter hatten Recht gebrochen. Nicht nach ewig gültiger, sondern schon nach damals geltender Auffassung. Und auch für die Begründung der Strafhöhe musste man nicht zum Naturrecht greifen. Puttfarcken konnte nach dem Reichsstrafgesetzbuch, Kleine und Rose konnten nach dem KRG10 verurteilt werden. Wieso kam Radbruch dann aber zur Einschätzung, im Namen übergesetzlichen Rechts hätten Juristen allerorts den Kampf gegen den Positivismus aufgenommen? Die Gründe dafür sind nicht in den zitierten Beispielen, also in der Empirie, zu suchen, sondern in Radbruchs Rechtsphilosophie.

IV.

Das Urteil gegen den Denunzianten Josef Puttfarcken schlug hohe Wellen im ganzen Reich und entfachte einen Sturm der Entrüstung. Richard Lange, ein Schüler Eduard Kohlrauschs, der in den dreißiger Jahren die Nürnberger Gesetze kommentiert hatte und nach Kriegsende Professor

24 Ebd., S. 495.

in Jena geworden war, zeigte sich »entsetzt« über die Verurteilung.[25] Eugen Schiffer, der Präsident der Deutschen Justiz-Verwaltung, reagierte mit gespielter Verwunderung und hakte nach: »Wer waren die Täter?«[26] Gustav Radbruch antwortete in seinem berühmten Aufsatz, danach »müßten die Richter, die den Göttig wieder Recht und Gesetz zum Tode verurteilt haben, des Mordes schuldig sein.« Und setzte hinzu: »Aber konnten Richter, die von dem herrschenden Positivismus soweit verbildet waren, daß sie ein anderes als das gesetzte Recht nicht kannten, bei der Anwendung positiver Gesetze den Vorsatz der Rechtsbeugung haben?«[27]

Radbruchs Überlegungen zum Naturrecht der Nachkriegszeit rankten sich an dieser Frage empor. Seine Beispiele dienten lediglich dazu, ihre praktische Relevanz zu unterstreichen. Tatsächlich ging es ihm aber nicht darum, ob im Einzelfall freigesprochen wurde oder nicht.[28] Ihm ging es nicht um das Schicksal der Angeklagten, sondern um eine Korrektur seiner eigenen Lehre. Diese Korrektur musste Radbruch vornehmen, um sich nicht selbst zum Apologeten einer Entwicklung zu machen, der er selbst so charakterstark widerstanden hatte. Denn während die rechtliche Geltung einer Norm etwa in der Reinen Rechtslehre Hans Kelsens nichts über deren moralische Verbindlichkeit aussagte, hatte Radbruch unbedingten Gehorsam an bedingte Geltung geknüpft. Der Richter, schrieb Radbruch Anfang der dreißiger Jahre, habe den »Geltungswillen des Gesetzes zur Geltung zu bringen, das eigene Rechtsgefühl dem autoritativen Rechtsbefehl zu opfern, nur zu fragen, was rechtens ist, und niemals, ob es auch gerecht sei«.[29] Für Radbruch löste diese Verknüpfung von Geltung und Gehorsam das Spannungsverhältnis zwischen Zweckmäßigkeit und Gerechtigkeit. Schon der frühe Radbruch war davon ausgegangen, dass auch ungerechte Gesetze gelten, daher befolgt werden müssen und so unabhängig von ihrem Inhalt dem Rechtsfrieden dienen. Auf dieser Grundlage formulierte der späte Radbruch dann eine Ausnahme für extrem ungerechte Gesetze.

Radbruch fand Naturrecht in den Urteilen von Nordhausen und Halle, weil er drei Dinge voraussetzte: dass bestimmte Gesetze Unrecht in Gesetzesform sein können; dass dieses Konzept seinerseits eine Unterscheidung von Recht und Gesetz voraussetzt, die gleichwohl innerhalb der rechtlichen Sphäre verbleibt, dass also Recht aus »Recht« und Gesetz

25 Richard Lange zit. n. Broszat, Siegerjustiz, S. 495, Fn. 36.

26 Eugen Schiffer zit. n. Meyer-Seitz, Verfolgung, S. 72.

27 Radbruch, Unrecht, S. 106.

28 »Man würde Radbruch sehr mißtdeuten, wollte man annehmen, er habe hier eine Theorie als Waffe geschmiedet, gegen die verabscheute Vergangenheit«, schreibt Karl Engisch, Gustav Radbruch als Rechtsphilosoph, in: *ARSP* 3, 38 (1950), S. 305–316, 315.

29 Radbruch, Rechtsphilosophie, S. 178.

besteht; und dass die Ungültigkeit eines ungerechten Gesetzes mit der Richtigkeit einer höherrangigen Norm begründet werden kann. Er setzte so voraus, was eigentlich erst zu zeigen wäre, nämlich dass es einen genuin juristischen Begriff der Gerechtigkeit gibt.

Radbruchs Naturrecht verhielt sich zum Unrecht wie der Erlöser zur Sünde. Es ergab sich aus der Vorstellung, dass sich Kritik am gesetzlichen Unrecht nur dann rechtsimmanent formulieren lasse, also gerade nicht als moralische oder politisch verstandene Anklage, wenn man innerhalb des Rechts eine Unterscheidung von Recht und Gesetz traf und ersteres nicht mit letzterem identifizierte. Seine berühmte Formel zog dem gesetzten Recht eine »negative Grenze«,[30] die unzweckmäßige und ungerechte Gesetze einschloss und daher gelten ließ, aber extrem ungerechten Gesetzen die Geltung absprach, weil alles Recht notwendig auf Gerechtigkeit bezogen bleiben müsse oder eben aufhöre, Recht zu sein. Die gedankliche Konstruktion gesetzlichen Unrechts zwang Radbruch dazu, Recht und Gesetz begrifflich zu entzweien. Diese Aufgabelung ermöglichte es ihm dann, auf Recht zurückzugreifen, um Gesetzen die Geltung abzusprechen.[31] Vor Gericht, in Nordhausen und Halle, musste man nicht bis in die Tiefen der Naturrechtswidrigkeit vordringen. Dort genügte der simple Nachweis der Verfassungswidrigkeit. Anstatt dem Recht eine sakrale Grenze zu ziehen, genügte es, auf eine übertretene Wortlautgrenze hinzuweisen.

V.

Anders als viele seiner Leser hat Radbruch die Diskrepanz zwischen seinen Beispielen und seinen theoretischen Ausführungen genau gesehen.[32]

30 Kristian Kühl, Rückblick auf die Renaissance des Naturrechts nach dem 2. Weltkrieg, in: Gerhard Köbler, Meinhard Heinze & Jan Schapp (Hg.), *Geschichtliche Rechtswissenschaft*, Gießen 1990, S. 321–357, 348. Gerade in dieser Negativität entpuppte sich Radbruch als Schüler Rudolf Stammlers. Er ging 1914 von Stammlers Lehre von dem richtigen Rechte aus, und fand 1946 zu ihr zurück. Das Naturrecht dürfe »nicht als allgemeingültig und unwandelbar betrachtet werden«, schrieb er in seiner Vorschule der Rechtsphilosophie, »vielmehr nur als ›Naturrecht mit wechselndem Inhalt‹« (S. 18); vgl. auch Bäcker, Gerechtigkeit, S. 72, und Scheuren-Brandes, Weg, S. 26.

31 Zu Kelsen als abwesendem Antipoden Radbruchs, vgl. Rottleuthner, Radbruch, S. 105ff. Frank Haldemann spricht sogar von einer »imaginary Radbruch-Kelsen debate on Nazi law« (Gustav Radbruch vs. Hans Kelsen, in: *Ratio Juris* 2, 18 (2005), S. 162–178, 162).

32 »In dem bekannter gewordenen Denunziationsfall Puttfarken brauchte das Schwurgericht Erfurt-Nordhausen dagegen nicht zu übergesetzlichem Recht seine Zuflucht zu nehmen, es bestrafte den Denunzianten wegen Beihilfe zu

Jedenfalls hat sie ihn weiter beschäftigt.[33] Die Hallenser Rechtsprechung lehnte Radbruch ab, aber nicht, weil die Richter das Spannungsverhältnis von Rechtssicherheit und Gerechtigkeit falsch gelöst hätten, sondern weil Scharfrichter nicht dazu verpflichtet seien, die Rechtmäßigkeit rechtskräftiger Urteile zu überprüfen. Damit aber käme eine Strafbarkeit allein wegen Urteilsbeugung in Betracht, also wegen der Vollstreckung einer Strafe, die zuvor nicht gerichtlich angeordnet worden war. Und auch im Denunzianten-Fall wies Radbruch die Annahme einer Beihilfe zurück. Diesmal allerdings, weil die Richter des Sondergerichts den Vorsatz zur Rechtsbeugung gehandelt hätten und es daher schon an einer vorsätzlichen rechtswidrigen Haupttat fehle.[34]

Für Radbruch stand indes nicht die Strafbarkeit der drei Angeklagten zur Debatte, sondern die der Richter. In seiner Lesart waren Hitlers Blutrichter vom Positivismus derart verblendet gewesen, dass man ihnen schlicht nicht vorwerfen konnte, mit Wissen und Wollen Recht gebeugt zu haben. Aus diesem Grund war Radbruchs die »Grenzen des Sentimentalen streifende Naivität« auch keine Replik auf die beiden Urteile aus Thüringen und Sachsen,[35] sondern auf die Ankündigung des Sächsischen Generalstaatsanwalts, nationalsozialistische Richter und Staatsanwälte zur Rechenschaft zu ziehen, die sich seinerseits auf Radbruchs Überlegungen in der Rhein-Neckar-Zeitung stützte.[36] Wenn Radbruch also tatsächlich daran gelegen war, eine zu weitgehende Anwendung übergesetzlichen Rechts einzudämmen,[37] musste es ihm unmittelbar auch darum gehen, seine eigene Rezeption zu modifizieren.

einem ›Justizmord‹, den es in dem Todesurteil des Oberlandesgerichts Kassel gegen den Denunzierten mit der Begründung fand, jene Denunziation sei schon nach damals geltendem Gesetz gar kein Hochverrat gewesen«, schreibt Gustav Radbruch, *Gesetz und Recht*, in: *GRGA* 3, S. 96–100, 96.

33 An anderer Stelle unterschied Radbruch selbst »Unrecht in Form des Gesetzes« und »Unrecht gegen das Gesetz« (Anmerkung zu OLG Frankfurt/Main vom 12. August 1947, in: *SJZ* 11, 2 (1947), Sp. 622–636, 633). Radbruch ging es um gesetzliches Unrecht. Vor Gericht gegen Unrecht gegen das Gesetz.

34 Zur beiläufigen Abwandlung des Tatbestands der Rechtsbeugung, siehe Carsten Thiel, *Rechtsbeugung – § 339 StGB*, Berlin 2005, S. 136–142.

35 Giuliano Vassalli, *Radbruchsche Formel und Strafrecht*, Berlin 2010, S. 11. Kritisch zu Radbruchs theoretischem Engagement nach 1945 auch Ingo Müller, *Gesetzliches Recht und übergesetzliches Unrecht*, in: Leviathan 3, 7 (1979), S. 308–338.

36 John Ulrich Schroeder, Verantwortlichkeit für unmenschliche Urteile, in: *Volksstimme* vom 16. März 1946.

37 Foljanty, Recht, S. 64.

VI.

Bereits am 28. November 1945 hatte der Sächsische Generalstaatsanwalt Schroeder an Radbruch geschrieben, er stehe im Begriff nationalsozialistische Juristen anzuklagen. Zur Antwort übersandte ihm Radbruch seine Fünf Minuten Rechtsphilosophie. Unter Minute Fünf fand sich dort der Passus, es gebe Rechtsgrundsätze, die stärker seien als jede rechtliche Satzung, sodass ein Gesetz, das ihnen widerspricht, jeder Geltung bar sei. Diese Grundsätze nenne man Natur- oder Vernunftrecht. Schroeder antwortete im Januar 1946. Er sei sehr dankbar für den Zeitungsartikel aus Heidelberg, da er Gedanken enthalte, die er in Dresden »mit Nachdruck propagiere« und auf denen auch seine Anklage im sogenannten Juristenprozess fuße.[38]

Unter dem Eindruck naturrechtlicher Erwägungen mussten sich nach dem Zweiten Weltkrieg vier Richter und zwei Staatsanwälte vor dem Dresdner Landgericht verantworten: die beiden ehemaligen Präsidenten des dritten Strafsenats am Oberlandesgericht Dresden, Erich Härtel und Hans Fischer, der Oberlandgerichtsrat Richard Schulze, Landgerichtsrat Carl Mueller, sowie die beiden Staatsanwälte Walther Bücking und Erich Anger.[39] Ihnen wurde zur Last gelegt als »Priester der Nazijustiz« und »Inquisitoren des Nationalsozialismus« Verbrechen gegen die Menschlichkeit begangen zu haben.[40] Eine von Hitler angeführte »Clique asozialer Abenteurer« habe unter dem »Vorwand richterlicher Handlungen« jeden brutal verfolgt, der »dem Nazismus feindlich oder auch nur ablehnend« gegenübergestanden habe. Das »Blut dieser Opfer des faschistischen Terrors« verlange nach »Sühne und Vergeltung«. Die Täter zu bestrafen sei ein »Gebot elementarer Gerechtigkeit«.[41] Härtel wurde vorgeworfen rund 500 sogenannter Tschechen-Sachen[42] vorgesessen und

38 Brief vom 28. November 1945, Heid. Hs. 3716 III F 1097, Bl. 22a.

39 Die Haftumstände waren derart grauenvoll, dass bis Prozessauftakt bereits drei Richter verstorben oder verschwunden waren. Bei den beiden älteren Richtern, Schulze und Mueller, stellten Gefängnisärzte wiederholt absolute Haftunfähigkeit fest, Hacke, Juristenprozess, S. 177. Kurz vor Beginn wurden die Verfahren gegen den Oberlandesgerichtsrat Walther Burckhardt und den Staatsanwalt Richard Jacob abgetrennt; im einen Fall wegen schwerer Krankheit, im anderen Fall wegen guter Beziehungen.

40 Plädoyer kGStA Richter, BArch DP 1 MdJ/391, Bl. 33.

41 Anklageschrift vom 23. März 1947, BArch DP 1 MdJ/391, Bl. 21.

42 Zu den Hintergründen des Falls, insbesondere zur Repression gegen Tschechen, Matthias Roeser & Birgit Sack, Die nationalsozialistische Strafjustiz und das Oberlandesgericht (OLG) Dresden, in: dies. (Hg.), *Zum Beispiel Vilém Kostka*, Dresden 2001, S. 11–13. Zwischen Januar 1941 und September 1944 gab der Volksgerichtshof etwa viertausend Verfahren an das OLG Dresden ab, in erster Linie wegen Hoch- und Landesverrats und tagte selbst

ein gutes Dutzend Todesurteile gefällt zu haben. Mueller war angeklagt, diesen Prozessen als Beisitzer beigewohnt zu haben. Fischer hatte seit 1944 rund dreißig Angeklagte verurteilt und sollte sich nun dafür verantworten. Schulze war angeklagt, weil er als Beisitzer und Vertreter des Vorsitzenden am 1. Strafsenat mindestens drei Todesurteile gefällt hatte. Gegen die beiden Staatsanwälte richtete sich der Vorwurf, Unschuldige angeklagt und unmenschliche Strafen beantragt zu haben.[43] Auf einzelne Handlungen oder einen Taterfolg komme es nicht an. Es sei auch gleichgültig, ob die Angeklagten vorsätzlich oder fahrlässig gehandelt hätten. Maßgeblich sei allein die Beteiligung an der Unrechtspflege. Denn der nationalsozialistische Staatsapparat sei vollständig illegitim gewesen. Also habe jeder, der in der nationalsozialistischen Justiz irgendeine Funktion erfüllt habe, unabhängig von seinem individuellen Tatbeitrag an einem Kollektivverbrechen teilgenommen. Auf die zwei Haupteinwände, die Bindung an das Gesetz und das Verbot rückwirkender Strafen, reagierte die Dresdner Staatsanwaltschaft im Sinne Radbruchs. Die Berufung auf die Gesetzesbindung finde dort eine Grenze, wo die Gesetzgebung die »ewigen Gebote der Humanität« verhöhne.[44] Eines rückwirkenden Gesetzes hätte es gar nicht erst bedurft, da die Strafbarkeit für Menschlichkeitsverbrechen immer schon bestanden habe, wenn »auch nicht als positiv gesetztes Recht, aber als ethische Forderung, als Naturrecht«. Im Übrigen hätten sich die Angeklagten selbst zur Geltung dieser Grundsätze bekannt. Und zwar »durch den Hinweis auf die Belastung ihres Gewissen und auf die Bedenken, die sie bei ihrer Tätigkeit als Richter oder Staatsanwälte« angeblich gehabt hätten.[45]

Verteidiger Fritz Glaser hielt dagegen.[46] Er behauptete, der nationalsozialistische Staat sei kein Unrechtsstaat gewesen, sondern in zwei

an über 120 Tagen am Münchner Platz. Insgesamt verurteilte das OLG Dresden 2.635 Tschechen, 850 davon zum Tode, Übersicht bezüglich der Hochverratsverfahren gegen Protektoratsangehörige im OLG-Bezirk Dresden bis zum 31. August 1944, BArch R 3001 RJM/20956, Bl. 190. Siehe außerdem Stanislav Kokoša & Oldřich Tůma, »Die ganze Komödie dauerte zwei Tage.«, in: Norbert Haase & Birgit Sack (Hg.), *Münchner Platz*, Dresden, Leipzig 2001, S. 69–84, 69.

43 Anger wurde vorgeworfen, sich durch einen Strafantrag vom 9. Juni 1944 an der Ermordung eines tschechischen Zwangsarbeiters beteiligt zu haben, seinem Kollegen Bücking, am 1. Juni 1944 gegen fünf Tschechen die Todesstrafe beantragt und für drei weitere unverhältnismäßig hohe Freiheitsstrafen gefordert zu haben.

44 Plädoyer kGStA Richter, BArch DP 1 MdJ/391, Bl. 30.

45 Plädoyer StA Fröbel, BArch DP 1 MdJ/391, Bl. 46.

46 Glaser war als exzentrischer Kunstmäzen bekannt, stand den Weimarer Kommunisten nahe und arbeitete in den 1920ern unter anderem als Anwalt für die Rote Hilfe. Die Nationalsozialisten enteigneten ihn als Kunstsammler,

Hälften zerfallen: eine gesetzmäßige Hälfte und eine gesetzlose Hälfte. Als Richter und Staatsanwälte hätten die Angeklagten fest auf dem Boden des Rechts gestanden. Sie seien an Gesetze oder Weisungen gebunden gewesen, und zwar auch dann, wenn ihr Land sich im Krieg befunden oder ihre Regierung den Tonfall verschärft habe. Wenn die Angeklagten ihr Amt nicht niedergelegt hätten, dann nur deshalb, weil sie Schlimmere hätten verhüten wollen. Durch ihre harten Strafen hätten sie das Gros der Angeklagten immerhin vor dem Volksgerichtshof bewahrt. Im Übrigen könne man ihnen auch nicht nachweisen, dass sie für die Todesstrafe eingetreten seien. Womöglich handele es sich bei den Angeklagten um verkappte Antifaschisten, die in ihren jeweiligen Senaten und Abteilungen schlicht und einfach keine Mehrheiten gefunden hätten.

Die Frage, über die das Gericht nun zu entscheiden hatten, lautete also nicht, ob das individuelle Verhalten eines Richters oder Staatsanwalts einen gesetzlichen Tatbestand erfüllt hatte – den der Rechtsbeugung zum Beispiel. Sie lautete auch nicht, ob dieses Verhalten durch Gesetzesbindung oder Weisungsabhängigkeit womöglich gerechtfertigt werden konnte. Die Frage, die sich das Gericht vorlegte, lautete, ob der Nationalsozialismus das Recht derart pervertiert hatte, dass jede Beteiligung an der nationalsozialistischen Strafrechtspflege einen gesetzlichen Tatbestand erfüllte. Und zwar unabhängig von Tatbeitrag, Kausalität und Vorsatz.

Am 2. Juni 1947 urteilte das Dresdner Landgericht in exakt diesem Sinne. Tatbestandlich sei nicht nur das Verbrechen »eines Individuums zum Schaden eines anderen«, sondern auch die Beteiligung an »unmenschlichen Kollektivaktionen«. Unter Hitler sei die gesamte Strafjustiz zu einem Mittel des Terrors verkommen. Unter diesen Umständen zu plädieren, Anträge zu stellen oder Urteile wider die »ewig gültigen Grundsätze der Humanität« zu fällen, erfülle den Tatbestand der »Beihilfe zur Terrorpolitik« und damit den Tatbestand des KRG10. Auf den individuellen Vorsatz käme es schon deshalb nicht an, weil die angeklagten Richter und Staatsanwälte kollektiv für die Strafrechtsprechung des Dritten Reichs verantwortlich seien. Zu ihrer Verteidigung könnten sie sich nicht auf die Bindung an das Gesetz berufen, da der Jurist einer ethischen Pflicht unterliege, gerecht zu handeln. Er habe nicht nur dem Gesetz, sondern auch den »sittlichen Werten der Gerechtigkeit« zu

belegten ihn als Kommunisten mit einem Berufsverbot und verfolgten ihn als Juden. Dass ausgerechnet er Härtel, Fischer, Schulze, Mueller und Bücking verteidigte, zum Teil auf ausdrücklichen Wunsch der Angehörigen, erregte große Aufmerksamkeit in der deutschen Öffentlichkeit, Gerald Hacke, »... so unpolitisch ...«, in: Andreas Kötzing, Francesca Well, Mike Schmeitzner & Jan Erik Schulte (Hg.), *Vergleich als Herausforderung*, Göttingen 2015, S. 185–204.

gehorchen. Und gegen genau diese Werte hätten die Angeklagten durch ihre fortgesetzte Tätigkeit laufend verstoßen. Daher seien sie nach dem Kontrollratsgesetz zu bestrafen. Diesem Gesetz komme selbstverständlich rückwirkende Kraft zu, da sein Inhalt schon zur Zeit der Tatbegehung »sinngemäß« gegolten habe, »als Naturrecht« nämlich, als »übergesetzliches Recht«.[47] Die drei anderen Einwände: Notstand, Weisung oder Amnestie, handelte die Kammer mehr oder weniger kurz ab und verurteilte die angeklagten Richter anschließend zu milden Gefängnisstrafen zwischen vierzehn Monaten und sechs Jahren, die beiden Staatsanwälte zu je dreijährigen Zuchthausstrafen.

Radbruch hatte argumentiert, die Strafbarkeit der Richter setze die gleichzeitige Feststellung einer Rechtsbeugung voraus. Nur wenn festgestellt werden könne, dass »das angewandte Gesetz kein Recht« sei und die »nach freiem Ermessen erkannte Todesstrafe, jedem Willen zur Gerechtigkeit Hohn« spreche, liege objektiv Rechtsbeugung vor.[48] Allerdings scheitere eine Strafbarkeit dann an mangelndem Vorsatz und entschuldigendem Notstand. Die Dresdner Staatsanwaltschaft stützte sich auf Radbruchs Konstruktion übergesetzlichen Rechts, verzichtete aber auf eine Vorsatzprüfung und sprach die Angeklagten schuldig. Auch von Richtern und Staatsanwälten könne verlangt werden, dass »sie sich gegenüber dem Zwang, offensichtliche Verbrechen an der Menschlichkeit zu begehen, auch unter Hinnahme materieller Einbuße« von der Verschwörergemeinschaft distanzierten und »nicht zu Handlangern der nazistischen Gewalthaber herabwürdigen«. Im Übrigen seien Richter und Staatsanwälte ebenso wie Seemänner oder Soldaten einer besonderen Gefahrenlage ausgesetzt. Sie hätten »um der Gerechtigkeit willen, [ihr] Leben in die Schanze zu schlagen«.

VII.

Das Urteil im Dresdner Juristenprozess, das sich ausdrücklich auf Gustav Radbruch berufen hatte, wurde vielfach als zu milde empfunden und löste in eine hitzige Diskussion in der Sowjetischen Besatzungszone aus.[49] Diese Diskussion überschattete den Euthanasie-Prozess, der nur wenige Wochen später an gleicher Stelle stattfand und vom selben Richter geführt wurde. Auch dort kam das Gericht auf übergesetzliches Recht im Sinne Radbruchs zu sprechen.

47 Das Urteil ist als Verfahren 1 Ks 57/47 (Lfd.-Nr. 1592b), abgedr., in: Christiaan Frederik Rüter (Hg.), *DDR-Justiz und NS-Verbrechen*, Bd. X, Amsterdam 2010, S. 542–557.

48 Radbruch, Unrecht, S. 108.

49 Zur Rezeptionsgeschichte siehe Hacke, Juristenprozess, m. w. N.

Im Frühjahr 1947 erhob die Dresdner Staatsanwaltschaft Anklage gegen 15 Ärzte, Pfleger und Krankenschwestern,[50] denen vorgeworfen wurde, gegen das über allem stehende Gebot verstoßen zu haben: »Du sollst nicht töten«. Ein Führerbefehl könne diesen Grundsatz nicht überschreiben, sondern sei »nichts anderes als gesetztes Unrecht«.[51]

Nach Abtrennung der Verfahren gegen vier Angeklagte besorgten zehn Rechtsanwälte die Verteidigung.[52] Sie grenzten das Tätigkeitsfeld ihrer Mandanten ein, versicherten nach innen Gewissenhaftigkeit und platzierten Verantwortung außerhalb.[53] Wo diese Verteidigung nicht möglich erschien, wurde behauptet, man selbst sei nur dabei gewesen, um Schlimmeres zu verhüten.[54] Erst wo selbst diese Argumentation nicht mehr Platz griff, wurde das Töten gerechtfertigt. Die Vernichtung »wirk-

50 Angeklagt waren die Ärzte Emil Eichler, Robert Herzer, Günther Langer, Ernst Leonhardt, Paul Nitsche und Alfred Schulz, die Pfleger Hermann Felfe, Karl Gäbler und Wilhelm Räpke, sowie die Schwestern Marie Luise Puschmann und Elsa Sachse. Eine Nachtragsklage vom 3. März 1947 erweiterte diesen Kreis um acht Personen: die Ärztin Esther Walter, den Arzt Johannes Werner, die Schwestern Hildegard Ackermann, Martha Bachmann, Klara Friedrich, Martha Friedrich und Marie Wedel, Joachim S. Hohmann, *Der »Euthanasie«-Prozess Dresden 1946*, Frankfurt/Main 1993, S. 314ff. und 336ff. Am Ende der Ermittlungen saßen 15 Personen auf der Anklagebank: die Ärzte Herzer, Langer, Leonhard, Nitsche und Walther, die Pfleger Felfe, Gäbler und Räpke, sowie die Schwestern Ackermann, Friedrich, Friedrich, Puschmann, Sachse und Wedel. Prozessakten finden sich unter anderem im Bundesarchiv (BArch, DP 1 MdJ/326, Bl. 131ff., DP 3 GStA/1758) und wurden dort eingesehen.

51 Die Anklageschrift, abgedr. in: Hohmann, »Euthanasie«-Prozess, S. 314–336, 335.

52 Zu den *Vertretern der Verteidigung*, siehe die biografischen Skizzen Maria Fiebrandts, in: Boris Böhm & Gerald Hacke (Hg.), »Fundamentale Gebote der Sittlichkeit«, Dresden 2008, S. 130–142, 131f. Ebd. finden sich auch Einträge zu den Angeklagten (S. 95ff.), den Staatsanwälten (S. 143ff.) und Richtern (S. 151ff.).

53 Rechtsanwalt Nollnau beteuerte beispielsweise, sein Mandant habe stets mit »Liebe und Sorgfalt« gearbeitet und alles unternommen, was in seiner Macht stand, um in heilbaren Fällen Heilung zu erreichen, Die Verteidigung bezieht Position, abgedr. in: Hohmann, »Euthanasie«-Prozess, S. 355–382, 357.

54 So wollte Lange das Leben seiner Patienten nie verkürzt, den sicheren Tod aber stets erträglich gestaltet haben. Rechtsanwalt Lempe argumentierte, Nitsche sei es stets darauf angekommen, die Aktion ordentlich und einwandfrei durchzuführen. Obwohl seinem Mandanten angetragen worden sei, es noch schlimmer zu treiben, habe er sich dagegen verwahrt. Er habe als »mäßigende und ordnende Kraft« erst »die richtige ›Ordnung‹« in die ganze Sache gebracht, zit. n. Hohmann, »Euthanasie«-Prozess, S. 121.

lich unwerten Lebens« sei und bleibe legitim, lediglich die »Art und Weise des Vorgehens der Regierungsstellen nach Ausbruch des 2. Weltkrieges« sei zu beanstanden.[55] Man müsse dabei allerdings berücksichtigen, dass ein »Krankenmaterial schlimmster Sorte«,[56] in die Anstalten gedrängt habe; dieser nie abreißende Strom von Kranken habe dann zu einer Zwangslage geführt, in der die Entscheidung zur »Sterbehilfe« nicht nur medizinisch geboten, sondern auch juristisch gerechtfertigt sei.

Das Urteil erging am 7. Juli 1947. Das Gericht hielt fest, dass sämtliche Angeklagten den Zweck der Krankenmorde gekannt hätten, und dass es auf deren Verwerflichkeit damit nicht weiter ankomme. Die Frage müsse lauten, ob die Tötungen juristisch gerechtfertigt waren und die Angeklagten irrigerweise annehmen durften, dass ihr Tun gerechtfertigt sei. Beides verneinten die Dresdner Richter. Der Gesetzespositivismus »und damit die Bindung an das gesetzte Recht« habe »dort eine Grenze, wo der Gesetzgeber die einfachsten, für die gesamte gesittete Menschheit gültigen Grundsätze der Humanität – nenne man sie mit den Scholastikern göttliches Recht, mit der Aufklärung Naturrecht oder Vernunftrecht« – verletze.[57] Bei der individuellen Prüfung, ob ein derartiges Gesetz zu befolgen sei, handele es sich nicht um »politische Fragen im engeren Sinne, sondern um fundamentale Gebote der Sittlichkeit«.[58]

Auf dieser Grundlage sprach das Gericht Hitlers Geheimerlass die Geltung ab, verurteilte die Ärzte Nitsche und Leonhard, die Pfleger Felfe und Gäbler zum Tode und den Pfleger Räpke zu lebenslänglichem Zuchthaus. Es sprach die Ärzte Walther, Schulze und die Schwester Martha Friedrich frei und verurteilt die übrigen Ärzte und Schwestern zu zeitigen Zuchthausstrafen zwischen drei und zwanzig Jahren. Ernst Leonhard erhängte sich einen Tag nach der Urteilsverkündigung. Die Mehrzahl der Verurteilten reichte im Juli 1947 Revision ein.[59] Hermann Felfe nahm

55 Die Verteidigung bezieht Position, ebd. abgedr., S. 370.

56 Ebd., S. 368.

57 Urteil und Urteilsbegründung, ebd. abgedr., S. 423. Der Passus »und damit die Bindung an das Gesetz« fehlt im Urteilsabdruck, in: NJ 8/9, 1 (1947), S. 193–195, 195.

58 Urteil und Urteilsbegründung, abedr. in: Hohmann, »Euthanasie«-Prozess, S. 426.

59 In diesen Revisionsanträgen wurden alte Argumente wiederholt, neue eingebracht und ausgebreitet. Ein interessantes Detail steckt im Revisionsantrag des Verurteilten Gäbler. Sein Verteidiger rügte, dass sich das Landgericht nur damit befasst habe, wie der Fall nach dem Naturrecht der Scholastiker und Aufklärer zu beurteilen sei, dabei aber »den Stand der neuesten Philosophie auf der Basis der materialistischen Weltanschauung« vernachlässigt habe, Herbert Giese zit. n. Die Rechtsanwälte beantragen Revision, abgedr., in: Hohmann, »Euthanasie«-Prozess, S. 440–470, 444. Diese Revision war kreativ, blieb aber ohne Folgen. Naturrecht wurde angerufen, nicht

sich am 15. Oktober 1947 das Leben. Paul Nitsche und Karl Gäbler wurden am 25. März 1948 enthauptet, nachdem der Revision und dem Gnadengesuch negativ beschieden worden waren.

VIII.

Anders als in den Verfahren gegen den Denunzianten Josef Puttfarcken und die beiden Scharfrichtergehilfen in Halle, stützte das Dresdner Gericht seine Urteile gegen Juristen und Mediziner maßgeblich auf Naturrecht. Allerdings wirft die enge zeitliche und räumliche Nähe dieser beiden Entscheidungen, die noch dazu vom selben Richter gefällt wurden, die Frage auf, inwieweit sich dieser Befund generalisieren lässt. Inzwischen ist das Gros der nationalsozialistischen Strafverfahren ediert und allgemein verfügbar. Die veröffentlichten Verfahren lassen daher zumindest Vermutungen darüber zu, inwieweit sich die sächsische Naturrechtsprechung verallgemeinern lässt.

Verfolgt man die Strafverfolgung nationalsozialistischer Juristen weiter, kann man förmlich mit Händen greifen, wie sich die Welt hinter den Akten verändert. Während sich ein Dresdner Verfahren im Mai 1949 noch auf eine originalgetreue Widergabe des Urteils vom Juni 1947 beschränkte, ufern spätere Urteile zu Tiraden gegen Monopolkapitalismus und Imperialismus aus.[60] Sieht man von diesem einen Verfahren ab, finden sich in den Akten keine weitergehenden Naturrechtsbezüge. In einem Urteil vom 19. Oktober 1981 war zwar von einer »elementaren Verletzung des Kriegsrechts und der Gebote der Menschlichkeit« die Rede.[61] Doch lag der Schwerpunkt hier eindeutig auf dem Recht des Krieges und nicht auf den Geboten der Humanität. Im Mittelpunkt dieses Verfahrens wie der meisten anderen standen die Völkerrechtswidrigkeit der deutschen Besatzungsjustiz, die Unverhältnismäßigkeit politischer Todesurteile und die Teilnahme an einem unmenschlichen Organisationsverbrechen, das es aufzuklären und zu sühnen galt. Wer als Richter, Staatsanwalt oder Referendar mit den Wölfen geheult hatte, so der regelmäßig erhobene Vorwurf, wusste genau was er tat.

ausgehandelt; es begründet, wird aber selbst nicht weiter begründet und signalisiert so den Abbruch weitergehender Begründungsbemühungen.

60 LG Dresden, Urteil vom 23. Mai 1949, abgedr. als Verfahren KStKs 15/49 2 kl. 1/49 (Lfd.-Nr. 1448), in: Christiaan Frederik Rüter (Hg.), *DDR-Justiz und NS-Verbrechen*, Bd. VIII, Amsterdam 2006, S. 690–695.

61 StG Berlin, Urteil vom 19. Oktober 1981, abgedr. als Verfahren 101a Bs 40/81 (Lfd.-Nr. 1011), in: Christian Frederik Rüter (Hg.), *DDR-Justiz und NS-Verbrechen*, Bd. I, Amsterdam 2002, S. 313–327, 324.

Richtungsweisend war insofern eine Kassationsentscheidung des Obersten Gerichts vom Juni 1950. Damals zog Generalstaatsanwalt Ernst Melsheimer die Lehren aus dem Dresdner Juristenprozess und verdichtete sie dahingehend, dass Rechtspflege und Nationalsozialismus nichts miteinander gemein hätten. Wer während der Hitlerzeit an einem Strafverfahren mitgewirkt habe, so Melsheimer, habe dem politischem Terror Vorschub geleistet. Von Humanität ist im Urteilstext zwar hin und wieder die Rede, doch handelt es sich dabei bloß um Urteilsprosa. Entscheidend war stets der Vorwurf, mitgemacht zu haben, irgendwo, irgendwie, wider besseres Wissen.[62] Sieht man vom Dresdner Urteil und seinem Echo in einer einzigen Entscheidung einmal ab, die im Übrigen beide unveröffentlicht blieben, findet man kein Naturrecht in den Strafverfahren gegen Richter und Staatsanwälte.

Die Folgeverfahren gegen Mediziner und Pflegekräfte ergeben ein ganz ähnliches Bild. Laut Günther Wieland wurden zwischen 1946 und 1976 insgesamt 49 Männer und Frauen wegen ihrer Verstrickung in die Anstaltsmorde verurteilt. Zwölf Entscheidungen sind mittlerweile ausfindig gemacht und veröffentlicht.[63] In den meisten Verfahren setzte sich das Gericht gar nicht erst mit Hitlers Geheimerlass auseinander, weil es sich überhaupt nicht mit etwaigen Rechtfertigungs- oder Entschuldigungsgründen beschäftigte oder weil es gar nicht um die Bestrafung hauptverantwortlicher Ärzte ging, sondern allein um das Verhalten von Pflegern oder Krankenschwestern, die vom Erlass selbst keine Kenntnis hatten und die sich daher einzig und allein darauf beriefen, auf Befehl gehandelt zu haben.[64]

Wo man sich doch einmal mit Hitlers Geheimerlass auseinandersetzte, argumentierte man, dem Erlass komme schon deshalb keine

62 Dieses Urteil blieb weitestgehend folgenlos. Die wenigsten Juristen mussten sich vor Gericht verantworten und selbst den Richter, gegen den die Entscheidung erging, betraf diese symbolische Verdammung des gesamten Justizapparates nicht mehr. Er war unmittelbar nach dem Freispruch, der nun kassiert werden sollte, in den Westen geflohen, OG, Urteil vom 13. Juni 1950, abgedr. als Verfahren 3 Zst 25/50 (Lfd.-Nr. 1465c), in: Christiaan Frederik Rüter (Hg.), *DDR-Justiz und NS-Verbrechen*, Bd. IX, Amsterdam 2007, S. 102–118.

63 Es handelt sich um die Verfahren mit der Lfd.-Nr. 2, 6, 8, 9, 10, 11, 14, 22, 26, 29, 30 und 37, abgedr., in: de Mildt (Hg.): NS-Euthanasie, 2 Bde.

64 LG Schwerin, Urteil vom 16. August 1946, ebd. abgedr. als Verfahren 1 KLs 3/46 (Lfd.-Nr. 2), S. 15–28, 22; LG Magdeburg, Urteil vom 24. September 1948, ebd. abgedr. als Verfahren 11 StKs 246/48 (Lfd.-Nr. 14), S. 437–442; LG Magdeburg, Urteil vom 7. April 1950, ebd. abgedr. als Verfahren 11 StKs 165/49 (Lfd.-Nr. (Nr. 22), S. 765–770; LG Schwerin, Urteil vom 23. Oktober 1950, ebd. abgedr. als Verfahren StKs 72/50 (Lfd.-Nr. 26); S.153–157; LG Magdeburg, Urteil vom 20. Februar 1952, ebd. abgedr. als Verfahren (11

Gesetzeskraft zu, weil er formal nicht ordnungsgemäß verkündet worden sei, keine ausreichenden Rechtsgarantien für die Betroffenen geboten oder dem Rechtsempfinden großer Teile des Volkes widersprochen habe.[65] Lediglich in einer einzigen Entscheidung griff ein Richter ausdrücklich auf Naturrecht zurück. Am 14. Februar 1948 entschied das Landgericht Magdeburg, der Staat könne niemals die »alleinige Quelle allen Rechts« sein, sei dem Recht vielmehr selbst unterworfen und »an die ewigen Normen des natürlichen Sittengesetzes« gebunden. Wo die Regierung diese Normen verletze, entbehre ihr Gesetz »der verpflichtenden Kraft«. So liege der Fall auch hier. Hitlers Geheimerlass habe das »elementarste aller Naturrechtsgüter«, das menschliche Leben verletzt, und damit alle »Grundsätze von Sittlichkeit und Menschlichkeit«. Er habe die »Errungenschaften einer zweitausendjährigen Kultur« verhöhnt, ja, die »Grundlehren des Christentums«.[66] Hier war in der Tat von ewigen Geboten und transzendentalen Verboten die Rede. Allerdings handelte es sich bei dieser Passage um einen Westimport, eine originalgetreue Wiedergabe der Entscheidung im Frankfurter Eichbergprozess.[67]

Das Magdeburger Urteil belegt damit nicht mehr und nicht weniger, als dass man den westdeutschen Diskurs auch in der Sowjetischen Besatzungszone aufmerksam registrierte. Umgekehrt transportierten nicht nur Radbruchs Aufsatz oder das Gutachten Richard Langes zu politischen Denunziationen ostdeutsche Ansätze zur Rechtsfindung in Bonner Hörsäle und Hinterzimmer, sondern auch Zeitungsartikel, Briefe oder Urteilsabschriften, die postalisch nach dem Westen versandt wurden. Was Richter in Wiesbaden oder Frankfurt entschieden, wurde auch in Magdeburg und Dresden zur Kenntnis genommen und umgekehrt. Nicht mehr. Aber auch nicht weniger.

KLs 139/51), (Lfd.-Nr. 30), S. 209–218; BG Cottbus, Urteil vom 12. Juli 65, ebd. abgedr. als Verfahren 1ns 13/65 (Lfd.-Nr. 37), S. 479–500.

65 LG Magdeburg, Urteil vom 23. April 1948, ebd. abgedr. als Verfahren 11 StKs 105/48 (Lfd.-Nr. 10), S. 341–350, 348; LG Weimar, Urteil vom 29. Juni 1948, ebd. abgedr. als Verfahren StKs 17/47 (Lfd.-Nr. 11a), S. 351–355, 354f., und LG Magdeburg, Urteil vom 11. März.1947, ebd. abgedr. als Verfahren 11 StKs 66/48, S. 325–338, 335.

66 LG Magdeburg, Urteil vom 14. Februar 1948, ebd. abgedr. als Verfahren 2 Ks 11/47 (Lfd.-Nr. 8), S. 309–324, 320.

67 LG Frankfurt, Urteil vom 21. Dezember 1946, abgedr. als Verfahren 4 KLs 15/46 (Lfd.-Nr. 011a), in: Christiaan Frederik Rüter (Hg.), *Justiz und NS-Verbrechen*, Bd. I, Amsterdam 1968, S. 131–165, 156.

IX.

Am 20. Dezember 1945 war das Kontrollratsgesetz Nr. 10 ergangen. Anschließend hatten sowjetische Stellen einige hundert Fälle[68] mit politischem Einschlag an deutsche Gerichte abgegeben: den Fall Puttfarcken zum Beispiel, den Scharfrichterprozess oder die beiden Verfahren gegen Ärzte und Juristen. Die Anrufung überzeitlicher Essenzen lässt sich lediglich in vier Fällen sicher nachweisen: dem Dresdner Juristenprozess, dem Ärzteprozess und dem Echo dieser und weiterer Verfahren in Dresden und in Magdeburg. Diese vier Fälle stehen neben einer halben Million gewöhnlicher Straftaten, die die Gerichte der Sowjetischen Besatzungszone allein im Jahr 1946 zu verhandeln hatte.[69] Naturrecht findet man dort nicht. Selbst solche Fälle, in denen es um die Bestrafung nationalsozialistischer Verbrechen ging, wurden in erster Linie nach geltendem Recht entschieden, nach alliierten Direktiven, sowjetischen Befehlen oder deutschen Gesetzen. Diese Grundlage reichte aus, um Täter zu bestrafen, Gesetze aufzuheben oder dort einzuschränken, wo sie einer Bestrafung möglicherweise entgegenstanden.

Im Denunzianten-Verfahren und im Dresdner Juristenprozess war es weniger um Naturrecht gegangen, als vielmehr um die Strafbarkeit von Juristen. In den Verfahren gegen Scharfrichtergehilfen und Mediziner ging es dagegen um die Geltung ungerechten Rechts. Das eine Mal berief man sich auf übergesetzliches Recht, das andere Mal auf den Wortlaut der einschlägigen Gesetze und die Weimarer Reichsverfassung. Die zitierten Entscheidungen belegen damit nicht nur, dass es im Osten auch eine vereinzelte Hinwendung zum Naturrecht gab, sondern auch, dass sich diese Renaissance trotz unterschiedlicher Besatzungspolitik nicht grundlegend von ihrem westdeutschen Pendant unterschied. Es gab Naturrecht, irgendwann, irgendwo, irgendwie, aber seine Verwendung erfolgte weder systematisch noch konsistent. Hier wie dort stand man vor den gleichen Problemen – obwohl sich natürlich kein Richter getraut hätte, das tatbestandliche Verbrechen eines überführten Parteigenossen gegenüber der Besatzungsmacht zu rechtfertigen.

Die Sowjetische Militärverwaltung beobachtete die Rechtsprechung zur Verfolgung und Bestrafung nationalsozialistischer Umtriebe genau. Man ließ die Gerichte schwimmen, sagte ein Eingeweihter später, um »in

68 Autorenkollektiv unter Leitung Hilde Benjamins, *Zur Geschichte der Rechtspflege*, Bd. I, Berlin (Ost) 1976, S. 215.

69 Im Jahr 1960 bezifferte die Zentralverwaltung für Statistik die Straftaten, die 1946 registriert worden waren, mit gut einer halben Million, darunter über 334.000 Eigentumsdelikte und knapp 5.000 Raubüberfälle, tausende Fälle von Betrug, Untreue oder Unterschlagung, hunderte Kriegswirtschaftsvergehen wie Schwarzschlachtung, Schleichhandel oder Nichtablieferung, Erpressung, Hehlerei (*Statistisches Jahrbuch der DDR* 5, Berlin (Ost) 1960, S. 171).

der Praxis festzustellen, was sie für Schwimmer« waren.[70] Der punktuelle Rückgriff auf Naturrecht war der Besatzungsmacht nicht nur bekannt, sondern wurde auch befördert. In ihrem Auftrag verfolgte Hermann Hirschfeld, ein Referent der Deutschen Justiz-Verwaltung, sowohl das Verfahren gegen Juristen als auch den Prozess gegen Ärzte, Pfleger und Krankenschwestern in Dresden. Hirschfeld war indes nicht nur entsandt worden, um die jeweilige Hauptverhandlung zu beobachten. Er sollte die Dresdner Staatsanwaltschaft auch entsprechend instruieren. Weisungsgemäß übergab Hirschfeld ihr eine Mappe, die nicht nur die von Alexander Mitscherlich und Fred Mielk besorgte Dokumentation, Das Diktat der Menschenverachtung, enthielt, sondern auch zwei Abschriften von Radbruchs Aufsatz *Zur Diskussion über die Verbrechen der Menschlichkeit.*[71]

Aus diesem Grund und aus anderen Gründen findet man Naturrecht im Rechtsleben der sowjetischen Besatzungszone. Nicht immer, nicht überall, aber doch hier und da. In Briefen, Broschüren oder Büchern, in Aufsätzen und Artikeln, Anklageschriften, Plädoyers, in Beschlüssen oder Gerichtsurteilen.[72] Das Ausmaß ist unklar und lässt sich wohl auch nicht mehr klären. Nach allem, was man weiß, kann man kaum von einer ostdeutschen Naturrechtsrenaissance sprechen. Das Gegenteil wäre aber auch nicht richtig. Einsprengsel wie in den Urteilen von Dresden oder Magdeburg finden sich schon deshalb in der ostzonalen Rechtsprechung, weil es bis zum Jahr 1947, dem Jahr, in dem sich die deutsche Teilung immer deutlicher abzuzeichnen begann, einen gesamtdeutschen Naturrechtsdiskurs gab, der für den Osten nur spärlich dokumentiert ist. Als Gustav Radbruch 1946 angestrengt nach Beispielen suchte, um

70 Redemanuskript, abgedr. als Dokument Nr. 48, in: Rolf Badstübner & Wilfried Loth (Hg.), *Wilhelm Pieck*, Berlin 1994, S. 161–172, 170.

71 Aktenvermerk vom 13. Juni 1947, BArch DP 1/326, Bl. 157.

72 Friedrich Buchwald, der Richter, der Josef Puttfarcken als Gehilfen verurteilt hatte, forderte ein »freies, vernünftiges, aus der Idee des Rechts und der Gerechtigkeit unmittelbar fließendes Recht!« (*Gerechtes Recht*, 2. Aufl., Weimar 1947, S. 55). Richard Lange fand, der kritiklose Gesetzespositivismus, der zur Katastrophe des Nationalsozialismus geführt habe, könne nur durch Rückkehr »zu übergesetzlichen kritischen Maßstäben überwunden werden, die letzten Endes an der Idee der Gerechtigkeit selbst orientiert sind« (Zu neuen Ufern im Strafrecht, in: *NJ* 1, 1 (1947), S. 7–13, 8). Heinrich Mitteis trat für die »Verwirklichung des richtigen und natürlichen Rechts« ein (Rechtsgeschichte und Gegenwart, in: *NJ* 2, 1 (1947), S. 27–29). Hans-Otto de Boor sah in einem »erneuerten und verjüngten, aber von den utopischen Zielsetzungen der Barockzeit gereinigten« Naturrecht eine moderne »Grundlage, um das Recht aus unserer sozialen Wirklichkeit heraus zu gestalten« (Rezension zu Hans Thieme, Das Naturrecht und die europäische Privatrechtsgeschichte, *NJ* 4/5, 2 (1948), S. 91–94, 94).

den Kampf gegen ungerechte Gesetze zu belegen, blickte er nicht speziell auf diesen Teil Deutschlands, sondern auf die Trümmer des Deutschen Reichs. Die westdeutsche Naturrechtsrenaissance entzündete sich zum Teil an diesen Beispielen und erstreckte sich auf den Osten, weil der Osten damals Teil des Westens war, genauer: weil es damals noch keinen Westen gab. Und keinen Osten. Auch aus diesem Grund ist die Geschichte des Naturrechts auch eine Geschichte der deutschen Teilung.

4. Naturrecht und Stalinismus

I.

Am 25. Oktober 1950 fällte das Landgericht Greifswald eine bemerkenswerte Entscheidung. Es entschied, dass die Verordnung über den Einsatz des jüdischen Vermögens, die Juden im »Dritten Reich« faktisch dazu gezwungen hatte, Sachwerte zu veräußern, den »elementarsten Grundsätzen des Rechts« widerspreche und hob einen Kaufvertrag über ein Hotel auf, der anlässlich dieser Verordnung zustande gekommen war. Anschließend weigerte es sich jedoch, der Klage stattzugeben und dem Kläger das Eigentum an der begehrten Immobilie zurück zu verschaffen. Die Besatzungsmacht habe das in Rede stehende Hotel sequestriert, daher könne die Kammer den Kläger trotz sittenwidrigen Vertrages nur zum Treuhänder seiner eigenen Immobilie bestellen, ihn aber nicht wieder zum Eigentümer erklären.[73]

Der Kläger trug die Entscheidung mit Fassung. Er mauserte sich erneut zum erfolgreichen Hotelier und wurde deswegen verhaftet: weil er als Treuhänder angeblich in die eigene Tasche gewirtschaftet habe. Das Kreisgericht Bützow verurteilte ihn im Frühjahr 1953 unter anderem wegen Sabotage, schwerer Untreue und wegen Angriffen gegen das Volkseigentum zu zehn Jahren Zuchthaus. Von elementaren Grundsätzen war nun nicht mehr die Rede. Stattdessen hieß es: »Obwohl der Angeklagte am eigenen Leibe die krasseste Form der Ausbeutung« habe erdulden müssen, habe er die falschen Schlüsse daraus gezogen und »sich selbst zu einem Kapitalisten entwickelt, der mit übelsten Methoden« arbeite. Die Arbeiterklasse werde dem »Treiben solcher Gauner« nicht untätig

73 Jan Philipp Spannuth, *Rückerstattung Ost*, Essen 2007, S. 24. Eine ähnliche Entscheidung fällte das OLG Halle am 15. September 1949. Es urteilte, dass eine Einsatz-Verordnung als unwirksam angesehen werden müsse, weil sie »den allgemein anerkannten Grundsätzen jeglichen Rechts« widersprochen habe und daher als so »unsittlich zu betrachten« sei, dass ihr »Rechtsverbindlichkeit nicht zukommen« könne (*NJ* 9, 3 (1949), S. 220–222, 222).

zusehen.[74] Also wurde der Hotelier zum zweiten Mal enteignet. Dieses Mal endgültig.

Diese Tragödie in drei Akten zeigt, wie rasant sich Themen und Tonfall nach Gründung der Arbeiter- und Bauernmacht ändern konnten. Vor dem Greifswalder Landgericht war es um die Bewältigung der nationalsozialistischen Vergangenheit gegangen. Nun aber ging es um wesentlich mehr: die Gestaltung einer sozialistischen Zukunft ohne natürliche Rechte, die man politischen Zwängen hätte entgegenhalten können.

Zwischen 1945 und 1953 stößt man in der Rechtsprechung aller vier Besatzungszonen und in beiden Teilen Deutschlands auf naturrechtliche Begründungsstrategien. Mal war dieses Naturrecht bloßer Zierrat einer Entscheidung. Mal war es tragender Grund dafür, dass sie so und nicht anders erging. Nach 1947 griffen Gerichte immer seltener zu naturrechtlichen Verlegenheitslösungen. Grund dafür war zum einen die deutsche Teilung, die manche Probleme, insbesondere die Bestrafung nationalsozialistischer Täter, in den Hintergrund rücken ließ, zum anderen der Erlass von Verfassungsgesetzen, die auf viele Fragen, die man zuvor naturrechtlich beantwortet hatte, verbindliche Antworten vorgaben.

Die Naturrechtsrenaissance hätte sich damit wohl von selbst erledigt. Sie wäre kaum mehr als eine Fußnote in einer an Anekdoten gewiss nicht armen Zeit geblieben, wäre es Anfang der fünfziger Jahre nicht zu einer unerwarteten zweiten Welle, einer neuerlichen Begeisterung für transpositive Argumente, gekommen. Diese Reprise erklärt sich vor allem damit, dass bestimmte Phänomene wie das richterliche Prüfungsrecht, die staatsrechtliche Kontinuität des Deutschen Reichs oder die Integration des alten Beamtenapparats in den neuen Staat, die Ungleichbehandlung von Mann und Frau und die Entschädigung für enteignungsgleiche Eingriffe im Westen Deutschlands weiter naturrechtlich begründet wurden. Verstärkt wurde die vereinzelte Neigung, derartige Probleme naturrechtlich zu lösen, von der Integrität, mit der Gustav Radbruch für die Überwindung gesetzlichen Unrechts eingetreten war, und der Rigorosität, mit der Hermann Weinkauff für die Gleichbehandlung der Beamten und die Ungleichbehandlung der Geschlechter eintrat.

Unter dem Stichwort Naturrecht verarbeitete die westdeutsche Jurisprudenz die Überreste des nationalsozialistischen Unrechts und handelte die gesellschaftliche Rolle des Rechts und die Zukunft der Rechtswissenschaften neu aus. Im Osten war der Bedarf für einen solchen Topos nicht geringer. Marxistische Theorie und stalinistische Praxis forderten

74 zit. n. Spannuth, Rückerstattung, S. 27. Zum Antisemitismus, der dieser Entscheidung zugrunde lag, siehe Wolfang Benz (Hg.), *Antisemitismus in der DDR*, 2. Aufl., Berlin 2020; Thomas Haury, *Antisemitismus von links*, Hamburg 2002, und Mario Keßler, *Die SED und die Juden*, Berlin 1995.

die Autonomie des Rechts in besonderem Maße heraus. Gab es deshalb auch im Osten eine Fortsetzung der Naturrechtsrenaissance? Oder beschritt man dort gänzlich andere Wege?

II.

Im Sommer 1947 entschied die Sowjetische Militärverwaltung die rigorose Entnazifizierung nach einer kurzen, aber krassen Phase der Repression zu einem beschleunigten Abschluss zu bringen. Sie übertrug die Strafverfolgung von Faschisten, Militaristen und Kriegsverbrechern auf deutsche Behörden und stellte die Bestrafung auf eine neue Grundlage. Der SMAD-Befehl Nr. 201 vom 16. August 1947 setzte die überkommene Strafrechtsdogmatik außer Kraft, schränkte die Beschuldigtenrechte massiv ein und erklärte die Kontrollratsdirektiven Nr. 24 und 38 zu anwendbarem Recht. Ein Richter konnte nun nicht mehr nur über Taten urteilen, sondern auch über Biographien. Er konnte nicht mehr nur Haft- oder Geldstrafen verhängen, sondern auch Berufsverbote aussprechen oder symbolische Wiedergutmachung fordern. Ein individueller Schuldnachweis war dafür nicht erforderlich. Ausreichend war der Nachweis, dass der Angeklagte einer nationalsozialistischen Organisation angehört hatte.[75] Damit entfiel zugleich die Möglichkeit, sich zu rechtfertigen, sich zu entschuldigen oder sich auf Befehl, Irrtum oder eine Notlage zu berufen und damit zugleich jeder Anlass, derartige Verteidigungen an sittlichen Geboten oder naturrechtlichen Verboten scheitern zu lassen.

Deutlich sieht man den Effekt, den der SMAD-Befehl Nr. 201 auf die Rechtsprechung der vierziger Jahre hatte, anhand der Fälle, in denen ostdeutsche Richter tatsächlich einmal mit Naturrecht hantiert hatten: in den Verfahren gegen Juristen und Mediziner.

Weil vier Richter und zwei Staatanwälte im Dresdner Juristen-Prozess mit harten Worten zu milden Freiheitsstrafen verurteilt worden waren, war die Staatsanwaltschaft unmittelbar nach Verkündung des Urteils in Revision gegangen.[76] Am 7. November 1947 gab das

75 Zu Entstehung, Dogmatik und Folgen des SMAD-Befehls Nr. 201, siehe Wentker, Justiz, S. 399–432; Weinke, Verfolgung, S. 43–47; Meyer-Seitz, Verfolgung, S. 155–234.

76 Staatsanwalt Richter war der niedrigen Strafen halber in Revision gegangen und hatte sich dafür die Rüge der DJV eingehandelt. Weil er die solidarische Haftung, auf die das LG Dresden erkannt hatte, nicht gerügt hatte, war das Urteil für eine etwaige Veröffentlichung verbrannt. Als das MdJ zwanzig Jahre später, am 4. Dezember 1967, dem Nürnberger Juristenprozess eine internationale Pressekonferenz widmete, erwähnte es den eigenen Juristenprozess mit keinem Wort (Diesen Hinweis verdanke ich Stefan Jehne).

Dresdner Oberlandesgericht der Revision statt, hob das Urteil auf und verwies den Fall an die Vorinstanz zurück. Sieben Monate später, am 29. Juni 1948, erging ein neues Urteil, gefällt vom alten Richter, aber mit neuen Beisitzern und Beweisen. Eine Zusammenschau neuer und alter Beweismittel brachte die Sonderstrafkammer am Dresden Landgericht dazu, die Strafen gewaltig anzuheben. Landgerichtsrat Mueller wurde statt der ursprünglich 14 Monate zu 36 Monaten Zuchthaus verurteilt. Oberlandesgerichtspräsident Fischer bekam statt zwei Jahren sechs. Staatsanwalt Bücking wurde statt zu drei nun zu zehn Jahren Haft verurteilt. Sein Kollege Anger zu zwölf.[77] Die »sittlichen Werte der Gerechtigkeit«, die das erste Urteil getragen hatten, blieben dabei auf der Strecke. Sie verschwanden aus dem Urteilstext und tauchten auch in einem späteren Verfahren, das wegen Krankheit erst abgetrennt, dann vertagt worden war, nicht wieder auf.[78] Der naturrechtliche Faden riss ab, weil die Kammer sich kaum mehr mit Argumenten befasste, die eine naturrechtliche Widerlegung provoziert hätten.

Eine ähnliche Entwicklung lässt sich den Euthanasie-Verfahren gegen Ärzte, Pfleger und Krankenschwestern ablesen. Sprach das Magdeburger Landgericht noch am 14. Februar 1948 drei Krankenpfleger, die hunderte Kinder und dutzende Erwachsene mit Luminal und Morphium vergiftet hatten, nach dem KRG10 schuldig und ließ sich dabei von naturrechtlichen Erwägungen leiten,[79] wurden die gleichen Vorwürfe in zwei weiteren Verfahren vom März und April des Jahres nach anderen Grundsätzen und Gesetzen beurteilt. Obwohl die Urteile nur wenige Wochen auseinanderlagen und vom selben Gericht gefällt wurden, wichen die drei Urteilsbegründungen in einem markanten Punkt voneinander ab. Das »elementarste aller Naturrechtsgüter« wandelte sich am 11. März 1948 zum Elementarsten »aller Rechtsgüter«, um am 23. April 1948 zum elementarsten »aller Lebensgüter« zu verblassen.[80]

77 Das Urteil ist als Verfahren StKs 33/48 1. Gr 17/48 (Lfd.-Nr. 1592a), abgedr. in: Rüter (Hg.), DDR-Justiz, Bd. X, S. 535–541.

78 Härtel war noch in Untersuchungshaft verstorben. Fas Verfahren gegen Schulze musste wegen Krankheit abgetrennt werden, vgl. Hacke, Juristenprozess, S. 177f. Das Urteil ist als Verfahren 20.220/47 (Lfd.-Nr. 1592c), abgedr., in: Rüter (Hg.), DDR-Justiz, Bd. X, S. 558–560.

79 Ein Krankenpfleger, ein Landesamtsmann und ein Obermedizinalrat waren freigesprochen worden.

80 LG Magdeburg, Urteil vom 14. Februar 1948, abgedr. als Verfahren Nr. 8 (Lfd.-Nr. 1684), in: de Mildt (Hg.), NS-Euthanasie, S. 309–324, 320; LG Magdeburg, Urteil vom 11. März 1948, ebd. abgedr. als Verfahren Nr. 9a (Lfd.-Nr. 1664a), S. 325–338, 335; LG Magdeburg v. 23. April 1948, ebd. abgedr. als Verfahren Nr. 10 (Lfd.-Nr. 1629), S. 341–350, 348.

Während die Rückwirkungsproblematik im Westen Deutschlands mit der Aufhebung des KRG10 neue Aktualität bekam,[81] stellten die Verfassungen von Mecklenburg-Vorpommern, Sachsen[82] und die Volksverfassung der DDR (VV) unmissverständlich klar, dass kein Recht der Welt Nationalsozialisten oder Militaristen vor gerechter Strafe schütze. Bis zuletzt blieb es in der DDR möglich, NS-Verbrecher zu bestrafen, ohne ein Gesetz zu verbiegen: erst nach Art. 91 VV, der das Völkerstrafrecht zu anwendbarem Recht erklärt und eine Verjährung ausgeschlossen hatte; später nach den §§ 91, 93 des Strafgesetzbuchs vom Januar 1968, die Menschlichkeits- und Kriegsverbrechen weiter unter Strafe gestellt hatten.[83]

III.

Im Rahmen der Strafverfolgung nationalsozialistischer Verbrechen war es vielfach um die Geltung ungerechter Gesetze und die Frage nach ihrer Aufhebung gegangen, mit anderen Worten: um die Frage nach einem richterlichen Prüfungsrecht. Unter dem starken Eindruck der nationalsozialistischen Diktatur hatten westdeutsche Landesverfassungen ein solches Prüfungsrecht größtenteils bejaht, eine eigene Landesverfassungsgerichtsbarkeit vorgesehen und die entsprechenden Gerichte dafür zuständig erklärt, legislative Hoheitsakte auf ihre Verfassungsmäßigkeit hin zu überprüfen.[84] Am Bayerischen Verfassungsgerichtshof,

81 Formell aufgehoben wurde das KRG 10 im Frühjahr 1956, vgl. Raim, Justiz, S. 604–606.

82 Art. 66 Abs. 4 der MVVerf vom 16. Januar 1947 lautete: »Strafgesetze mit rückwirkender Kraft sind unzulässig, soweit es sich nicht um Kriegsverbrechen oder Verbrechen gegen die Menschlichkeit handelt, die bis zum Tage der Kapitulation (8.5.1945) begangen wurden.« Art. 66 der SächsVerf vom 28. Februar 1947 bestimmte: »Kein Strafgesetz hat rückwirkende Kraft. Das soll jedoch nicht Maßnahmen und die Anwendung von Bestimmungen hindern, die zur Überwindung des Nazismus, des Faschismus und des Militarismus getroffen werden oder die zur Ahndung von Verbrechen gegen die Menschlichkeit notwendig sind.«

83 Rottleuthner, Umgang, S. 256, 258.

84 Die SHVerf vom 13. Dezember 1949 verzichtete auf ein eigenes Verfassungsgericht und übertrug in Art. 37, später Art. 44, dem BVerfG die Entscheidung über Landesverfassungsrecht. Eine weitere Ausnahme war das Saarland, das zwar einen Staatsgerichtshof einrichtete, aber eine Verfassungskommission für die Verfassungsauslegung zuständig erklärte, Art. 99 S. 1, 113 Abs. 2 SHVerf, siehe Wilfried Fiedler, Die Entstehung der Landesverfassungsgerichtsbarkeit nach dem Zweiten Weltkrieg, in: Christian Starck & Klaus Stern (Hg.), *Landesverfassungsgerichtsbarkeit*, Bd. I, Baden-Baden 1983, S. 104–153.

dem ersten deutschen Verfassungsgericht nach dem Zweiten Weltkrieg, war ein Prüfungsrecht zwar noch nicht allgemein anerkannt gewesen. Der erste Entwurf des Verfassungsgerichtsgesetzes hatte ein solches Prüfungsrecht sogar noch ausdrücklich ausgeschlossen. Später hielt man sich mit derartigen Fragen aber kaum noch auf.[85] Im Parlamentarischen Rat war schließlich nicht mehr die Frage umstritten, ob man Richtern ein Prüfungsrecht einräumen sollte, sondern die Frage, ob man dieses Recht dem Bundesgerichtshof oder einem Verfassungsgericht verleihen sollte. Das entscheidende Argument für die Gründung des Bundesverfassungsgerichts und die institutionelle Trennung beider Gerichte war schließlich die »Annahme einer vom Politischen streng zu trennenden reinen Rechtssphäre, in der das Bundesgericht verbleiben sollte, während das Verfassungsgericht von seiner Anlage her notwendig deren Grenzen transzendieren würde«.[86]

Im Osten fehlte es an einer vergleichbaren Entwicklung. Bereits Art. 85 Abs. 3 des ersten Verfassungsentwurfs (1946) hatte bestimmt, dass ordnungsgemäß verkündete Gesetze für den Richter bindend und auf ihre Verfassungsmäßigkeit hin nicht zu überprüfen seien. Dieser Satz wurde in alle Verfassungen der Sowjetischen Besatzungszone mit Ausnahme der Verfassung Mecklenburg-Vorpommerns übernommen.[87] Dort hieß es lediglich, dass ordnungsgemäß verkündete Gesetze den Richter bänden.[88] In Thüringen wurden sogar Rechtsverordnungen einer richterlichen Prüfung entzogen.[89] Dort, in Sachsen und in Sachsen-Anhalt wurde der Grundsatz der Nichtüberprüfbarkeit legislativer Hoheitsakte außerdem dahingehend ergänzt, dass Zweifel an der Verfassungsmäßigkeit einer Norm einem parlamentarischen Verfassungsausschuss gemeldet werden könnten, dem neben Politikern auch Richter und Rechtswissenschaftler angehören sollten.

85 Ekkehard Schumann, Bayern als Vorreiter umfassender Verfassungsgerichtsbarkeit, in: Martin Löhnig (Hg.), *Zwischenzeit*, Regenstauf 2011, S. 99–173, 121f., 128.

86 Ebd., S. 103, 108.

87 Art. 37 Abs. 1 BbgVerf; Art. 60 Abs. 3 S. 1 LSAVerf; Art. 60 S. 2 SächsVerf. Zur Verfassungsentwicklung in den Ländern und Provinzen der SBZ/DDR, siehe Jochen Laufer, Die Verfassungsgebung in der SBZ 1946–1949, in: *APuZ* 32/33 (1998), S. 29–41, Andrea Zieger & Gottfried Zieger, *Die Verfassungsentwicklung in der sowjetischen Besatzungszone Deutschlands/DDR von 1945 bis zum Sommer 1952*, Köln 1990, und Gerhard Braas, *Die Entstehung der Länderverfassungen in der Sowjetischen Besatzungszone Deutschlands 1946/47*, Köln 1987; ferner Siegfried Mampel, *Die Entwicklung der Verfassungsordnung in der Sowjetzone Deutschlands von 1945 bis 1963*, Tübingen 1963.

88 Art. 64 Abs. 2 MVVerf.

89 Art. 43 Abs. 1 ThürVerf.

Diesen Weg schlug auch die Volksverfassung ein.[90] Über Zweifel an der Rechtmäßigkeit einer Norm sollte kein Gericht, sondern allein die Volksammer entscheiden, Art. 89 Abs. 3 S. 2 VV. In Art. 66 VV wurde diese Entscheidung dann einem Verfassungsausschuss delegiert, der im März 1950 zu seiner ersten und letzten Sitzung zusammentrat.[91] Die Verfassungsmäßigkeit einer Norm wurde in der DDR nicht ein einziges Mal überprüft, weil es schon keine entsprechenden Anträge gegeben hatte.[92] Das richterliche Prüfungsrecht erschöpfte sich in justizieller Selbstkontrolle – der sogenannten Kassation.

Die Kassation war auf Drängen der Sowjetischen Rechtsabteilung und auf Vorschlag der Deutschen Justiz-Verwaltung eingeführt worden.[93] Sie löste die Nichtigkeitsbeschwerde[94] ab und war kein Rechtsmittel wie Berufung oder Revision, sondern ein Rechtsbehelf sui generis. Der Generalstaatsanwalt eines Landes oder einer Provinz und – außer in Brandenburg – der Oberlandesgerichtspräsident konnten die Aufhebung von Urteilen beantragen, wenn sie den Tatbestand der Revision erfüllten. Nach Staatsgründung wurde die Alleinzuständigkeit für Kassationen dem Obersten Gericht übertragen.[95] Nur der Generalstaatsanwalt, der von der Volkskammer gewählt und jederzeit wieder abberufen werden

90 Art. 96 Abs. 1 S. 2 VV. Die Volksverfassung der DDR vom 7. Oktober 1949 war eine Melange aus Polaks Entwurf, den Landesverfassungen und Konzessionen an die bürgerlichen Parteien. Sie legalisierte Freiheitsrechte und ergänzte sie um soziale Rechte, Sie autorisierte das Eigentum und legitimierte die Enteignung, vgl. im Einzelnen, siehe Heike Amos, *Die Entstehung der Verfassung in der Sowjetischen Besatzungszone/DDR 1946–1949*, Münster 2006.

91 Peter Joachim Lapp, *Die Volkskammer der DDR*, Opladen 1975, S. 175.

92 Lediglich der Rechts- und Verfassungsausschuss des Landes Sachsen-Anhalt war ein einziges Mal angerufen worden, um das Gesetz betreffend Überführung der Lichtspieltheater in Gemeineigentum auf seine Verfassungsmäßigkeit zu überprüfen. Erfolglos. Vgl. Siegfried Mampel, *Die Verfassung der Sowjetischen Besatzungszone Deutschlands*, 2. Aufl. Frankfurt/Main, 1966, S. 207, Fn. 4.

93 Vgl. die Einzelnachweise bei Nicole Hanne, *Rechtskraftdurchbrechungen von Strafentscheidungen im Wechsel der politischen Systeme*, Berlin 2005, S. 100 Fn. 7.

94 Die Nichtigkeitsbeschwerde wurde am 21. Februar 1940 durch die Verordnung über die Zuständigkeit der Strafgerichte, Sondergerichte und sonstige Vorschriften in Strafsachen eingeführt und durch das Gesetz über die Mitwirkung des Staatsanwaltes in bürgerlichen Rechtssachen vom 15. Juli 1941 auf Zivilsachen ausgedehnt. In Sachsen wurden zwischen 1945 und 1949 43 Entscheidungen überprüft und etwa die Hälfte kassiert, Torsten Reich, Die Kassation in Zivilsachen, auf *https://forhistiur.de/*, Rn. 15

95 § 12 des Gesetzes über die Errichtung des Obersten Gerichtshofes und der Obersten Staatsanwaltschaft der Deutschen Demokratischen Republik.

konnte, durfte ab Rechtskraft und binnen Jahresfrist Kassationsanträge stellen.

Als das Gerichtswesen 1952 umstrukturiert und mit den Ländern und Provinzen auch die Oberlandesgerichte aufgelöst wurden, wurde auch die Kassation neu geregelt. Neben dem Generalstaatsanwalt konnte nun auch der Präsident des Obersten Gerichts eine Kassation beantragen, § 55 Abs. 1 des Gerichtsverfassungsgesetzes vom 2. Oktober 1952. Und zwar auch gegen Entscheidungen des Obersten Gerichts. Die möglichen Gründe wurden dahingehend erweitert, dass eine Entscheidung auch dann kassiert werden konnte, wenn der Tenor richtig, aber die Entscheidungsgründe falsch waren,[96] und dahingehend eingeschränkt, dass ungerechte Entscheidungen in Strafsachen lediglich dann kassiert werden durften, wenn das Strafmaß der Gerechtigkeit »gröblich« widersprach, §§ 301, 304 StPO. Was zu einer umfassenden Naturrechtsjudikatur hätte führen können – die Kassation wegen eines substantiierten Gerechtigkeitsverstoßes – wurde jedoch in der Praxis kaum und soweit ersichtlich nur dazu genutzt, Billigkeitsbedenken zu artikulieren.[97] Die Kassation diente nicht der Gerechtigkeit, sondern der Durchsetzung von »Richtigkeit und Einheit«.[98] Sie ermöglichte dem Obersten Gericht, über »Rechtsmittelverfahren hinaus anleitend tätig zu werden, die richtige Gesetzesanwendung zu demonstrieren und sich mit neuauftretenden Problemen in der Rechtsprechung politisch orientierend und vorausschauend auseinanderzusetzen«.[99] Entsprechend sah Max Fechner, der erste Justizminister der DDR, ihren Sinn darin, den »Interessen der Allgemeinheit an der Erhaltung und Förderung der demokratischen Gesetzlichkeit und der Sicherheit unseres Staates zu dienen«.[100]

96 Die sogenannte Gründe-Kassation spielte in der Praxis eine derart untergeordnete Rolle, das bislang lediglich ein einziges Verfahren bekannt ist, in dem sie überhaupt angewandt wurde, vgl. Hanne, Rechtskraftdurchbrechung, S. 107 Fn. 41 m. w. N.

97 Am 5. April 1950 begnügte sich das OG beispielsweise damit, einer Kassation, die auf Gesetzesverstoß und Widerspruch zur Gerechtigkeit gestützt war, allein wegen des Gesetzesverstoßes abzuhelfen (*NJ* 6, 4 (1950), S. 213f). Am 14. Juli 1950 nahm es dagegen einen Verstoß gegen die Gerechtigkeit an, weil es »in hohem Grade unbillig« sei, einem Dritten, der eine kriegsbeschädigte Wohnung instandgesetzt hatte, den Ersatzanspruch gegen den Vermieter zu versagen (Urteil vom 14. Juli 1950, in: *NJ* 9, 4 (1950), S. 355).

98 Hans Nathan, Anmerkungen zu OG, Urteil vom 1. Dezember 1950, in: *NJ* 4, 5 (1950), S. 186–187, 186.

99 Heinrich Toeplitz, Die grundlegenden Aufgaben der Gerichte bei der Verwirklichung der sozialistischen Verfassung, in: *NJ* 2, 23 (1969), S. 33–39, 38.

100 Max Fechner, Rede auf der 5. Sitzung der Provisorischen Volkskammer der DDR, zit. n. Gerd Janke, Zur Kassationstätigkeit des Obersten Gerichts der DDR in Zivilsachen, auf *http://forhistiur.de/* Rn. 90

IV.

In den vierziger und fünfziger Jahren war das richterliche Prüfungsrecht nicht nur mit Blick auf die Gesetzgebung, sondern auch im Hinblick auf die Verwaltung diskutiert worden. Bereits am 31. Oktober 1946 hatten die Alliierten angeordnet, Verwaltungsgerichte wiederzueröffnen, die eine solche Kontrolle hätten ausüben können.[101] Zu diesem Zeitpunkt hatten einige Länder und Städte im späteren Westdeutschland und das zunächst von den Amerikanern besetze Thüringen bereits eigene Gesetze erlassen, wieder in Kraft gesetzt oder die Wiedereinführung der Verwaltungsgerichte anderweitig verordnet.[102]

Im Osten kam es zunächst nicht zu einer zoneneinheitlichen Regelung. Nach einer langen aber fruchtlosen Diskussion darüber, wie das Kontrollratsgesetz Nr. 36, das die Wiedereinführung der Verwaltungsgerichtsbarkeit angeordnet hatte, genau zu verstehen sei, ob man eigene Verwaltungsgerichte schaffen müsse oder stattdessen auch die ordentliche Gerichtsbarkeit für die gerichtliche Kontrolle der Verwaltung für zuständig erklären dürfe, intervenierte die SED bei der Sowjetischen Militärverwaltung. Die SMAD entzog der Deutschen Justiz-Verwaltung daraufhin den Auftrag, einen entsprechenden Gesetzesentwurf auszuarbeiten, und gab den Landtagen eine diesbezügliche Regelung auf.

Ein weiterer SMAD-Befehl[103] verpflichtete die Länder und Provinzen der SBZ zwar darauf, eigenständige Verwaltungsgerichte zu eröffnen. Der Befehl enthielt jedoch keine Vorgabe zur Frage, ob sich die Zuständigkeit dieser Gerichte nach einer Generalklausel oder einem enumerativen Katalog von Zuständigkeitsregeln bemessen sollte. Liberale und

101 Die nähere Ausgestaltung oblag allerdings den einzelnen Zonenbefehlshabern, siehe Julian Lubini, *Die Verwaltungsgerichtsbarkeit in den Ländern der SBZ/DDR 1945–1952*, Tübingen 2015, S. 56, dort auch zur Entstehung des Gesetzes; ferner Elisabeth Otto, *Das Verwaltungsrecht in der SBZ/DDR bis zur Verwaltungsneugliederung im Jahr 1952*, Frankfurt/Main 2012, und Joachim Hoeck, *Verwaltung, Verwaltungsrecht und Verwaltungsrechtsschutz in der Deutschen Demokratischen Republik*, Berlin 2003.

102 Die Länder Bayern, Hessen, Schlewsig-Holstein und Württemberg-Baden und die Stadt Bremen hatten eigene Verwaltungsgerichtsgesetze erlassen; die nördliche Rheinprovinz, die Provinzen Hessen-Pfalz, Rheinland-Hessen, Nassau und Westfalen sowie die Stadt Hamburg die Wiedereinführung der Verwaltungsgerichtsbarkeit im Verordnungsweg beschlossen, vgl. Matthias Niedobitek, Die Neugründung der Verwaltungsgerichtsbarkeit in Westdeutschland, in: Karl-Peter Sommermann, Bert Schaffarzik (Hg.), *Handbuch der Geschichte der Verwaltungsgerichtsbarkeit in Deutschland und Europa*, Berlin 2019, S. 915–958. Speziell zu Thüringen siehe Thomas Heil, *Die Verwaltungsgerichtsbarkeit in Thüringen 1945–1952*, Tübingen 1996.

103 SMAD-Befehl Nr. 173 vom 8. Juli 1947.

konservative Kräfte traten für eine umfassende Generalklausel ein, die Einheitssozialisten für eine begrenzte Enumeration. Während Walter Ulbricht die Verwaltungsgerichtsbarkeit gezielt ausschalten wollte, setzte Karl Polak sich dafür ein, die bereits beschlossene Errichtung von Verwaltungsgerichten durch eine »dilatorische Ausarbeitung des Zuständigkeitskatalogs« zu untergraben, um der bürgerlichen Öffentlichkeit keine Angriffsfläche zu bieten.[104] In Berlin und Sachsen-Anhalt gelang es der SED, die Einrichtung von Verwaltungsgerichten gleich ganz zu vereiteln, in Sachsen, die Eröffnung des Landesverwaltungsgerichts bis in den Herbst 1950 hinein zu verzögern.[105] Die Landesverwaltungsgerichte in Brandenburg, Mecklenburg und Thüringen konnten zwar für wenige Monate öffnen. Doch fehlte es auch an hier an entscheidenden Wirkungsmöglichkeiten. Mit der Auflösung der Länder verschwand auch die Verwaltungsgerichtsbarkeit der DDR wieder in der Versenkung. Anders als in der Bundesrepublik gab es in der Volksrepublik keine richterliche Prüfung von Exekutiv- oder Legislativakten, sondern eine strikte Bindung an das Gesetz, die mit der Identität der Interessen und der Einheit der Gewalten gerechtfertigt wurde.

Karl Polak, der als »Parteijurist unter Ulbricht« (Marcus Howe) die Rechtspolitik der DDR ideologisch begleitete,[106] hatte seine Position in einer Reihe von Referaten immer wieder deutlich gemacht. Er lehnte die »Errichtung eines Staatsgerichtshofes, der vom Boden irgendeiner Formalgesetzlichkeit aus die Entscheidungen des Parlaments angreifen« könne, strikt ab.[107] Gewaltenteilung sei zwar wichtig, Gewaltenkontrolle werde aber dort zum Problem, wo demokratische Volksvertretungen durch eine Justiz kontrolliert würden, die ihrerseits kaum demokratisiert sei. Eine Kontrolle der monarchischen Verwaltung durch die bürgerliche Justiz habe im Kaiserreich seinen guten Sinn gehabt. In einer Volksrepublik richte sich die gerichtliche Kontrolle von Exekutive und Legislative aber gegen die Interessen des Demos. Die verwaltungsgerichtliche

104 Lubini, Verwaltungsgerichtsbarkeit, S. 141.

105 Im ersten Jahr seines Bestehens zählte das SächsLVG gerade einmal 28 Eingänge, darunter vier Rechtsmittelverfahren; ein Rechtsmittel wurde zurückgenommen, drei als unzulässig verworfen, ebd., S. 149.

106 Karl Polak war nicht nur der profilierteste Rechtspolitiker der SED, sondern zugleich ihr wichtigster Theoretiker. Er baute die Abteilung Justizfragen beim ZK der Partei zur »Machtzentrale des Rechtswesens« aus, Bernd Rüthers, Juristen unter wechselnden Verfassungen, in: *JZ* 2, 58 (2003), S. 82–89, 83. Zu seinem Leben, siehe die Biographie Marcus Howe, *Karl Polak*, Frankfurt/Main 2002, und Sonja Ginnow, Karl Polak, in: Schröder & Simon (Hg.), Rechtsgeschichtswissenschaft, S. 19–30; außerdem Nils Reichhelm, *Die marxistische-leninistische Staats- und Rechtstheorie Karl Polaks*, Frankfurt/Main 2003, S. 23–55.

107 Karl Polak, *Justizerneuerung*, Berlin 1948, S. 43.

Kontrolle sei eine »Waffe der Reaktion gegen die demokratischen Verwaltungsorgane« und als solche Rudiment eines »vergangenen Obrigkeitsstaates inmitten einer neuen Welt«.[108]

V.

Die Abwicklung der Verwaltungsgerichte und das Absterben des Verwaltungsrechts, die mit der angeblichen Identität der Interessen begründet wurden, hinterließ eine fühlbare Lücke im staatsrechtlichen Gefüge der jungen Welt. Diese Lücke sollte geschlossen werden durch eine Reform der Staatsanwaltschaften und eine Stärkung des Eingabewesen. Die Staatsanwaltschaft sollte die Verwaltungsgerichte funktional beerben und eine objektive Rechtsaufsicht über Behörden und Betriebe gewährleisten. Die Eingabe war als formlose Alternative zum förmlichen Rechtsbehelf gedacht und sollte dem Schutz auch der subjektiven Rechte dienen. Letztlich boten beide Institute keine rechte Handhabe gegen eine übermächtige Verwaltung. Eingabe und Beschwerde waren keine Elemente des sozialistischen Rechtsstaats, sondern Instrumente einer partizipativen Diktatur.[109]

Anlass für die Reform der Staatsanwaltschaften war die staatliche Unzufriedenheit mit den Gerichten, genauer: mit der angeblich zu laschen Handhabung des Wirtschaftsstrafrechts, gewesen.[110] Die neue Staatsanwaltschaft sollte nach sowjetischem Vorbild nicht mehr nur gegen die eigenen Bürger, sondern auch gegen die Behörden des jungen Staates ermitteln können. Sie sollte von einer strafrechtlichen Anklagebehörde zu einer allgemeinen Aufsichtsbehörde aufgewertet werden. Im September 1951 wurde die Staatsanwaltschaft daher aus der Justizverwaltung herausgelöst und institutionell verselbstständigt.[111] Ein halbes Jahr

108 Gesetzentwurf und Motive zur Ausführungsverordnung des KRG 36 über Verwaltungsgerichte, in: BArch DP 1 MdJ/6935, unpag.

109 Vgl. Mary Fulbrook, *Ein ganz normales Leben*, Darmstadt 2008.

110 Freilich gewann die sowjetische Rechtslage ihren Vorbildcharakter erst gegen Ende der Entwicklung, als sich ein Entwurf zur Neuregelung bereits abzeichnete. Konkreter Anlass für die Ausweitung staatsanwaltlicher Befugnisse war die Unzufriedenheit mit den Gerichten, genauer: die Lasche Handhabung des Wirtschaftsstrafrechts, vgl. Hans-Peter Haferkamp, Die Mitwirkung des Staatsanwalts im Zivilverfahren der DDR, in: Rainer Schröder (Hg.), *Zivilrechtskultur der DDR*, Bd. I, Berlin 1999, S. 367–416, 379f. Vgl. auch Karl A. Mollnau, Die Staatsanwaltliche Gesetzlichkeitsaufsicht in der DDR als gescheiterter Versuch eines sowjetischen Rechtstransfers, in: Gerd Bender & Ulrich Falk (Hg.), *Recht im Sozialismus*, Bd. III, Frankfurt/Main 1999, S. 241–277.

111 Demnach sollte die Staatsanwaltschaft eine Art vierte Gewalt sein, die die übrigen drei überwachen sollte, vgl. Hans-Ulrich Hochbaum, Die Kontrolle

später wurden ihre Aufgaben neu geregelt.[112] Ihre Tätigkeit sollte sich fortan nicht mehr in der Verbrechensbekämpfung erschöpfen. Staatsanwälte sollten von Ermittlern und Anklägern zu Bewahrern und Hütern der Gesetzlichkeit werden.[113] Sie sollten Berichte von Behörden und Betrieben und Beschwerden von Bürgern über Verletzungen der Gesetzlichkeit aufklären und die notwendigen Maßnahmen zur Wiederherstellung ergreifen. Dazu zählten vor allem der Einspruch gegen ungesetzliche Anordnungen, Beschlüsse und Bestimmungen sowie die Einleitung von Strafverfahren. Auf dem Papier sollte der Staatsanwalt dafür sorgen, dass »kein einziger Beschluß irgendeiner örtlichen Behörde dem Gesetz« widerspreche.[114] Ein gleichwertiger Ersatz für die richterliche Kontrolle war die staatsanwaltliche Gesetzlichkeitsaufsicht freilich schon deshalb nicht, weil den Staatsanwälten mit der anderen Hand wieder genommen wurde, was man ihnen mit der einen gegeben hatte. Das Staatsanwaltsgesetz von 1952 (StAG) räumte der Staatsanwaltschaft zwar umfangreiche Ermittlungsbefugnisse ein, verbot ihr aber zugleich, die »Maßnahmen anderer staatlicher Organe selbst aufzuheben, abzuändern oder ihre Durchführung zu unterbrechen«, § 14 Abs. 3 StAG.

Auch die Eingabe war kein Ersatz für die »Rechte gegen die Verwaltung«.[115] Als Residuum bürgerlicher Verwaltungskontrolle hatte sie vermittelt über die Weimarer Reichsverfassung[116] Einzug in sämtliche Verfassungen der Sowjetischen Besatzungszone[117] und die Volksverfassung der DDR[118] gehalten. Die unterschiedlichen Verfassungen hatten zwar nur die Petition gegenüber dem Parlament und der Regierungen vorgesehen. Allerdings musste man Bürgern, denen kein anderer Rechtsweg offenstand, nicht erst formell gestatten, sich informell an die Verwaltung zu wenden.

der staatlichen Verwaltung in der DDR durch die Organe der Staatsanwaltschaft, in: *WZ Jena*, GSR 1, 2 (1952/53), S. 111–115, 112

112 Zur Gesetzgebungsgeschichte, siehe Haferkamp, Mitwirkung, S. 372ff.

113 Generalstaatsanwalt der DDR (Hg.), *Handbuch für den Staatsanwalt*, Berlin (Ost) 1955, S. 176. In seiner Rede zur Begründung des StAG hatte Ministerpräsident Otto Grotewohl bereits vom Staatsanwalt als dem »Wahrer unserer Gesetzlichkeit« und dem »Hüter der demokratischen Rechte« gesprochen und das Leitbild ausgegeben, der Staatsanwalt müsse »kristallklar« und »kristallhart« sein. Kristallklar für alle Bürger, kristallhart gegenüber den »Feinden unseres Volkes« (Der Staatsanwalt, in: *NJ* 6, 6 (1952, S. 241–244, 244).

114 Lenin, zit. n. *NJ* 18, 7 (1953).

115 Wolfgang Bernet, Eingaben als Ersatz für Rechte gegen die Verwaltung in der DDR, in: *KJ* 2, 23 (1990), S. 153–161.

116 Zu den Wurzeln des Eingaberechts, siehe Hoeck, Verwaltung, S. 194–201

117 Art. 2 Abs. 3 BbgVerf; Art. 11 S. 3 LSAVerf; Art. 10 S. 3 MVVerf; Art. 11 Abs. 2 SächsVerf und Art. 3 Abs. 4 ThürVerf.

118 Art. 3 VV.

Die Verordnung über die Prüfung von Vorschlägen und Beschwerden der Werktätigen, die im Februar 1953 allen Bürgern der DDR das Recht gewährte, durch »ihre Vorschläge zur besseren Arbeit auf allen Gebieten« beizutragen sowie »gegen ungesetzliche Maßnahmen und schlechte Arbeitsweise [...] Beschwerde zu führen,« reglementierte daher die ohnehin gelebte Praxis nur nachträglich und versuchte das überhandnehmende Eingabewesen in geregelte Bahnen zu überführen.[119] Die Verordnung legte zunächst die zuständigen Stellen fest, räumte einen Anspruch auf Bearbeitung innerhalb von vier Wochen ein und sah Sanktionen für die Nichtbearbeitung vor. Eingaben waren ein gern genutztes Mittel, um Missstände zu adressieren und Unmut zu artikulieren.[120] Sie mauserten sich in nur kurzer Zeit zum »sozialistischen Universal-Rechtsbehelf«.[121] Freilich setzten sie keine Verletzung subjektiver Rechte voraus und gewährten daher auch keinen effektiven Rechtsschutz gegen eine solche Verletzung.

VI.

Die Einrichtung einer umfassenden Verwaltungs- und Gesetzgebungskontrolle führte im Westen Deutschlands zu einem Konflikt zwischen rechtsverwaltender und rechtsgestaltender Gerichtsbarkeit. In diesem Konflikt behauptete der Bundesgerichtshof ein richterliches Prüfungsrecht, das in der Annahme eines übergesetzlichen Naturrechts wurzelte, und nutzte diese Behauptung, um die Gleichberechtigung der Geschlechter juristisch anzugreifen, die staatsrechtliche Kontinuität des Deutschen Reichs abzusichern, und dazu, ein überzeitliches Eigentumsrecht zu fingieren, das angeblich über alle Zeiten erhaben war. In der DDR stellten sich diese Fragen so nicht oder sie wurden anders beantwortet.

Anders als Amerikaner, Engländer und Franzosen ordneten die Sowjets an, Männern und Frauen gleichen Lohn für gleiche Arbeit zu zahlen. Der SMAD-Befehl Nr. 253 vom August 1946 hob alle Tarifordnungen auf, die eine unterschiedliche Bezahlung an das Geschlecht knüpften. Außerdem sollten Beschäftigungsverbote für Frauen überprüft und nach Möglichkeit gelockert werden.[122] Einige Länder und Provinzen verankerten das

119 Zur Gesetzgebungsgeschichte, siehe Felix Mühlberg, *Informelle Konfliktbewältigung*, Chemnitz 1999, S. 69ff.

120 Bernet, Eingaben, spricht daher von einer eigenen »(Rechts-)Kultur« der DDR, die »das Abdriften vom Rechtsstaatlichkeitsdenken und -handeln« mit gekennzeichnet habe. Anschaulich beschrieben wird diese Rechtskultur von Felix Mühlberg, *Bürger, Bitten und Behörden*, Berlin 2004.

121 Inga Markovits, Rechtsstaat oder Beschwerdestaat?, in: *ROW* 5, 31 (1987), S. 265–281, 269.

122 In der Anlage zum SMAD-Befehl Nr. 39 vom 19. Februar 1947 wurden Frauen dann eine Reihe von Tätigkeiten verboten, darunter die Arbeit in

Grundrecht auf gleichen Lohn für gleicher Arbeit in ihren Verfassungen.[123] Die Volksverfassung der DDR vom Oktober 1949 hob schließlich sämtliche Bestimmungen auf, die der Gleichberechtigung zuwiderliefen, Art. 7 und 30 VV. Erstmals in der deutschen Geschichte wurde Frauen das gleiche Recht auf Bildung (Art. 35), Arbeit (Art. 15) und auf gleichen Lohn bei gleicher Arbeit (Art. 18 VV) eingeräumt. Der Auftrag, arbeitende Frauen und Mütter in besonderem Maße zu schützten, wurde rechtlich verankert (Art. 18, 32 VV). Nichteheliche Kinder wurden ehelichen Kindern gleichgestellt, ihren Müttern volle Rechte zuerkannt und Gesetze, die diese klaren Grundsätze zu verdunkeln drohten, ersatzlos gestrichen (Art. 32 VV). Im Mutterschutzgesetz von 1950 (MuSchG) hieß es ergänzend, Frauen dürften durch die Eheschließung nicht schlechter gestellt werden; und dass die elterliche Sorge beiden Eheleuten gleichberechtigt oder – im Fall einer nichtehelichen Geburt – der Mutter zustehe, §§ 15ff. MuSchG. Damit waren zwei Fragen, die im Westen hitzig diskutiert und unter Rückgriff auf christliches Liebesrecht beantwortet wurden, bereits ein Jahr nach Staatsgründung abgehakt: »The law would forbid discrimination; case closed.«[124]

Während man im Westen spätestens 1947 damit begann, eine staatsrechtliche Kontinuität zu fingieren und das überkommene Berufsbeam-

Bergwerken, Steinbrüchen und Hausabbrucharbeiten, vgl. Lutz Wienhold, *Arbeitsschutz in der DDR*, Hamburg 2014, S. 126.

123 Art. 4 BbgVerf; Art. 5 Abs. 1, 2 ThürVerf; Art. 7 Abs. 1 S. 2; Art. 8 Abs. 1, S. 2; Art. 20 MVVerf; Art. 22 LSAVerf; Art. 22 SächsVerf.

124 Heineman, Difference, S. 192 Fn. 41. Allerdings bedeutete Gleichstellung nicht gleich Gleichberechtigung. Betriebe weigerten sich weiterhin, Frauen einzustellen oder anzulernen, zahlten unterschiedliche Gehälter und entließen sogenannte Doppelverdiener. Arbeitsämter bevorzugten jüngere Männer vor älteren Frauen. Und Meister zogen männliche Lehrlinge weiblichen vor. Während westdeutsche Juristen das Familienrecht nutzten, um die sogenannte Kernfamilie zu privilegieren, folgten ostdeutsche Juristen einem europäischen Trend und erklärten die berufstätige Mutter zur Norm. »In those areas where the East German leadership did achieve real change, the effect was to worsen single women's material conditions (contrary to East German claims) without, however, changing the situation for ›complete families‹ in any notable way (contrary to West German claims)«, schreibt Elizabeth Heineman, »Women could not obtain the job skills and childcare to which they were legally entitled as quickly as they could lose their alimony and widow's pensions. Furthermore, legal discrimination against woman standing alone was not eliminated« (ebd., S. 207). Es ging also weit weniger um die Emanzipation der Frau als um die Arbeitskraft der Mutter: »Während die Hausfrauen- und Mutterrolle um die Erwerbstätigkeit erweitert wurde, war von einer Vereinbarung von Beruf und Vaterschaft […] niemals die Rede« (Jutta Gysi & Dagmar Meyer, Leitbild: berufstätige Mutter, in: Giesela Helwig & Hildegard Maria Nickel (Hg.), *Frauen in Deutschland*

tentum zu restaurieren, brach man im Osten mit der amtlichen Vergangenheit. Die Landesverwaltung Sachsen deklamierte bereits am 17. August 1945 mit dem Untergang der Diktatur habe »der gesamte Verwaltungsapparat dieses Staates zu bestehen aufgehört«.[125] Jede Neueinstellung erfolge vorbehaltlich, könne jederzeit widerrufen und binnen sechs Wochen gekündigt werden. Einen Monat später, am 17. September 1945, hatte die SMAD unter anderem das Beamtengesetz vom 26. Januar 1937 aufgehoben. Kurz darauf, im November 1945, unterstich die Landesverwaltung Mecklenburg-Vorpommern noch einmal, dass frühere Beamte jetzt als Angestellte zu gelten hätten. In Brandenburg wurden alle Beamten kategorisch entlassen, um sie nach Prüfung der politischen Zuverlässigkeit als Angestellte wiedereinzustellen. Lediglich in Thüringen, das zunächst von den Amerikanern besetzt worden war, und in der Provinz Sachsen, das von Erhard Hübener, dem einzigen liberalen Ministerpräsidenten der SBZ verwaltet wurde, hielt man an den hergebrachten Grundsätzen des Berufsbeamtentums noch eine Weile fest. Doch auch hier ging man rasch dazu über, jedenfalls die Neueinstellungen nicht mehr zu verbeamten.[126]

Im Herbst 1948 kappte die Deutsche Wirtschaftskommission, die erste zentrale Stelle der kommenden Planwirtschaft, dann auch diese Fäden in die Vergangenheit. Sie bestimmte, dass Dienstzeiten, die vor dem 9. Mai 1945 abgeleistet worden waren, nicht mehr angerechnet werden konnten, und erkannte zweifelsfrei auf staatsrechtliche Diskontinuität. Sie hob alle Besoldungsordnungen auf und erklärte den Tarifvertrag vom 28. Dezember 1948 für allgemeinverbindlich. Ein Jahr später verschwanden die letzten Rudimente des alten Berufsbeamtentums, als eine Verordnung politische Positionslosigkeit und gesellschaftliche Inaktivität für unvereinbar mit dem Staatdienst erklärte. An die Stelle fungibler Personen traten »Arbeiter besonderer Waffengattung« (Lenin).[127]

1945–1952, Bonn 1993, S. 139–165, 140. Zur Familienrechtsentwicklung in der DDR, siehe Anita Grandke, Familienrecht, in: Uwe-Jens Heuer (Hg.), *Die Rechtsordnung der DDR*, Baden-Baden 1995, S. 173–210, und Ute Schneider, *Hausväteridylle oder sozialistische Utopie?*, Köln 2004.

125 Verordnung der Landesverwaltung Sachsen über den Neuaufbau der öffentlichen Verwaltung, als Dokument Nr. 1, abgedr., in: Helga Welsh, *Revolutionärer Wandel auf Befehl?*, München 1989, S. 177f., 177.

126 Vgl. Wito Schwanengel, *Die Wiedereinführung des Berufsbeamtentums in den neuen Ländern*, Berlin 1999, S. 42f., 44 m. w. N., ferner Dieter Marc Schneider, Innere Verwaltung/Deutsche Verwaltung des Innern (DVdI), in: Broszat & Weber (Hg.), SBZ-Handbuch, S. 207–217, 207f., und Gustav Leißner, *Verwaltung und öffentlicher Dienst in der sowjetischen Besatzungszone Deutschlands*, Stuttgart 1961, S. 255–277.

127 Autorenkollektiv unter der Leitung von Karl Bönninger, *Das Verwaltungsrecht der Deutschen Demokratischen Republik*, Berlin (Ost) 1957, S. 140.

Schließlich maß man auch dem Eigentum eine völlig andere Bedeutung zu. Um die Macht der Junker und der Schwerindustriellen zu brechen, die man für Nationalsozialismus und Krieg verantwortlich machte, beschlagnahmte die Sowjetische Militärverwaltung nicht nur das Eigentum »des deutschen Staates, der NSDAP und ihrer Organisationen«, sondern auch »all jener Personen, die von der SMAD durch besondere Listen oder auf eine andere Weise bezeichnet« wurden.[128] Eine Bodenreform enteignete Großgrundbesitzer und verteilte ihren Besitz unter den Bauern. Eine Ausweitung und Verschärfung des Wirtschaftsstrafrechts und eine mehr oder weniger konsequente Handhabung dieser drakonischen Gesetze sollten den deutschen Mittelstand, das sogenannte Kleinbürgertum, disziplinieren. Und Art. 24 der Volksverfassung ergänzte den Schrankenvorbehalt in Art. 22 Abs. 1 S. 2 VV dahingehend, dass der Missbrauch des Eigentums zum Schaden des Gemeinwohls die entschädigungslose Enteignung und die Überführung in Volkseigentum zur Folge habe. 1951 entschied das Oberste Gericht, dass diese Grundsätze nicht erst mit der »formalen Inkraftsetzung der Verfassung« Rechtswirkung erhalten hätten, sondern Ausdruck eines neuen gesellschaftlichen Bewusstseins seien, dessen »Bildung bereits mit dem Beginn des Wiederaufbaus nach dem Zusammenbruch« eingesetzt habe. Jede »Ausnutzung des im Privateigentum stehenden Grund und Bodens zur Erzielung übermäßiger Gewinne« sei »untragbar und daher mit der geltenden Rechtsordnung« unvereinbar.[129]

VII.

In dem Maße, in dem sich die DDR von der Bundesrepublik entfernte, verschwand das Naturrecht aus der dortigen Rechtsprechung. Zwar

128 SMAD-Befehl Nr. 124 vom 30. Oktober 1945.

129 OG, Urteil vom 13. Juni 1951, in: *NJ* 1, 6 (1952), S. 31f., 32. Der Entscheidung lag der folgende Sachverhalt zugrunde: Im August 1942 hatte die Klägerin der Beklagten einen Laden, ein Zimmer und eine Mansardenkammer in einem Seebad vermietet. Die Beklagte hatte sich zunächst nur in der Badesaison dort aufgehalten, war jedoch im Herbst 1943 ausgebombt worden und war daraufhin dauerhaft in die vermieteten Räume gezogen. Im Winter 1945 hatte der örtliche Landrat alle sogenannten Saisonverträge aufgehoben und bestimmte Höchstsätze für Wohnraum- und Gewerbemietzinsen festgesetzt. Die Beklagte hatte daraufhin nicht mehr den 1942 vereinbarten, sondern den 1945 festgesetzten Mietzins entrichtet. Nachdem die Klägerin dies anderthalb Jahre hingenommen hatte, forderte sie im April 1947 plötzlich Nachzahlung der angeblich zu wenig gezahlten Mieten. Die Instanzgerichte hatten der Klage zunächst stattgegeben. Doch der Generalstaatsanwalt der DDR intervenierte in das Zivilverfahren und beantragte

war das Oberste Gericht der DDR im Gleichschritt mit dem BGH von der Rückwirkung der Verfassung ausgegangen. Es hatte sich dafür aber nicht auf den überzeitlichen Rang des Eigentums berufen, sondern auf eine »Umgestaltung der gesamten ökonomischen Verhältnisse« und das neue gesellschaftliche Bewusstsein, auf Basis und Überbau also, und damit Probleme angeschnitten, die in der DDR unter dem Stichwort Sozialistische Gesetzlichkeit diskutiert wurden. Die meisten Fragen, die man im Westen unter Rückgriff auf Naturrecht löste, stellten sich im Osten so nicht oder sie wurden anders beantwortet. Selbst dort, wo man einen ähnlichen Ansatz wählte, kam man zu unterschiedlichen Ergebnissen. Das Berufsbeamtentum wurde abgeschafft. Das richterliche Prüfungsrecht wurde verworfen. Frauen wurden rechtlich gleichgestellt, NS-Täter gesetzlich verfolgt und das Eigentum wurde unter einen umfassenden Vorbehalt gestellt.

Begleitet und verstärkt wurde die Teilung des deutschen Rechts durch die stalinistische Kaderpolitik[130] und die Dezimierung naturrechtlich orientierter Juristen. John Ulrich Schroeder, der sich in seinen Anklagen gegen Ärzte und Juristen auf übergesetzliches Recht gestützt hatte, verstarb Anfang 1947. Heinrich Mitteis zog im gleichen Jahr nach Westdeutschland. Ihm folgten Richard Lange, Hans-Otto de Boor und Friedrich Buchwald. Die Lücke, die durch diesen Weggang und die rigorose Entnazifizierungspolitik entstand – der Befehl Nr. 49 zur Reorganisierung der Deutschen Gerichte hatte rund 80% der Richter und 78% der Staatsanwälte ihres Amtes enthoben[131] – wurde durch eine aktive Kaderpolitik geschlossen. Echte und vermeintliche Arbeiter und Antifaschisten wurden in Schnellkursen und weiterführenden Aufbaukursen in Richter-

die Kassation des Urteils. Das Oberste Gericht rügte, dass die Vorinstanzen den Rechtsstreit »äußert nachlässig« behandelt hätten. Es hob die Entscheidung auf, verwies sie an das Landgericht zurück und wies die dortigen Richter darauf hin, dass in der stillschweigenden Annahme der Mietzahlungen durch die Klägerin eine konkludente Änderung des schriftlichen Mietvertrages liegen dürfte. Das Landgericht solle jedoch weiter prüfen, ob »nicht die Vertragsabrede über die Höhe des Mietzinses unmittelbar durch behördliche Anordnungen mit Gesetzeskraft oder mittelbar durch [...] die [...] Umgestaltung der gesamten ökonomischen Verhältnisse eine Veränderung erfahren« habe.

130 Mit bemerkenswertem Scharfsinn setzte sich Hilde Benjamin in diesem Punkt gegen Widerstand in ihrer Partei durch. Nicht »Gelegenheitsgesetzgebung«, sondern allein kluge Personalpolitik ermögliche den radikalen Bruch mit der Vergangenheit (Zur Kaderfrage in der Justiz, als Dokument 14, abgedr., in Wentker, (Hg.), Volksrichter, S. 125–133, 128).

131 Autorenkollektiv unter Leitung von Karl-Heinz Schöneburg (Hg.), *Errichtung des Arbeiter- und Bauern Staates der DDR*, Berlin (Ost) 1983, S. 246; Wentker, Justiz, S. 119 m.w.N.

schulen[132] und an der Deutschen Verwaltungsakademie in Forst Zinna[133] zu Professoren, Richtern und Staatsanwälten ausgebildet. Im Jahr 1951 stellten rund 1.300 »Galopp-Juristen«[134] bereits über 60% der Richter und über 70% aller Staatsanwälte der jungen Republik.[135]

Die Volksrichterausbildung änderte die soziale und demographische Zusammensetzung der Justiz und der juristischen Fakultäten.[136] Freilich hatte das neue Personal keine Veranlassung, die Fehler, Vergehen und Verbrechen ihrer älteren oder westdeutschen Kollegen zu entschuldigen.

132 Der erste Volksrichterlehrgang begann 1946 in Bad Schandau, auf dem Gelände des ehemaligen Parkhotels. »Wir waren im Kurhaus untergebracht, das nicht auf Winterbetrieb eingestellt war«, erinnert sich eine Teilnehmerin des zweiten Lehrgangs, »Wir hatten nur einfache Fenster und das bei dem kalten Winter 1946. [...] Morgens war das Wasser vor Kälte gefroren. Darüber hinaus hatten wir auch größte Ernährungsschwierigkeiten« (Interview mit Linda Ansorg v. 2. September 1992, als Anlage Nr. 23 abgedr., in: Julia Pfannkuch, *Volksrichterausbildung in Sachsen 1945–1950*, Frankfurt/Main 1993, S. 189–196, 192). Trotz widriger Umstände entwickelte sich der Lehrbetrieb in Sachsen zum Musterbeispiel für die übrige Zone – und zwar auch deshalb, weil es sich dabei um ein Internat handelte und nicht, wie etwa in Brandenburg, um zwei Räume mit vernagelten Fenstern (vgl. Elfride Göldner, Als Volksrichter in der Praxis, in: *NJ* 9 (1975), S. 259–261, 260).

133 Die Deutschen Verwaltungs-Akademie »Walter Ulbricht« sollte Kursanten durch ein intensives Studium marxistischer Klassiker auf höhere Funktionen vorbereiten. Drei der angebotenen Kurse richteten sich ausschließlich an Juristen. Zur DVA, siehe Ulrich Bernhardt, *Die Deutsche Akademie für Staats- und Rechtswissenschaft »Walter Ulbricht« 1948–1971*, Frankfurt/Main 1997.

134 zit. n. Amos, Justizverwaltung, S. 75.

135 Ebd., S. 156

136 Die ersten drei Jahrgänge setzten sich zu einem Viertel aus Frauen und zu gut zwei Dritteln aus Arbeiterkindern zusammen. Während im Mai 1930 gerade einmal vier Frauen reichsweit als Amts- oder Landgerichtsrätinnen tätig gewesen waren, weitere vier als Hilfsrichterinnen und weitere 66 als Assessorinnen, waren am 31. Dezember 1950, dem Stichtag der Erhebung, bereits 230 ostdeutsche Frauen als vollwertige Richterinnen und Staatsanwältinnen tätig. Das entspricht einer Quote von 18 bzw. 10,8%. Im Dezember 1930 stammten keine dreieineinhalb Prozent der preußischen Referendare den sogenannten unteren Schichten. 20 Jahre später lag der Anteil der Arbeiterkinder unter ostdeutschen Richtern und Staatsanwälten bei knapp 39%, vgl. Hermann Wentker, Einleitung, in: ders. (Hg.), Volksrichter, S. 9–94, 43 m. w. N. Bericht über den 2. Lehrgang für Richter und Staatsanwälte vom 19. September 1947, ebd. abgedr., S. 148–153; Bericht über den Beginn des 3. Volksrichter-Lehrgangs, ebd. abgedr., S. 153–157; ferner Rudolf Schetter, Der Fortgang der Beratungen im Reichstag, in *DJZ* 12, 35 (1930), Sp. 805–810, 807. Siehe auch Gunilla-Friederike Budde, *Frauen der Intelligenz*, Göttingen 2003, S. 199–228.

Zwar setzten sich die Volksrichter auch mit der Geschichte und Philosophie des Rechts auseinander.[137] Anders als im Westen wurde jedoch nicht der Positivismus, mit dem die meisten Volksrichter ohnehin nichts anzufangen gewusst hätten, für das »Versagen der Rechtswissenschaft« verantwortlich gemacht,[138] sondern die Haltung der damaligen Rechtswissenschaftler. Karl Polak, der an der Verwaltungsakademie in Forst Zinna unterrichtete, referierte bereits 1947, die »blinde Vergottung staatlicher Gewalt« habe die konservative Justiz der Weimarer Republik zwar in den Bann eines irrationalen Machtfetischs geschlagen, aber nicht wehrlos gemacht gegenüber Grausamkeit und Willkür. Radbruchs Zuspitzung sei schon deswegen unhaltbar, weil man sich aktiv am Missbrauch des Rechts beteiligt habe.[139] Herbert Kröger, Dekan in Forst Zinna, schrieb fünf Jahre später jede Klasse entwickele eine für sie charakteristisch Form der Gesetzlichkeit. Im Kampf gegen den Feudalismus habe die Bourgeoisie die bürgerliche Gesetzlichkeit entwickelt, die sich durch die »juristische Gleichheit der Staatsbürger« und die »formalen bürgerlichen Freiheitsrechte« auszeichne.[140] Mit dem Übergang zum Imperialismus sei diese Form der Gesetzlichkeit jedoch in eine schwere Krise geraten. Da sich progressive Kräfte nun in zunehmendem Maße ebenfalls auf gleiche Freiheit berufen hätten, sei die Bourgeoisie dazu übergangen, sich von den Fesseln ihrer eigenen Gesetzlichkeit zu lösen. Sie habe Ausnahmegesetze erlassen und außergesetzlich durchgegriffen. Ihren Höhepunkt habe diese Entwicklung im Faschismus als eines Zustands vollkommener Gesetzlosigkeit erreicht.

Hermann Klenner, Absolvent der Kaderschule, wurde damit beauftragt, diese Gedanken weiter auszuführen. Er kam zu einer differenzierten Einschätzung. Für Klenner verschleierte der Positivismus zwar die ökonomischen und politischen Wurzeln des Rechts und erhalte so den gesellschaftlichen Status quo. Allerdings sei es »schematisch, den reaktionären Charakter der deutschen Erscheinungsform des Positivismus [...] zu betonen, ohne gleichzeitig hervorzuheben«, dass er »mit seiner Anerkennung der Gesetzesunterworfenheit der Richter eine bedeutsame Seite der Gesetzlichkeit« vereidigt habe.[141] Die Nationalsozialisten hätten

137 So ist beispielsweise die Prüfungsfrage überliefert, wie sich Nationalsozialismus, Marxismus und Bürgerliches Gesetzbuch jeweils zum Naturrecht verhielten, vgl. Otto Hartwig, Die weitere Ausgestaltung der Lehrgänge für Richter und Staatsanwälte, in: *NJ* 1, 3 (1949), S. 13–15, 14.

138 Vgl. den Aufsatz von Heinz Such, Die Ursachen des Versagens der Rechtswissenschaft, in: *NJ* 4/5, 2 (1948), S. 61–68.

139 Polak, Justizerneuerung, S. 25f.

140 Herbert Kröger, Schumannplan, Generalvertrag, Verbotsantrag gegen die KPD, in: *NJ* 4, 6 (1952), S. 147–154, 151.

141 Hermann Klenner, Gesetz und Richter, in: *SuR* 8, 3 (1953/54), S. 800–807, 801.

die Gesetzesbindung ausgehöhlt. Daher sei es erstaunlich, dass die westdeutsche Aufarbeitung der nationalsozialistischen Ideologie gerade den Rechtspositivismus bezichtige. Man sei versucht, das »Manöver, ausgerechnet den Positivismus [...] für das schmähliche Versagen der juristischen Theoretiker und Praktiker 1933–1945 verantwortlich zu machen, als eine Haltet-den-Dieb-Taktik« einzuschätzen. Denn in Wirklichkeit seien es doch die »Gegner des Positivismus« gewesen, die den »rechtsbrecherischen Weg der Faschisten an die Macht ideologisch« vorbereitet hätten.[142]

Ähnlich differenziert bewertete man das Naturecht. Einerseits würdigte man die Menschen- und Naturrechtslehren des 17. und 18. Jahrhunderts als »eine der bedeutendsten Leistungen der neueren Philosophie«, konzentrierte sich also auf genau den Abschnitt in der Geschichte des Naturrechts, den man im Westen herunterspielte; andererseits sei »keine Spielart des gegenwärtigen Naturrechts in der Lage, dem gesellschaftlichen Fortschritt entscheidende Impulse zu geben«.[143] Man könne das Naturrecht nicht nachweisen und sei sich über dessen Inhalt völlig uneins. In den verschiedenen Naturrechtssystemen der Gegenwart komme daher nur mehr die »Vielfalt des Irrtums« zum Ausdruck. Das Vernunftrecht der Aufklärung sei zwar objektiv revolutionär gewesen, da es den Feudalismus überwunden habe. Das moderne Naturrecht sei aber auch dann reaktionär, wenn es – wie beispielsweise von Radbruch – in redlicher Absicht vorgetragen werde.[144] Auch

142 Ebd., 802

143 Wippold, Einwirkung, S. 46, 29. Mitte der fünfziger Jahre schrieb Arthur Baumgarten, dass »die Naturrechtslehren trotz ihres bürgerlichen geschichtlichen Auftrages in ihren Intentionen dem Kern nach das vorausgenommen haben, was heute in den sozialistischen Staaten verwirklicht« werde (Das Naturrecht in alter und neuer Zeit, in: *WZ Halle Wittenberg*, GSR 5, 4 (1955), S. 585–590, 588). Karl Heinz Schöneburg und Hermann Klenner resümierten, dass die »wissenschaftlichen Elemente des Naturrechts der Aufklärung« in »der proletarischen Wissenschaft vom Recht aufbewahrt« seien. Aber »nicht als illusionäres Bestreben, ewige Naturrechtsnormen aufzustellen, sondern als rechtliche Widerspiegelung objektiver Gesetzmäßigkeiten« (Vom ewigen zum beweglichen Naturrecht, in: *SuR* 4, 5 (1956), S. 485–497, 497).

144 Rainer Arlt, Das moderne Naturrecht, BArch DA 1/121b, Bl. 21–28. »Während Gustav Radbruch im Hinblick auf die Jahre der Hitlerherrschaft von Gesetzen mit solch einem Unrechtsgehalt sprach, daß ihnen die Geltung abgesprochen werden müsse, hatte ein faschistischer Autor schon vorher gerade den Naturrechtscharakter der Nazidokumente nachgewiesen in einem Aufsatz, der den denkwürdigen Titel trug: ›Naturrecht aus Blut und Boden‹«, schreibt Hermann Klenner (Das Rechtsgefühl als Asyl des Naturrechts, in: *SuR* 2, 4 (1955), S. 306–310, 307).

eine »antifaschistische Injektion«, schrieb Werner Wippold über die westdeutsche »Naturrechtsideologie«, könne »die Mumie Naturrecht nicht zum Jüngling werden lassen«.[145]

145 Wippold, Einwirkung, S. 42, 48. Ähnlich argumentierte Wladimir Tumanow: Die Naturrechtsrenaissance Westdeutschlands sei eine »eklektische Mischung« alter, »längst widerlegter Ansichten«, eine »Verteidigung des verfaulten und überlebten kapitalistischen Systems« und eine »Apologetik der Gesetzlosigkeit« (Was verbirgt sich hinter der »Wiedergeburt« des Naturrechts in der gegenwärtigen bürgerlichen Jurisprudenz?, in *RID* 21, 3 (1954), S. 581–590, 584, 590, 584.

Vierter Teil
Sozialistische Gesetzlichkeit

I.

Im Juni 1949 bilanzierte Hilde Benjamin, damals Hauptabteilungsleiterin der Deutschen Justiz-Verwaltung, die Reform der Volksrichterausbildung.[1] Die Lehrgänge waren von anfänglich sechs erst auf acht, dann auf zwölf und schließlich auf 24 Monate verlängert worden. Gleichzeitig hatte man den Anteil der Grundlagenfächer neu gewichtet. Die Rechtssoziologie war abgeschafft und durch das Fach Gesellschaftskunde ersetzt worden. Außerdem hatte man die Stundenzahl der Gesellschaftskunde sukzessive erhöht: von 24 Stunden Rechtssoziologie auf 1.129 Stunden Gesellschaftskunde.[2] Benjamin lobte diese Entwicklung als »Vorstoß zu Neuem, zu qualitativ Anderem«, räumte aber zugleich ein, dass man mit der Reform noch »keine grundsätzlich neuen Wege« beschritten habe.[3] Sie sah die Schwierigkeit vor allem darin, dass die Partei zwar das Gewicht der politischen Kursinhalte habe steigern können, aber noch immer nicht in der Lage sei, die »Erscheinungen des Rechtslebens« mit ihrem »marxistischen Wissen« zu synthetisieren.[4] Sie müsse sich gegenwärtig damit begnügen, eine zweite, politische Logik neben der juristischen Dogmatik zu installieren.

1 Pfannkuch, Volksrichterausbildung, S. 109; Während der Anteil der Grundlagenfächer in den ersten beiden Lehrgängen (1946) nur 4% betragen hatte, waren es im Jahr 1950 bereits 25%, vgl. Amos, Justizverwaltung, S. 167.

2 In der Literatur hat diese Erhöhung wiederholt zur Einschätzung geführt, zwischen 1947 und 1949 sei der Einstieg in eine ideologisierte Richterausbildung erfolgt, der schließlich zur »Gleichschaltung« der Volksrichter geführt habe. Durch die Lektüre von Marx, Lenin oder Stalin hätten sich »primär sachkompetente, unpolitische, ausschließlich dem Recht und der Gerechtigkeit verpflichtete Richter« in »politisch geschulte[...] ›parteilich‹ denkende« Justizfunktionäre verwandelt (Wentker, Einleitung, S. 47, 27, 93; vgl. aber auch Welsh, Wandel, S. 155; Jan Erik Backhaus, Volksrichterkarrieren in der DDR, Frankfurt/Main, 1998, S. 46, und Pfannkuch, Volksrichterausbildung, S. 108, 140). Diese Erzählung reproduziert das zeitgenössische Vertrauen in die marxistische Ideologie und verrätselt das dahintersteckende Problem, wie diejenigen, die die Gesetze machen, sicherstellen, dass sie auch in ihrem Sinne angewendet werden.

3 Hilde Benjamin, Zur Heranbildung des neuen Richters, in: *NJ* 6, 3 (1949), S. 129–132.

4 Stenographische Niederschrift über die Juristen-Konferenz am 3. und 4. August 1946 im Parteihause zu Berlin, zit. n. Hermann Wentker, Einleitung, in: ders., (Hg.), *Volksrichter in der SBZ und DDR 1945 bis 1952*, München 1997, S. 9–94, 45.

Diese von Benjamin und anderen beschriebene »Zweispurigkeit des Denkens«[5] war nicht nur ein Problem der Volksrichterausbildung, sondern zugleich ein Problem der sozialistischen Rechtslehre. Der Sozialismus, wie Lenin ihn sich vorgestellt hatte, sollte die Anarchie der kapitalistischen Produktionsweise überwinden, ohne hinter den Stand der gesellschaftlichen Entwicklung zurückzufallen.[6] Der Hauptwiderspruch dieser Konzeption bestand nicht zwischen Kapital und Arbeit, sondern darin, dass der moderne Sozialismus die funktionale Differenzierung der Gesellschaft in autonome Teilbereiche wie Wirtschaft, Recht, Wissenschaft, Kultur oder Politik theoretisch voraussetzte, aber die Grundlage dieser Differenzierung, die Regelhaftigkeit rationaler Herrschaft, fortlaufend untergrub. Die Politisierung der sozialen Systeme beraubte die »ökonomischen, wissenschaftlichen, rechtlichen oder kulturellen Subsysteme ihrer Eigenständigkeit« und überformte ihre »spezifischen Rationalitätskriterien«.[7]

Freilich konnte die Partei der Arbeiterklasse die juristische Eigenlogik nie ganz ausschalten, wenn sie auf eine rechtliche Lösung gesellschaftlicher Konflikte nicht überhaupt verzichten wollte. Also musste sie sich auf das Risiko einer partiellen Freisetzung immer wieder von Neuem einlassen. Es waren diese Einlassungen, die eigentümliche Dialektik von sozialer Entdifferenzierung und funktionaler Re-Differenzierung, die sich in der Volksrichterausbildung manifestierte und dort zu den Friktionen führte, die Benjamin so anschaulich beklagte. Die Volksrichterkurse indoktrinierten die neue Elite zwar einerseits; andererseits führte die juristische Qualifikation bei gleichzeitigem Festhalten an der überkommenen Dogmatik[8] zu jener Subversion, die Hans Gerats als Zweispurigkeit des Denkens kennzeichnete und die für die Rechtskultur der DDR symptomatisch blieb. Im Mai 1949 hatte Gerats geklagt, auf die Frage nach dem Wesen des Staates sei ihm geantwortet worden: »Soziologisch gesehen ist der Staat ein Herrschaftsinstrument«, juristisch »gesehen ist der Staat eine abstrakte Gebietskörperschaft«. Sieben Jahre später hatte ein Leipziger Richter geklagt: »Wenn ich juristisch entscheide, so ist es politisch falsch, entscheide ich politisch richtig, dann ist es juristisch falsch.«[9] Und noch auf der

5 Hans Gerats, zit. n. Wentker, Einleitung, S. 60.
6 Meuschel, Legitimation, S. 21.
7 Ebd., S. 10.
8 Vgl. Markovits, Diener, S. 84: »Die juristische Methode, die sich deduktiv vom Allgemeinen zum Besonderen bewegt; die Tendenz, ein Rechtsproblem in viele begriffliche Bausteine zu zerlegen; die Beziehungen dieser Bausteine zueinander innerhalb der Logik des Systems, die ›Grammatik‹ des Rechts, in der Juristen miteinander diskutierten, waren in Ost- und Westdeutschland weitgehend identisch.«
9 Werkentin, Strafjustiz, S. 263.

Babelsberger Konferenz von 1958 gab ein Diskutant zu Protokoll: »In einer der letzten Klausuren ›Staatsrecht‹ hatten wir einen Fall zur Bearbeitung gegeben, dessen Lösung nur gefunden werden konnte, wenn die betreffende gesetzliche Regelung politisch richtig verstanden worden war [...]. Ein Student gab eine Doppellösung, gewissermaßen zum Aussuchen, eine erste Lösung, die er selbst als zwar dem Gesetz entsprechend, aber politisch nicht in Ordnung bezeichnete, und eine zweite Lösung, die er für politisch richtig hielt, die er aber gesetzlich nicht begründen konnte.«[10]

II.

Die Einführung und Ausweitung der Volksrichterkurse waren entscheidende Schritte bei der Transformation des Justizwesens. Zur vollständigen Überwindung des »engen bürgerlichen Rechtshorizonts«[11] bedurfte es aber wesentlich mehr. Es hätte einer gänzlich neuen Ordnung des juristischen Wissens bedurft, die zur Struktur realsozialistischer Gesellschaften in einem ähnlichen Verhältnis stehen würde wie die Rechtsdogmatik zur funktional differenzierten Gesellschaft. Versatzstücke einer solchen Theorie wurden insbesondere in den wilden Anfangsjahren sozialrevolutionärer Praxis ausgearbeitet: nach dem Bürgerkrieg in Russland und dem Ende des Zweiten Weltkriegs in Deutschland. Was in der Weimarer Republik und in der Bundesrepublik unter dem Stichwort Naturrecht verhandelt wurde, nämlich das Verhältnis von Recht und Politik oder die Eigenständigkeit der Jurisprudenz als Wissenschaft, wurde in Gesellschaften sowjetischen Typs unter dem Gesichtspunkt eines proletarischen Rechts und der Sozialistischen Gesetzlichkeit verhandelt.[12]

Der Gesetzlichkeitsbegriff entstammte dem zaristischen Russland und erfuhr in der postrevolutionären Sowjetunion eine sozialistische Aneignung.[13] Ursprünglich verfolgte die Partei Lenins das Ziel einer neuen, qualitativ anderen Gesellschaft, in der Menschen ihre Streitigkeiten selbst austrugen – ohne komplizierte Gesetze, weitverzweigtes Gerichtswesen

10 Ulrich Krüger, Diskussionsbeitrag, in: *Staats- und rechtswissenschaftliche Konferenz in Babelsberg am 2. und 3. April 1958*, Berlin (Ost) 1958, S. 81–87, 83

11 MEW 19, 21

12 Eine erste Annäherung an diese Terminologie bietet Adrian Schmidt-Recla, Sozialistisches Recht, sozialistisches Rechtsverhältnis, sozialistische Person, sozialistische Gesetzlichkeit, in: ders. & Achim Seifert (Hg.), Recht, S. 115–138.

13 Friedrich-Christian Schroeder, Wandlungen und Konstanten der »sozialistischen Gesetzlichkeit«, in: *ROW* 6, 33 (1989), S. 358–362.

und studierte Rechtsbeistände.[14] Karl Marx hatte gelegentlich behauptet, das bürgerliche Recht stehe in einem Korrespondenzverhältnis zur kapitalistischen Warenzirkulation und würde mit den Verhältnissen absterben, die den Bedarf für die formale Gleichheit bürgerlicher Warenhüter erst hervorbrächten. Der Rat der Volkskommissare sah sich diesem Erbe praktisch verpflichtet. Er fasste im November 1917 den Beschluss, alle Gesetze aufzuheben, die alten Gerichte zu schließen, neue zu eröffnen, altgediente Richter auf die Straße zu setzten und durch Männer und Frauen zu ersetzten, die Fälle nicht nach angelerntem Wissen, sondern nach gesundem Menschenverstand entscheiden sollten. Kein langwieriges Studium, sondern Sachverstand und Hingabe sollten den Ausschlag für einen Richterposten geben. Anwälte, Staatsanwälte und Strafverteidiger wurden abgeschafft. Jeder unbescholtene Bürger sollte andere anklagen, sie verklagen oder verteidigen können – ein beispielloser Angriff auf die Institutionen und Professionen des Rechts, der in der Geschichte des Rechts seinesgleichen sucht.[15]

Zu Anfang respektierte niemand die neuen Gerichte. Männer ließen ihre Hüte auf, während sie im Gerichtsaal warteten. Sie sprachen, ohne sich von den Sitzbänken zu erheben, während diejenigen, deren Fall gerade nicht gehört wurde, beharrlich auf den Rückbänken schwatzten. Lenin hatte seinen Lesern eingebläut, Gerichte seien Instrumente der Klassenunterdrückung. Warum also sollte man auf einen Richter hören? Noch dazu, wenn er, wie im Fall des ersten Moskauer Volksgerichts, in einem abgewohnten Holzhaus tagte, das nur schwach erleuchtet und erfüllt war vom Geruch schwelender Kohlen? Die meisten Bolschewiken hatten nur Verachtung für das Recht übrig. Diese Verachtung konnte sich auf eine Tradition berufen, die das Recht entweder als Instrument der herrschenden Klasse verunglimpfte oder aber sein baldiges Absterben mit eben dieser Klasse prophezeite.[16]

Die Revolutionäre des Jahres 1917 wollten das Spannungsverhältnis zwischen Recht und Politik, das alle rechtsförmig verfassten Gesellschaften heimsucht, nicht lösen, sondern einseitig zu Gunsten der Politik auflösen. Justizkommissar Petr Stutschka brach 1918 mit dieser Vorstellung. Er gab eine schmale Broschüre heraus, in der er die Aufgaben der neuen Justiz näher präzisierte. Stutschka meinte, die Volksrichter könnten sich bei der Rechtsfindung zwar von ihrem revolutionären Empfinden leiten lassen, sollten sich an den Gesetzen der Zarenzeit aber

14 John Hazard, Foreword, in: Piers Beirne & Robert Sharlet (Hg.), Pashukanis, *Selected Writings on Marxism and Law*, London 1980, XII–XVII, VI.

15 John Hazard, *Settling Disputes in Soviet Society*, New York 1978, S. 34f.

16 Vgl. die konzise Einleitung in die marxistische Rechtstheorie von Norbert Reich, Marxistische und sozialistische Rechtstheorie, in: ders. (Hg.), *Marxistische und sozialistische Rechtstheorie*, Frankfurt/Main 1972, S. 7–18.

zumindest orientieren. Keine gefühlige Gesetzlosigkeit sollte an die Stelle des kapitalistischen Rechts treten, sondern eine neue Gesetzlichkeit.

Die anschließende Kontroverse zwischen Formalisten, die das Recht für den Aufbau der kommenden Gesellschaft nutzen wollten, und Rechtsnihilisten, die auf die Unvereinbarkeit von Sozialismus und Recht pochten, prägte die Rechtskultur der Sowjetunion für die nächsten zwanzig Jahre: vom Novemberedikt bis zu den Moskauer Prozessen.[17] Mal wurde Politik mit dem Recht gemacht. Mal gegen das Recht. Stutschkas Nachfolger im Amt, Justizkommissar Dmitri Kurski, beispielsweise verbot jede Bezugnahme auf die Gesetze der vorrevolutionären Regierung und ordnete an, dass jeder Fall allein nach revolutionärem Empfinden entschieden werden sollte.[18] Lenin dagegen fand Kurskis Nihilismus zu primitiv für die Belange einer modernen Industriegesellschaft und mahnte die Verwirklichung noch »größerer revolutionärer Gesetzlichkeit« an.[19]

Die Neue Ökonomische Politik des Jahres 1921 leitete dann einen Paradigmenwechsel ein und entschied die Diskussion zugunsten der Formalisten. Bauern, die im Bürgerkrieg furchtbar gehungert hatten, sollten nur noch einen Teil ihrer Ernte abgeben müssen. Handwerkern wurde erlaubt, Handel zu treiben. Die Lohnarbeit und das Unternehmertum wurden legalisiert. Ein Zivilgesetzbuch wurde erlassen und ein Arbeitsgesetzbuch. Diese Verbindung von Kapital und Recht stand dem Rechtssoziologen Ewgeni Paschukanis unmittelbar vor Augen als er seine *Allgemeine Rechtslehre und Marxismus* schrieb.

In dem schmalen Büchlein mit dem unscheinbaren Titel zog Paschukanis eine Parallele von Warenform und Rechtsform. So wie der Reichtum kapitalistischer Gesellschaften als ungeheure Warensammlung erscheine,

17 Diese Geschichte wird anschaulich erzählt von Hazard, Disputes, seinem Schüler, Harold Berman, *Justice in the U.S.S.R.*, 2. Aufl., Cambridge 1963; außerdem von Norbert Reich, *Sozialismus und Zivilrecht*, Frankfurt/Main 1972. Einen kurzen, aber konzisen Überblick bietet Friedrich-Christian Schroeder, Die Übernahme der sowjetischen Rechtsauffassung in ihrer Stalinschen Ausprägung in der SBZ/DDR, in: Deutscher Bundestag (Hg.), Materialien, S. 11–19; weitere Hinweise außerdem bei Robert Sharlet, Stalinism and Soviet Legal Culture, in: Robert C. Tucker (Hg.), *Stalinism*, New York 1977, S. 155–179; Eugene Huskey, Vyshinskii, Krylenko, and the Shaping of the Soviet Legal Order, in: *Slavic Review* 3/4, 46 (1987), S. 414–428, und Peter H. Solomon, *Soviet Criminal Justice under Stalin*, Cambridge 1996, insbes. S. 17ff.

18 Näher besehen war die beabsichtigte Abschaffung allen Rechts nicht mehr und nicht weniger als eine beispiellose Aufwertung der Justiz. Weder römisches Recht noch Bürgerliches Recht, hätten Richtern solche Macht gegeben, verkündete Dmitri Kurski nicht ohne Stolz, vgl. Hazard, Disputes, S. 64.

19 LW 33, 161.

stelle sich die bürgerliche Gesellschaft als »unendliche Kette von Rechtsverhältnissen dar«.[20] Das Geheimnis dieser Rechtsform bestehe darin, dass sie das gesellschaftliche Verhältnis der Menschen als Verhältnis von außer ihnen existierenden Rechten zurückspiegele, das heißt, es in die »phantasmagorische Form« (Karl Marx) eines Verhältnisses von Rechten verkehre. Paschukanis zog daraus die radikale Konsequenz, dass es in einer wahrhaft menschlichen Gesellschaft, in der Menschen sich nicht länger als Warenhüter gegenüberstünden, sondern als Menschen begegneten, weder Waren geben dürfe noch Rechte.

Paschukanis revolutionäre Absage an das proletarische Recht erschien 1924, dem Jahr von Lenins Tod, und machte ihn über Nacht berühmt.[21] Bald besetzte er Schlüsselpositionen in der Wissenschaft und übernahm die Herausgeberschaft wichtiger Fachzeitschriften.[22] Im Jahr 1929, als die vierte Auflage seiner *Allgemeinen Rechtslehre* in den Handel kam, hatte er seinen Mentor überflügelt und Stutschka als führenden Rechtstheoretiker der Sowjetunion beerbt. Doch das Jahr 1929 war in vielerlei Hinsicht ein Wendepunkt. Es war das Jahr, in dem der erste Fünfjahresplan beschlossen wurde, die Kollektivierung der Landwirtschaft. Und die Industrialisierung der Sowjetunion. Es war das Jahr in dem Stalin seinen letzten innerparteilichen Gegenspieler, Nicolai Bucharin, ausschaltete. Bucharin rede einem Absterben des Staates das Wort, ausgerechnet jetzt, wo der Klassenkampf in seine heiße Phase eintrete, meinte Stalin. »Wir sind für das Absterben des Staates«, erklärte er auf dem XIV. Parteitag der KPdSU, wir »sind jedoch gleichzeitig für die Verstärkung der Diktatur des Proletariats«. Um Saboteuren in der Industrie und »Kulaken« auf dem Land das Handwerk zu legen, brauche man einen starken Staat und ein hartes Recht. Die staatliche Macht

20 Ewgeni Paschukanis, *Allgemeine Rechtslehre und Marxismus*, Wien 1929, S. 60.

21 Die Allgemeine Rechtslehre erreichte vier Auflagen; die dritte Auflage von 1927 wurde in mehrere Sprachen übersetzt, unter anderem ins Deutsche. Felix Halle, der Justiziar der KPD, ließ das Buch samt Vorwort übersetzen, mit einem Anhang versehen und 1929 in Wien drucken, vgl. Tanja Walloschke, Eugen Paschukanis, in: *Eugen Paschukanis, Allgemeine Rechtslehre und Marxismus*, Freiburg 2003, S. 195–204, 196f. Zur Rezeptionsgeschichte siehe die umfangreichen Nachweise bei Andreas Harms, *Warenform und Rechtsform*, Baden-Baden 2000.

22 Zu Paschukanis Biographie siehe Eugene Kamenka & Alice Tay, The Life and Afterlife of a Bolshevik Jurist, in: *Problems of Communism* 1, 19 (1970), S. 72–78; Norbert Reich, Marxistische Rechtstheorie zwischen Revolution und Stalinismus, in: *KJ* 2, 5 (1972), S. 154–162; Thomas Blanke, Rechtstheorie und Propaganda, in: *KJ* 4, 12 (1979), S. 401–432, und Leonid Mamut, Stutschka und Paschukanis, in: Paschukanis, Rechtslehre[b], S. 269–315.

müsse bis zu dem Punkt potenziert werden, an dem die Entwicklung umschlage und sich in ihr Gegenteil verkehre – »so lautet die marxistische Formel«.[23]

Im April 1929 wurde die sozialistische Gesetzlichkeit mit dem stalinistischen Dogma des ständig sich verschärfenden Klassenkampfes kurzgeschlossen. Bucharin wurde weniger später verhaftet und erschossen. Paschukanis wurde vorsichtiger und begann sich in Widersprüche zu verstricken.[24] Er rückte von seiner ursprünglichen Gleichsetzung von Recht und bürgerlichem Recht ab, sprach von »bürgerlichem Recht in Anführungszeichen« und argumentierte, dass es auf der Vorstufe zum Kommunismus selbstverständlich Recht geben müsse.[25] Aus einer lebendigen, kreativen Politik und der theoretischen Kritik daran erwuchs Schritt für Schritt eine stalinistische Apologie. Und aus Paschukanis, dem kreativen Marxisten,[26] wurde der stellvertretende Kommissar der Justiz – ein Mitautor der Stalinverfassung. »Der Wandel vom revolutionär-kritischen zum stalinistischen Rechtsbegriff vollzog sich nun paradoxerweise in der Person eines Rechtstheoretikers, der für viele mit der revolutionär-marxistischen Rechtstheorie identisch war.«[27]

Paschukanis persönliches Schicksal war das Schicksal einer Utopie – einer Moderne ohne Recht, in der das Allgemeine mit dem Besonderen ausgesöhnt sein sollte. Er verschwand 1937 in den Folterkellern des stalinistischen Regimes und wurde wenig später ermordet. Seine Portraits wurden von den Wänden genommen, seine Schriften aus den Bibliotheken verbannt. Etwa zur selben Zeit eröffnete Paschukanis theoretischer Gegenspieler, Generalstaatsanwalt Andrej Wyschinski, die Erste Unionskonferenz über Fragen der Wissenschaft des Sowjetrechts und des Sowjetstaates. Für Wyschinski war das Recht nicht bloß Vorrecht der Warenhüter, sondern die »Gesamtheit der Verhaltensregeln, die den Willen der herrschenden Klasse ausdrücken« und dazu gedacht, jene »gesellschaftlichen Verhältnisse und Zustände« zu sichern, die ihr »genehm

23 Stalin zit. n. Wolfgang Leonhard, *Die Dreispaltung des Marxismus*, Düsseldorf 1970, S. 146.

24 Die Einstellung eines Juristen zum Absterben des Rechts sei der Zollstock mit dem man seinen Abstand zum Marxismus messe, behauptete Paschukanis (Economics and Legal Regulation, in: Beirne & Sharlet (Hg.), Writings, S. 237–272, 268).

25 Evgeny Paschukanis, The Marxist Theory of Law and the Construction of Socialism, ebd., S. 188–199.

26 In den Erinnerungen John Hazards war Paschukanis ein Hüne mit lebhafter Mimik, dessen buschige Augenbrauen, sich immerfort auf und ab zu bewegen schienen. Er war, so habe Roscoe Pound ihm einmal anvertraut, ein kreativer Marxist. Und unter den Juristen sicher der Kreativste (Hazard, Foreword, XV).

27 Reich, Revolution, S. 154.

und vorteilhaft sind«.[28] Unter seiner Anleitung und Aufsicht verkümmerte die sozialistische Rechtstheorie, die angetreten war, um die instrumentelle Vernunft der bürgerlichen Rechtsdogmatik in kritischer Absicht zu überwinden, zur Legitimation eines instrumentellen Irrationalismus, dem das Recht immer nur Mittel war. Und nie das Maß. Das alte Recht sollte zwar absterben, aber zugleich einem neuen Recht weichen, das – seiner Eigenlogik beraubt – nur mehr verwaltet werden sollte.

III.

Das Verhältnis von Recht und Politik, Norm und Maßnahme blieb in Stalins Sowjetunion notorisch unbestimmt. Gleichwohl bedeutete die stets von Neuem erhobene Forderungen nach einer Festigung der Gesetzlichkeit für Stalin und Wyschinski nichts anderes als das, was sie schon für Lenin oder Stutschka bedeutet hatte: die Rückkehr zu geordneten Verhältnissen nach einer Phase revolutionärer Exzesse. Sie richtete sich »gegen jede Dezentralisierung der Macht, gegen unkoordiniertes Vorgehen und gegen spontane Initiative von unten, soweit nicht ausdrücklich von der Parteiführung oder von Organen, an die sie ihre Machtbefugnisse delegiert hatte, anbefohlen oder genehmigt«.[29] In diesem präzisen Sinne tauchte der Begriff Ende der vierziger Jahre in der Sowjetischen Besatzungszone auf. In einer »bedeutenden Erklärung« mahnte der designierte Justizminister Max Fechner zwar zu mehr Gesetzlichkeit,[30] gab aber zu verstehen, dass er darunter kaum mehr verstand als die Gesetzmäßigkeit der Verwaltung und die Gesetzesbindung der Richter.

Das war schon deshalb notwendig, weil die Rote Armee, als sie 1945 in Deutschland einmarschiert war, deutschen Gerichte nicht einfach geschlossen, sondern in vielen Dörfern und Städten eigene Gerichte eröffnet hatte, die ihr bei der Verwaltung Deutschlands behilflich sein

28 Andrej Wyschinski, Die Hauptaufgaben der Wissenschaft vom sozialistischen Sowjetrecht, in: Rudolf Arzinger (Hg.), *Sowjetische Beiträge zur Staats- und Rechtstheorie*, Berlin (Ost) 1953, S. 50–108, 50f.

29 Otto Kirchheimer, *Politische Justiz*, Neuwied 1965, S. 422.

30 Vgl. Max Fechner, Für die Festigung der demokratischen Rechtsordnung, *NJ* 1, 3 (1949), S. 1–3. Karl Mollnau sah in Fechners Referat die entscheidende Wende zur Stalinisierung von Rechtswissenschaft und Praxis. Der Sozialdemokrat Fechner habe diese Wirkung möglicherweise übersehen. Allerdings heißt es schon auf der nächsten Seite, der Gesetzlichkeitsbegriff habe den Rang eines Basisbegriffs in dem Maße erklommen, wie der Rechtstaat abgewertet worden sei. Es handelt sich also weniger um eine Wende als um einen Prozess, der »nicht immer gradlinig« verlief (Sozialistische Gesetzlichkeit in der DDR, in: Bender & Falk (Hg.), Recht im Sozialismus, Bd. III, S. 59–82, 61f., insbes. Fn. 5).

sollten. In Brieselang beispielsweise, einer Kleinstadt vor den Toren Berlins, ernannte der örtliche Kommandant den gelernten Feinmechaniker Erich Skribelka zum Staatsanwalt und befahl ihm, ein Gericht aufzubauen. Da es vorher kein solches Gericht gegeben hatte, beschriftete Skribelka ein Holzschild und erklärte die alte Sparkasse kurzerhand zum »Bezirksgericht«.[31] Das Bezirksgericht Brieselang führte Verfahren beispielsweise wegen »Bestechung«, Diebstahl oder »handgreiflicher Vergehen«, wegen »Parteizugehörigkeit« oder »Erbschaftsangelegenheit«.[32] Hilde Benjamin, die seit 1943 ein Gartengrundstück in Brieselang besaß, wurde Zeugin dieses Gerichts und erinnerte über die Jahre immer wieder daran: Da wurden »Felddiebstähle, Arbeitsbummelei oder Sachbeschädigung« mit Strafen geahndet wie »Verweis, öffentlichem Aushang der Strafe oder auch mit Freiheitsstrafen«; da »gab es Entscheidungen wie ›Gartentür ist zu reparieren‹; da wurden Vormundschafts- und Familienrechtsangelegenheiten geregelt und in Ordnung gebracht«.[33] Ein Schreiben Skribelkas an die Brandenburger Provinzialverwaltung vermittelt einen Eindruck vom dort herrschenden Selbstverständnis: »Nach anfänglichen Schwierigkeiten, es fehlten die Strafprozessordnung und das Reichs-Strafgesetzbuch, gelang es uns, diese herbeizuschaffen, und somit unsere juristischen Kenntnisse zu erweitern, sowie Unterlagen zur Bearbeitung der einzelnen Fälle zu haben. Die Zivilprozess-Ordnung besitzen wir leider noch nicht. Mit diesen vorhandenen Unterlagen arbeiteten wir nach bestem Wissen und Gewissen für Recht und Gesetz.«[34]

Brieselang war kein Einzelfall. Besonders in Brandenburg, Mecklenburg und Sachsen, den Ländern also, die die Rote Armee zuerst befreit hatte, »wimmelte« es schon nach kurzer Zeit vor Volksgerichten.[35] Noch am 31. Dezember 1946 klagte die DJV über diesen »Wildwuchs«.[36] Sie habe bei einer Revisionsreise schon wieder ein »wildes Gericht« entdeckt, für »dessen weiterbestehen es an einer Rechtsgrundlage« fehle.[37]

Nicht nur die Gerichte, auch die Gesetze waren durch Krieg und Besatzung aus den Fugen geraten. Zwar waren etliche Gesetze aufgehoben worden, das sogenannte Heimtückegesetz zum Beispiel. Oder das

31 Schreiben an die Provinzialverwaltung Mark Brandenburg v. 27. November 1945, BLHA Rep. 212 MdJ/515, Bl. 3.

32 Vgl. Verfahrensregister, BArch, DP 1 MdJ/6656, unpag.

33 Hilde Benjamin, Von nun an muß die Justiz dem Volke dienen, in: Institut für Marxismus-Leninismus beim ZK der SED (Hg.), *Wir sind die Kraft*, Berlin 1959, S. 103–131, 109

34 Schreiben an das Justizamt Potsdam vom 12. Dezember 1945, ebd., Bl. 1.

35 Walter Hoeniger, Justiz in Brandenburg, in: *NJ* 8, 3 (1949), S. 192f., 192.

36 Karl Wilhelm Fricke, *Politik und Justiz in der DDR*, Köln 1979, S. 31.

37 Schreiben vom 31. Dezember 1946, BArch DP 1 MdJ/23557, Bl. 61.

Blutschutzgesetz.[38] Im Übrigen aber konnten sich die Alliierten nicht auf eine einheitliche Linie verständigen. Also brachten Besatzer, Länder und Gemeinden eigene Vorschriften auf den Weg. In Berlin beispielsweise hob eine Generalklausel zunächst alle Gesetze auf, die »rassenfeindlichen Charakter« trugen, und bestimmte dann, es sei Sache der Behörden, diese Klausel auszulegen, ihre Tätigkeit selbstständig »mit dem Geiste der neuen antifaschistischen und demokratischen Weltanschauung zu beleben«.[39] Als ein Reporter den mutmaßlichen Oberstaatsanwalt des Schöneberger Amtsgerichts, einen Hochstapler namens Ernst Tigges, wenig später nach dem geltenden Recht fragte, antwortete der frei heraus: dass er das Gesetz in der Fassung vom 29. Januar 1933 bemühe, gegebenenfalls aber auch auf später erlassene Gesetze zurückgreife. Tigges sah im ungeordneten Nebeneinander von Altem und Neuem keinen Widerspruch, denn das »neue Recht und die neue Rechtsprechung« sollten nun »wirklich und wahrhaftig dem gesunden Volksempfinden entsprechen«.[40]

Zu den Komplexen, die nach dem 8. Mai 1945 nicht revidiert, sondern umfassend sanktioniert wurden, wie man damals sagte, gehörte insbesondere das Wirtschaftsstrafrecht. Traurige Berühmtheit erlangten drei Verordnungen, die kriegsschädliches Verhalten unter Strafe stellten.[41] Schwarzschlachtungen zum Beispiel, Schleichhandel.[42] Oder die Nichterfüllung einer Ablieferungspflicht. Sie wurden nach dem Krieg dazu genutzt, um die SBZ zur »Hölle für Schieber und Spekulanten zu machen«.[43] Am 3. Dezember 1945 gab die SMAD außerdem den Befehl Nr. 160 über die Verantwortung für Sabotage- und Diversionsakte. Für

38 Michael Stolleis, Rechtsordnung und Justizpolitik 1945–1949, in: Norbert Horn, Klaus Luig & Alfred Söllner (Hg.), *Europäisches Rechtsdenken in Geschichte und Gegenwart*, Bd. I, München 1982, S. 383–407; Matthias Etzel, *Die Aufhebung von nationalsozialistischen Gesetzen durch den Alliierten Kontrollrat*, Tübingen 1992.

39 Verordnungsblatt der Stadt Berlin 1 (1945), S. 1.

40 Sendemanuskript vom 7. und 8. Juni 1945, BArch, DP3 GStA/986, Bl. 8ff. Tigges kam wohl nur ins Amt, weil er die Namensverwandtschaft mit einem Kammergerichtsrat klug auszunutzen verstand, vgl. Friedrich Scholz, *Berlin und seine Justiz*, Berlin 1982, S. 23.

41 Gemeint sind die Kriegswirtschaftsverordnung, die Verbrauchsregelungs-Strafverordnung und die Preisstrafrechtsverordnung. Sie wurden 1948 weitgehend durch die Wirtschaftsstrafverordnung abgelöst, vgl. Moritz Vormbaum, *Das Strafrecht der Deutschen Demokratischen Republik*, Tübingen 2015, S. 79–90.

42 Im März 1947 wurde die Verfolgung des Schleichhandels noch einmal intensiviert, vgl. Kontrollratssetz Nr. 50 vom 20 März 1947, vgl. ebd., S. 71.

43 o. A., *Protokoll der Verhandlungen des II. Parteitages der Sozialistischen Einheitspartei Deutschlands*, Berlin 1947, S. 315.

beides sah der Befehl drakonische Strafen vor, Freiheitsstrafen bis zu 15 Jahren oder gar Todesstrafe, und verlangte vom Richter, wirtschaftliche Bagatellen brutal zu ahnden. Dass diese harte Linie vor allem auf dem Land, wo unerfahrene Volksrichter über die ihr bekannte Hälfte der Bevölkerung zu Gericht saßen,[44] zu massiven Problemen führen würde, hatte das sowjetische Beispiel zur Genüge demonstriert. Es verwunderte daher kaum, dass eine Revisionsreise der sowjetischen Rechtsabteilung »grobe Befehlsverstöße« ergab. Sie bemängelte unter anderem, dass die Richter und Staatsanwälte in »formal-bürokratischer Weise« Recht sprächen und nur »äußerst liberal« straften.[45]

Nicht nur im Wirtschaftsstrafrecht, auch bei der Handhabung des SMAD-Befehls Nr. 201, der die Entnazifizierung zu einem beschleunigten Abschluss bringen sollte, versuchten die Richter, sich vor einer Entscheidung zu drücken. Es kam zu derart vielen Krankmeldungen, dass man zuweilen gar von einer »201er-Krankheit« sprach.[46] Viele Volksrichter weigerten sich hartnäckig, überhaupt Strafsachen zu bearbeiten. Andere wurden davon nervenkrank.[47] Wenn Max Fechner also die Festigung der Gesetzlichkeit anmahnte, dann nicht, weil er die Sowjetisierung der Besatzungszone beschleunigen wollte, sondern deshalb, weil sich die Justiz dort teilweise verselbstständigt hatte; weil die Rechtslage unklar und verworren war; und weil die neuen Richter und Staatsanwälte sich oft nicht an die harten Gesetze hielten, die der im Werden begriffene Staat und seine Garantiemacht im politischen Strafrecht oder im Bereich des Wirtschafsstrafrechts erlassen hatten. Hinter der Forderung nach mehr Gesetzlichkeit verbarg sich zunächst nichts anderes als ein Plädoyer für die Beseitigung all jener Umstände, die eine demokratische oder wie auch immer geartete Steuerung der Justiz unmöglich machten.[48]

44 Diese Formulierung in Anlehnung an Ralf Dahrendorf, Bemerkungen zur sozialen Herkunft und Stellung der Richter an Oberlandesgerichten, in: *HmbJB* 5 (1960), S. 260–275, 260.

45 SMAD-Rechtsabteilung an Chef der DJV v. 2. Oktober 1946, zit. n. Wentker, Justiz, S. 178

46 Anlage zum Protokoll über die 50. Regierungssitzung am 8. Dezember 1947, zit. n. Petra Weber, Rechtsstaat Thüringen?, in: Heiner Timmermann (Hg.), *Diktaturen in Europa im 20. Jahrhundert*, Berlin 1996, S. 113–132, 123.

47 Vgl. Hans Hattenhauer, *Über Volksrichterkarrieren*, Hamburg 1995, S. 19f.

48 »Bei einem Vergleich der verschiedenen Inhaltsbestimmungen des Begriffs für die Zeit vor und nach 1949 ist nicht zu erkennen, was denn nun eigentlich das unverwechselbare Wesen dieser Gesetzlichkeit ausmache, wenn auch eine gewisse Tendenz unverkennbar war, diesen Begriff mit Einhaltung der Gesetze gleichzusetzen«, schreibt Wolf Preuß, *Der Begriff der sozialistischen Gesetzlichkeit in der DDR und die Methoden ihrer Verwirklichung als Herrschaftsinstrument der SED*, Tübingen 1963, S. 19.

IV.

Das änderte sich Anfang der fünfziger Jahre. Im Dezember 1951 fand die erste theoretische Konferenz »über Fragen der Staats- und Rechtswissenschaft« in Leipzig statt. Dort wies Hilde Benjamin, damals Vizepräsidentin des Obersten Gerichts, darauf hin, dass man alle »imperialistischen Rechtsanschauungen« ausmerzen müsse, die eine »strikte Anwendung« der Gesetzlichkeit unmöglich machten.[49] Hermann Klenner, der in Forst Zinna zur Staats- und Rechtstheorie gearbeitet und Karl Polak anschließend wegen Faulheit, Inkompetenz und Wankelmut denunziert hatte, wurde damit beauftragt, diese Forderung wissenschaftlich zu untermauern. In zwei Qualifikationsarbeiten und einem Aufsatz entwickelte Klenner die Gesetzlichkeit vom Postulat der Gesetzesbindung zu einer provisorischen Theorie des sozialistischen Rechts und seiner wissenschaftlichen Erforschung.

Klenner war der Auffassung, dass die »emsige Kommentar-Produktion« der bürgerlichen Jurisprudenz »(bestenfalls) vorwissenschaftlich« sei. Um sich als echte Wissenschaft zu behaupten, dürfe die Rechtswissenschaft nicht länger dogmatisch betrieben, sondern müsse auf die sichere Grundlage der »Wissenschaft von den Entwicklungsgesetzen in der Gesellschaft« gestellt, das heißt, soziologisch betrieben werden. Nicht die »Beschreibung einzelner, weniger bedeutsamer Seiten des Rechts«, sondern die allseitige Erforschung seiner Formen und Typen, der mannigfaltigen Beziehungen der juristischen zu den ökonomischen Gesetzen, nicht das Recht selbst, sondern sein Klassencharakter sei der eigentliche Gegenstand der Jurisprudenz.[50]

Für Klenner lehrte das Studium der Klassiker vor allem die Geschichtlichkeit des Rechts: dass es einst eine Gesellschaft ohne Recht gegeben habe, dass es einmal eine Gesellschaft ohne Recht geben werde und dass das Recht »während seiner Existenz [...] verschiedenen Klassen« helfe, ihre »teils sogar gegensätzlichen Ziele zu verwirklichen«. Die Einsicht in diese Geschichtlichkeit unterscheide die proletarische von der bürgerlichen Rechtswissenschaft. Bis auf den heutigen Tag versuchten »Ideologen der reaktionären Klassen [...], ihre Existenzbedingungen als Ausfluß einer angeblich in jeder Menschenbrust thronenden unsterblichen

49 Hilde Benjamin, zit. n., Karl Polak, Bericht über die theoretische Konferenz über Fragen der Staats- und Rechtswissenschaft in Leipzig am 15. und 16. Dezember 1951, in: *NJ* 1, 6 (1952), S. 7–12, 10. Dabei ließ Benjamin offen, ob der Augenblick, in dem das Recht den Volkswillen ausdrückte, bereits gekommen war, ob imperialistische Anschauungen eine konsequente Anwendung der Gesetze unmöglich machten oder die Art und Weise, wie man derartige Anschauungen auszumerzen gedachte.

50 Hermann Klenner, *Der Marxismus-Leninismus über das Wesen des Rechts*, 1. Aufl., Berlin 1954, S. 8, 28, 87.

Rechtsidee darzustellen«. Dieser Auffassung liege die Illusion zugrunde, dass »die besonderen Emanzipationsbedingungen der Bourgeoisie die allgemeinen Bedingungen« seinen, unter denen die gesamte Menschheit befreit werden könne. Kaum herrschend geworden habe sich das Bürgertum von seinen revolutionären Idealen losgesagt und behauptet, das positive »Recht sei die schon lange herbeigesehnte Verkörperung der göttlichen Vorsehung«.[51] In Wahrheit sei das »Vorurteil von der ›ewigen‹ Gerechtigkeit« nichts anderes als der »verhimmelte Ausdruck der bestehenden ökonomischen Verhältnisse«.[52] Es gebe kein neutrales, kein ewiges Recht »schlechthin«. Stets müsse die Frage lauten: »wem dient das Recht, in wessen Interesse wird es angewandt, welche Klasse steht hinter dem Recht, sind es Ausbeuter oder sind es Arbeiter?«[53]

V.

Klenners scharfe Kritik der bürgerlichen Rechtstheorie war unmittelbar gegen die westdeutsche Naturrechtsphilosophie gerichtet. Dabei arbeitete sie mit einem Naturrechtsbegriff, dem die kommunistische Rechtsauffassung keinesfalls subsumiert werden konnte.[54] Diese Befürchtung war insofern berechtigt, als dass sie in der Tat naturrechtliche Züge aufwies.[55] An anderer Stelle führte Klenner aus, dass die Gesetzgebung den bestehenden Zustand zwar im Interesse der jeweils herrschenden Klasse fixiere. Allerdings könne das Recht nicht jeden beliebigen Inhalt annehmen, sondern bliebe auf eine »gewisse [...] Wahrhaftigkeit« verpflichtet.[56] Es sei ein nicht aufhebbares Gesetz, dass die Produktionsverhältnisse den Produktivkräften entsprechen müssten. Staatliche Gesetzgebung

51 Ebd., S. 21, 85.

52 Friedrich Engels, zit. n. Klenner, Marxismus-Leninismus, S. 21.

53 Klenner, Marxismus-Leninismus, S. 35f. Klenner exerziert diesen Fragenkatalog am Beispiel der StVO durch: »Wer ist an der Einhaltung der Verkehrsordnung interessiert? Vom Westen eingeschleuste Diversanten versuchen, unser Verkehrsnetz lahmzulegen, und selbst die Verstöße der kleinen Verkehrssünder dienen letzten Endes dem Klassengegner: der Unfall, den zu verhüten die Normen erlassen sind, kostet das Geld der Werktätigen. Überdies zeigt die neuere Verkehrsgesetzgebung Westdeutschlands, daß dort nach amerikanischem Muster der kapitalistische Autofahrer die Fußgänger als lästiges Verkehrshindernis behandeln darf [...]« (ebd., S. 39).

54 Vgl. Georg Brunner, Naturrecht und Sowjetideologie, in: *ROW* 6, 10 (1966), S. 229–236, 230.

55 Diese naturrechtlichen Züge sind immer wieder bemerkt worden. Siehe nur Hans Kelsen, *The Communist Theory of Law*, New York 1955, S. 20–23 (Marx), 68, 70 (Stutschka), 118–121 (Wischinsky)

56 Klenner, Marxismus-Leninismus, S. 86.

sei nur dort »objektiv berechtigt«, wo das Recht der Produktivkraftentfaltung diene, mit anderen Worten, wo sie »Hebel des gesellschaftlichen Fortschritts« sei.[57] Ausgehend von Marx' Bemerkung, das Recht könne nie höher sein als die ökonomische Gestaltung und dadurch bedingte Kulturentwicklung der Gesellschaft,[58] gelangte Klenner so zu einer Lehre vom untergesetzlichen Recht.[59] Gerade so wie Radbruch dem gesetzlichen Unrecht das übergesetzliche Recht gegenüberstellte, gerade so stellte er dem idealistischen Überbau eine materialistische Basis gegenüber, der »als Bezugspunkt nicht eine überpositive, sondern eine unterpositive Ordnung, die jeweilige ökonomische Wirklichkeit«, diente.[60]

Klenners Vorstoß wurde damals heftig kritisiert.[61] Ein Artikel, der flankierend zur Doktorarbeit erschien und die dort angelegten Gedanken aufgriff und weiterentwickelte, wurde von der Hauptabteilung Gesetzgebung in aller Form kritisiert. Klenners Thesen seien unverständlich und unzutreffend. Er grenze sein Thema nicht ein, nicht ab und werfe so viele Probleme auf, dass jeder Versuch einer angemessenen Lösung von vornherein zum Scheitern verurteilt sei. Schon die Form sei eine Zumutung. Klenner führe viele Gedanken nicht zu Ende, sondern gebe sich mit »aphoristischen Andeutungen« zufrieden. Erschwerend komme hinzu, dass der »Verfasser den Eindruck eines [...] ironischen Tones seiner Ausführungen nicht zu vermeiden« verstehe. Vor allem aber wolle Klenner an das Recht absolute Bewertungsmaßstäbe anlegen und gelange so »zu einem ›gerechten Recht‹, einem letztlich idealistischen Standpunkt«.[62]

Man könnte erwarten, damit sei ein Machtwort gesprochen, das subversive Potential von Klenners Gesetzlichkeitslehre erkannt und von vornherein unterbunden worden. Doch dem war nicht so. In einer kritischen Besprechung von Klenners Buch fand Karl-Heinz Schöneburg,

57 Hermann Klenner, Über das Verhältnis von juristischen zu historischen Gesetzen, in: *NJ* 1, 7 (1953), S. 4–9, 6.

58 MEW 19, 21.

59 Diese Formulierung in Anlehnung an Friedrich Christian Schroeder, Diskussionsbeitrag, in: Deutscher Bundestag (Hg.), Materialien, S. 53.

60 Brunner, Naturrecht, S. 231.

61 Wie aus dem Bericht über die öffentliche Disputation hervorgeht, bei der unter anderem Max Fechner, Hilde Benjamin und Arthur Baumgarten anwesend waren, hatte Klenner wohl ursprünglich die These vertreten, Recht und Gesetzlichkeit gehörten gar nicht zum Überbau, sondern zur Basis, siehe Sch., Erste öffentliche Thesenverteidigung an der Berliner Universität, in *NJ* 15, 6 (1952), S. 615. In der gedruckten Arbeit findet sich diese Einschätzung so nicht.

62 Referenten-Kollektiv der Hauptabteilung Gesetzgebung des Ministeriums der Justiz der Deutschen Demokratischen Republik, Über das Verhältnis von juristischen zu historischen Gesetzen, in: *NJ* 5, 7 (1954), 132–137, 134; 137; 136.

der mit Klenner in Forst Zinna studiert hatte, dass das Verhältnis von juristischen Gesetzen und ökonomischen Gesetzmäßigkeiten tatsächlich die Essenz von Stalins Linguistik-Briefen sei. Er hielt deshalb auch die »sonst prinzipiell richtige Kritik des Referenten-Kollektivs der Hauptabteilung Gesetzgebung des Ministeriums der Justiz [...] für undialektisch und falsch«.[63] Herbert Kröger pflichtete Schöneburg bei. Er unterstrich, das Problem der Rechtwissenschaft sei der Formalismus, die »Abstraktion der Fragen der juristischen Formen als Formen des Überbaus von den Vorgängen der Basis«,[64] und schloss daraus, die fortschrittliche Rechtswissenschaft müsse die positiven Gesetze aus ihrer Beziehung zu den objektiven Gesetzmäßigkeiten heraus erklären.

In der Folge wurde Klenner an die Berliner Universität geladen und in einer erweiterten Sitzung der Fakultät zur Rede gestellt. Einhellig kam man zur Auffassung, er habe sich mit dem Thema seiner Dissertation zwar übernommen, der Wert seiner Arbeit bestehe aber gleichwohl im »richtigen Bemühen, einen objektiven materialistischen Standpunkt zur Beurteilung juristischer Gesetze« zu gewinnen. Würde man auf einen solchen Maßstab überhaupt verzichten, dann erschienen auch die »weitgehend legalisierten Verbrechen des Hitlerfaschismus [...] als objektiv daseinsberechtigt«.[65] Man dürfe vor Worten wie Gerechtigkeit nicht zurückscheuen. Kein »ewiges Naturrecht« werde »hier eingeschmuggelt«, das Recht nicht »am ewigen Naturrecht, sondern [...] an der ökonomischen Entwicklung zu einem bestimmten Zeitpunkt« der Produktivkraftentwicklung gemessen.[66]

VI.

In seiner Doktorarbeit hatte Hermann Klenner die politische Forderung nach einer strikten Bindung an das Gesetz mit der rechtsphilosophischen Frage nach der Legitimität dieser Gesetze verflochten. In seiner zweiten Qualifikationsarbeit hatte er für eine selbstbewusste Rechtswissenschaft auf der Grundlage einer demokratischen Gesetzlichkeit plädiert. Seine Erweiterung der Gesetzlichkeit von der bloßen Rechtsanwendungs- zur Gesetzgebungslehre und seine Aufwertung der Rechts- zur

63 Karl Heinz Schöneburg, Formen und Bedeutung der Gesetzlichkeit als einer Methode in der Führung des Klassenkampfes, in: *NJ* 7, 6 (1952), S. 290–294, 292.

64 Herbert Kröger, Stalins Arbeit »Ökonomische Probleme des Sozialismus in der UdSSR« und einige Fragen der Rechtswissenschaft, in: *NJ* 2, 7 (1953), S. 33–35, 33.

65 Uwe-Jens Heuer & Hans-Jürgen Schürmann, Über das Verhältnis von juristischen zu historischen Gesetzen, in: *NJ* 9, 7 (1953), S. 304f., 305.

66 Ebd.

Gesellschaftswissenschaft führte mit einer gewissen Folgerichtigkeit zur Frage nach dem quis iudicabit. Wer sollte und wer würde die Gesetze auf ihre Übereinstimmung mit der objektiven Gesetzmäßigkeit hin überprüfen? Doch dazu kam es nicht gleich. Unterbrochen wurde die theoretische Diskussion durch einen Aufstand, der die Legitimität des Arbeiter- und Bauernstaates praktisch in Zweifel zog.

Der 17. Juni 1953 schwächte die SED und er stärkte Walter Ulbricht. Er führte dazu, dass Justizminister Max Fechner, der im Neuen Deutschland Fehler eingeräumt hatte, verhaftet und zu acht Jahren Gefängnis verurteilt wurde;[67] dazu, dass Hilde Benjamin vom Obersten Gericht abberufen wurde und in das Justizministerium wechselte.[68] Und er führte zu einer Neubestimmung der Sozialistischen Gesetzlichkeit.

Bis zum 17. Juni 1953 hatte die SED die Justiz auf einen strikten Nachvollzug der Gesetze verpflichtet und diese Verpflichtung als Lehre aus der Geschichte präsentiert. Acht lange Jahre hatte sie Rechtsarbeitern ohne Scheu vor Wiederholung immer wieder eingehämmert, die Weimarer Republik sei an der Perforation der bürgerlichen Gesetzlichkeit zugrunde gegangen. Dieses Dogma musste in dem Moment aufgegeben werden, als sich blinder Gesetzesgehorsam plötzlich selbst als politischer Fehler entpuppte. Als die Kommunistische Partei der Sowjetunion die SED mit einem Neuen Kurs überraschte, fand man sich in der Lage wieder, dass man der eigenen Justiz kaum vorwerfen konnte, die Gesetze nicht strikt genug angewendet zu haben. Also musste man ihr vorwerfen, sie falsch angewendet zu haben. Dieser Vorwurf wurde konkret anhand eines Falles erhoben, dem Otto Kirchheimer den einprägsamen Namen »Die Ballade vom ermordeten Hund« gegeben hat.[69]

Dem lag folgender Sachverhalt zugrunde: Im Oktober 1953 hatte sich ein herrenloser Hund auf ein Betriebsgelände verirrt. Er war dort entdeckt und mit einem Brett halbtot geschlagen worden. Als der Schläger das Tier am nächsten Morgen lebend vorfand, warf er es in eine Aschegrube, wo der Hund kläglich verendete. Der Delinquent, unbeliebt im Ort und im Betrieb, sah sich anschließend massiven Anfeindungen ausgesetzt. Die Kollegen forderten Entlassung, die Partei seinen Ausschluss. Der örtliche Hundezüchterverein forderte schwerste Bestrafung. Also wurde der Täter entlassen, ausgeschlossen und am 8. Dezember 1953 zu einem Jahr Gefängnis verurteilt. Dann erfuhr die Besatzungsmacht von dem Fall, schaltete sich ein und veranlasste das Übrige. Ein halbes

67 Vgl. Rudi Beckert, *Lieber Genosse Max*, Berlin 2003, S. 239ff.

68 Zu Benjamins Leben, siehe o. A., Zwischen Recht und Rot, in: *Der Spiegel* 12 (1959), S. 22–34, Marianne Brentzel, *Die Machtfrau*, Berlin 1997, Andrea Feth, *Hilde Benjamin*, Berlin 1997, und die Besprechung Volkmar Schöneburgs, Hilde Benjamin, in: *UTOPIE kreativ* 85/86 (1997), S. 114–122.

69 Kirchheimer, Justiz, S. 387.

Jahr später, am 29. März 1954, kassierte das Oberste Gericht der DDR die Verurteilung des Tierquälers und entschied seinerseits, der »versteckt arbeitende Feind« habe »sich mit der Diskussion über das Schicksal des Hundes« bloß getarnt, um »infame Hetze gegen [...] bewährte Parteimitglieder« zu betreiben. »Antidemokratische Mitglieder des Hundezüchtervereins« hätten die Zusendung »verleumderischer und diffamierender Zuschriften an die Redaktion« des Parteiorgans orchestriert, ein als »Arbeiterfeind« bekannter Richter habe die Gesetzlichkeit gebeugt.[70] Kurze Zeit später war der Verurteilte rehabilitiert und der verantwortliche Richter seinerseits in Untersuchungshaft.

Der Fall zog weite Kreise und wurde namentlich von Hilde Benjamin aufgegriffen und verbreitet. In ihrer Diskussionsrede auf dem IV. Parteitag der SED (1954) warf sie die Frage auf, warum es solche Fehlurteile noch immer gebe. Die Antwort, die sie selbst auf diese Frage gab, musste den unbedarften Hörer verblüffen und wurde in den kommenden Wochen und Monaten daher oft wiederholt. Noch immer hätten nicht alle Richter das Wesen der Gesetzlichkeit voll begriffen. Viele Richter neigten dazu, die »Wahrung der demokratischen Gesetzlichkeit« gleichzusetzen »mit der genauen, buchstabengetreuen Anwendung des Gesetzes«, und übersähen dabei, dass die in der Rechtsordnung verkörperte Gesetzlichkeit nicht nur strikt zu wahren sei, sondern die Gesetze auch im Sinne der Arbeiter- und Bauernmacht »als Ausdruck des Willens der Werktätigen anzuwenden« seien. »Erst beides zusammen«, erklärte Benjamin, »strikte Befolgung der Gesetze und ihre Anwendung im Interesse der Werktätigen«, entspreche dem Wesen der »demokratischen Gesetzlichkeit«, das heißt der dialektischen »Einheit von Gesetzlichkeit und Parteilichkeit«.[71]

VII.

Der Einbau der Parteilichkeit in die Gesetzlichkeit war nicht, wie oft behauptet, der Anfang vom Ende, die vollständige Unterordnung des Rechts unter die Knute der Politik. Im Gegenteil. Die Partei erhoffte sich dadurch die partielle Freisetzung einer Eigenlogik, die bis dahin vollständig negiert worden war. Bis zum IV. Parteitag hatte sich die Justizpolitik der SED darauf beschränkt, Juristen auf den Nachvollzug politischer Vorgaben zu beschränken. Sie hatte zu diesem Zweck ein Kommentarverbot erlassen,[72] Zeitschriften zensiert, die Zahl und den Inhalt

70 Vorlage an das Sekretariat des ZK zu Mühlhausen, zit. n. Werkentin, Strafjustiz, S. 332.

71 Hilde Benjamin, Diskussionsrede auf dem IV. Parteitag der Sozialistischen Einheitspartei Deutschlands, in: *NJ* 8, 8 (1954), S. 223–224, 223.

72 Vgl. David Kästle-Lampartner, *Welt der Kommentar*, Tübingen 2016, S. 93–95.

der Lehrbücher reglementiert. Schon um die Verantwortung für Fehlurteile fortan mit der Justiz teilen zu können und die Rechtsanwendung so zu dynamisieren, dass sie auf unvorhergesehene Kurswechsel flexibel reagieren konnte, musste die Partei nun von ihrer Gleichsetzung von Gesetzesbindung und Gesetzlichkeit ein Stück weit abrücken.

Die Forderung, Gesetze parteilich anzuwenden, befreite die Justiz vom Gesetzeswortlaut und verpflichtete sie auf die politischen Vorgaben der Partei. Die Gesetzlichkeit um Parteilichkeit zu ergänzen bedeutete, blinden Gehorsam durch denkenden Gehorsam zu ersetzen. Erst vor diesem Hintergrund wird verständlich, wieso nach 1954 in zahlreichen Artikeln hervorgehoben wurde, was man von der Justiz nun erwartete. Wenn Benjamin einen Artikel aus dem Jahr 1954 mit dem unverblümten Hinweis eröffnete, die Entschließungen des ZK der SED enthielten für alle Staatsorgane wichtige Hinweise;[73] wenn sie wenig später unterstrich, alle Gerichte, Justizverwaltungsstellen und Staatsanwaltschaften müssten »sich sofort mit dem Studium der gesamten Materialien des Parteitags beschäftigen und die Lehren für ihre Arbeit daraus ziehen«;[74] wenn sie 1955 betonte, die »Forderung nach der parteilichen Anwendung des Gesetzes« dürfe »nicht dazu führen, daß ein einzelner Funktionär ein Gesetz, das er für unrichtig hält, nicht anwendet«;[75] und im Jahr darauf noch einmal ausdrücklich darauf hinwies, dass Gesetze parteilich anzuwenden nicht bedeute, dass »Zweckmäßigkeitserwägungen« dazu berechtigten, ein »geltendes Gesetz unseres Staates, gleich welchen Inhalts, nicht anzuwenden«;[76] wenn sie all das tat, obwohl es erklärtermaßen keine »Tendenz oder Methode« gebe oder je gegeben habe, wonach »bestimmte Rechtsfragen unparteiisch entschieden« oder »bestimmte Personengruppen ungesetzlich behandelt« worden seien,[77] dann deshalb, weil die Parteilichkeit der Rechtsanwendung die strikte Gesetzesbindung der Vorjahre gelockert hatte und die Notwendigkeit, Verantwortung zu teilen, Überwachung an die Stelle von Zwang treten ließ. »Die Justizfunktionäre kamen so in eine nahezu hoffnungslose Situation beim Versuch, das von der Parteispitze zu einem gegebenen Zeitpunkt gerade erwünschte ›richtige‹ Urteil zu erraten«, bewertete Falco Werkentin diese Situation, weder »Opportunismus noch strengster Dogmatismus und

73 Hilde Benjamin, Das 17. Plenum der SED und die Aufgaben der Justiz auf dem Dorfe, *NJ* 4, 8 (1954), S. 97–99, 97.

74 Hilde Benjamin, Unsere Justiz schützt die Interessen der Arbeiter und Bauern, in: *NJ* 8, 8 (1954), S. 221–224, 221.

75 Hilde Benjamin, Zu Fragen der Gesetzlichkeit und der Leitung innerhalb des Justizapparates, in: *NJ* 13, 9 (1955), S. 387–391, 387.

76 Hilde Benjamin, Zu einigen Fragen der Gesetzlichkeit in der Deutschen Demokratischen Republik, in: *Einheit* 6, 11 (1956), S. 543–550, 543.

77 Hilde Benjamin, Die sozialistische Gesetzlichkeit strikt verwirklichen! In: *NJ* 8, 10 (1956), S. 228–230, 229.

Parteigläubigkeit konnten vor ›Fehlurteilen‹ schützen, es sei denn, daß die Partei das Urteil den Justizfunktionären direkt in die Feder diktierte. Und so findet sich in anderen Akten die Klage einer Bezirksrichterin, gerichtet an die Justizabteilung des ZK, daß sie die Partei mehrfach und ausdrücklich um Beratung bei der Urteilsfindung gebeten habe, die Genossen im konkreten Fall aber sich nicht einmal fünf Minuten Zeit genommen hätten.«[78]

VIII.

Ihren Höhepunkt erreichte die Tendenz, die Rechtsanwendung zu dynamisieren und eine sozialistische Alternativjurisprudenz zu etablieren, im Jahr 1956. Im Februar 1956 hielt Nikita Chruschtschow seine berüchtigte Geheimrede, in der er ein Ende des Personenkults und eine Wiederherstellung der Gesetzlichkeit forderte. Hilde Benjamin ließ verlauten, man stehe nun unter dem »tiefen Eindruck der Verhandlungen des XX. Parteitages der KPdSU« und bemühe sich, die richtigen Lehren daraus zu ziehen. Man könne nicht einfach zur Tagesordnung übergehen, sondern müsse die »gesamte Arbeit – vom Minister bis zum untersten Mitarbeiter – daraufhin [...] überprüfen, ob wir unsere sozialistische Gesetzlichkeit mit dem Ernst und der Parteilichkeit wahren, wie es der Aufbau des Sozialismus« erfordere.[79] Im Anschluss an die 3. Parteikonferenz der SED fanden mehrere Arbeitstagungen höherer Partei- und Justizfunktionäre statt. Anschließend wurden in Berlin und allen Bezirken der DDR mehrere Konferenzen durchgeführt, um sämtliche Richter und Staatsanwälte zu instruieren.[80]

Im Zuge des nun einsetzten Tauwetters kam es zu einer Akzentverschiebung. Sozialistische Gesetzlichkeit sollte nicht mehr nur strikte Einhaltung der Gesetze bedeuten, nicht mehr nur dialektische Einheit von Gesetzesbindung und parteilicher Rechtsanwendung. Sie sollte ausdrücklich auch die Wahrung der Bürger- und Beschuldigtenrechte miteinschließen. Die Strafverfolgung durch Polizei und Staatssicherheit sollte stärker verrechtlicht werden. Die Strafverfolgungsbehörden sollten stärker als bisher zwischen Feinden des Aufbaus und »Gestrauchelten«

78 Falco Werkentin, Die »Ballade vom ermordeten Hund«, in: *KJ* 4, 25 (1992), S. 496–501, 500.

79 Benjamin, Gesetzlichkeit verwirklichen, S. 228.

80 o. A., Schlußfolgerungen aus der 3. Parteikonferenz der SED für die Arbeit der Justizorgane, in: *NJ* 9, 10 (1956), S. 259–261; Aussprache von Richtern und Staatsanwälten über Fragen der sozialistischen Gesetzlichkeit im Strafverfahren, in: *NJ* 11, 10 (1956), S. 324–329; Walter Krutzsch, Einige Erfahrungen aus Bezirkskonferenzen über die sozialistische Gesetzlichkeit im Strafverfahren, in: *NJ* 12, 10 (1956), S. 357–359.

unterscheiden. Generalstaatsanwalt Ernst Melsheimer räumte plötzlich Fehler ein: Fristen seien nicht immer eingehalten worden; die Zusammenarbeit der Strafverfolgungsbehörden sei weiter ausbaufähig; teilweise sei es gar zu vorschnellen und unbegründeten Festnahmen und einer Reihe anderer ungesetzlicher Maßnahmen gekommen.[81] An anderer Stelle fasste Josef Streit zusammen, was man nun zu tun gedachte: Es gelte die »Verantwortung der Staatsanwaltschaft für die strikte Einhaltung der Gesetze zur Verhinderung ungesetzlicher Maßnahmen, insbesondere zur Verhütung jeglicher Einschränkung der verfassungsmäßigen und gesetzlichen Rechte der Bürger«, auszubauen und die Kontrolle der Rechtsprechung »insbesondere im Hinblick auf die Gewährleistung der Rechte der Bürger« zu verbessern.[82] Hilde Benjamin sah die Lösung für diese Probleme abermals in einer stärkeren Kontrolle der Untersuchungsorgane durch die Gerichte und in einer besseren Anleitung der Gerichte durch die Partei. Doch wie schon nach dem 17. Juni ging es auch diesmal nicht darum, die Schlinge enger zu ziehen.

Die SED hatte inzwischen nahezu alle Entscheidungskompetenzen an sich gezogen und sah sich angesichts der Situation, alle Teilbereiche der Gesellschaft selbst verwalten zu müssen, hoffnungslos überlastet. Sie begriff den aufkeimenden Revisionismus zunächst als Chance, um die juristische Eigenlogik weiter zu fördern.[83] In einer ungewöhnlich dichten Folge von Artikeln, die auch dem Letzten klar machen sollten, was genau die 3. Parteikonferenz der SED für die Arbeit der Justizorgane bedeutete, wurde wiederholt daraufhin gewiesen, dass man die »Verantwortungsfreudigkeit« der Richter,[84] ihre »schöpferische Initiative« stärken müsse.[85] Gesetze parteilich anzuwenden, bedeute nicht, sie parteiisch anzuwenden, sondern sie richtig anzuwenden, schrieb Werner Artzt, der Direktor des Instituts für Zivilrecht an der DASR, falsche Nachsicht gegenüber staatlichen Stellen mindere »die Kontrolle ihrer Tätigkeit [...] und erschüttert das Vertrauen der werktätigen Bauern [sic] in die Gesetzlichkeit«.[86] Und Ministerpräsident Otto Grotewohl ließ sich gar mit der

81 Ernst Melsheimer, Unsere Staatsanwälte sind Hüter der sozialistischen Gesetzlichkeit, in: *NJ* 8, 10 (1956), S. 225–227, 225.

82 Josef Streit, Einige Hinweise zur Auswertung der 3. Parteikonferenz der SED, in: *NJ* 9, 10 (1956), S. 257–259, 257. Konkrete Schritte wurden im »Rahmenarbeitsplan der Obersten Staatsanwaltschaft der DDR für das III. Quartal 1956« bekanntgegeben (in: *NJ* 13, 10 (1956), S. 389–391).

83 Meuschel, Legitimation, S. 147f.

84 o. A., Schlußfolgerungen, S. 260.

85 o. A., Für die Festigung der sozialistischen Gesetzlichkeit, in: *NJ* 13, 10 (1956), S. 385.

86 Vgl. Werner Artzt, Zu einigen Fragen der sozialistischen Gesetzlichkeit in der Deutschen Demokratischen Republik, in: *NJ* 19, 10 (1956), S. 581–586, 584. In diesem Aufsatz zeichnete Artzt ein neues Bild der

Bemerkung zitieren, die Gesetzlichkeit erschöpfe sich nicht allein in der »Betrachtung vorhandener niedergeschriebener Gesetze«, sondern bestehe »auch darin, all das, was unser sozialistisches Recht ist [...] schon jetzt durchzuführen«.[87]

IX.

Die Tauwetterpolitik des Jahres 1956 machte sich in der Entlassung von 25.000 Häftlingen bemerkbar, der Rehabilitierung innerparteilicher Gegenspieler Walter Ulbrichts und der Freilassung einiger Sozialdemokraten.[88] Nach Stalin benannte Straßen und Plätze wurden umbenannt. Stalinstadt verschwand von der Landkarte.[89] Oppositionelle Gesprächskreise fanden sich zusammen.[90] Intellektuelle und Schriftsteller wie Wolfgang Harich oder Stefan Heym setzten sich für die Wiedereinführung der Verwaltungsgerichtsbarkeit ein. Ernst Bloch forderte die ernste Auseinandersetzung mit dem bürgerlichen Erbe des Marxismus – man müsse endlich Schach spielen statt Mühle.[91] Der Statistiker Fritz Behrens und sein Schüler Arne Benary kritisierten den Zustand der Planwirtschaft. Die Partei könne die ökonomischen Gesetzmäßigkeiten des Sozialismus

Sozialistischen Gesetzlichkeit. Er argumentierte, dass Mängel in der Gesetzgebung zur »Hemmung des sozialistischen Aufbaus« führen würden. Die »Werktätigen« hätten daher nicht nur das Recht, sondern auch die »Pflicht zur Kritik auch an gesetzlichen Maßnahmen« (S. 582, 581). Das Recht müsse so gestaltet sein, dass es die »ökonomischen Beziehungen« festige. Das ökonomische »Verhältnis der Warenzirkulation« sei durch die Gleichheit der Beteiligten geprägt. Daher müsse das Zivilrecht die »juristische Gleichstellung der Beteiligten« fördern. Diese »im Gesetz niedergelegte Zweckmäßigkeit« dürfe beim Vertragsschluss nicht verletzt werden (S. 586). Allerdings könnten die Parteien im vorgegebenen Rahmen Rechte und Pflichten »entsprechend den von ihnen gesetzten Zwecken begründen, ändern und aufheben«. Dieser Spielraum werde »ökonomisch und politisch um so richtiger« genutzt, je »größer die Freiheit (im philosophischen Sinne) der Entscheidung« sei. Es sei daher wichtiger, die »Werktätigen« zur »Freiheit der Entscheidung zu erziehen, als ihnen Einzelheiten vorzuschreiben« (S. 587).

87 Otto Grotewohl, Unser neues Recht entwickelt sich mit dem sozialistischen Aufbau, in: *ND* vom 20. Mai 1956, S. 3.

88 Tobias Wunschik, Ein Regenmantel für Dertinger, in: Roger Engelmann, Thomas Großbölting & Hermann Wentker (Hg.), *Kommunismus in der Krise*, Göttingen 2008, S. 297–325, 318.

89 Fricke, Politik, S. 331.

90 Beispiele für derartige Kreise bei Gerd Dietrich, *Kulturgeschichte der DDR*, Göttingen 2018, S. 647ff.

91 Vgl. Jürgen Rühle, *Literatur und Revolution*, Köln 1960, S. 334.

oft schon deshalb nicht ausnutzen, weil sie diese Gesetzmäßigkeiten gar nicht kenne. Es kam zu Protesten und Demonstrationen gegen die Hochschulpolitik der SED. Eine Vollversammlung an der Berliner Humboldt-Universität wagte gar die Abschaffung des obligatorischen Gesellschaftskundeunterrichts zu fordern, sowie die Einführung einer »fakultativen Vorlesung über Philosophie aller humanistischen Weltanschauungen, [...] die Ermöglichung eines erweiterten Studentenaustauschs innerhalb Gesamtdeutschlands und des gesamten Auslandes sowie eines ungehinderten Reiseverkehrs jedes einzelnen Studenten [...] nicht zuletzt in das westliche Ausland«, dazu eine »Verbesserung der Beschaffung von Fachliteratur wesentlicher Verlage«.[92] »Auf einmal hatten alle das Gefühl, daß es möglich war, alle Fragen aufzuwerfen, selbst solche, vor denen sie sich gehütet hatten, sie in der eigenen Brust zu stellen«, schrieb Ernst Loest über die damalige Zeit, eine »Debatte war in Fluß gekommen, sie schwoll an, Begriffe wurden wie Bälle geworfen: Personenkult, Dogmatismus, Verletzung der Gesetzlichkeit, Apparat, Apparatschik, sehr bald: Stalinismus«.[93]

Die alternative Rechtswissenschaft wurde von der Entstalinisierung ins Mark getroffen. Sie hatte das Dogma von der ständigen Verschärfung des Klassenkampfes wie eine Monstranz vor sich hergetragen und Wischinsky als den »größte[n] Rechts- und Staatstheoretiker unserer Epoche« verehrt.[94] Unter der Oberfläche begann es zu gären. Die ersten Schritte zur Entfaltung eines »Meinungsstreits« wurden auf der zweiten theoretischen Konferenz getan, die vom 2. bis zum 4. März 1956 in Babelsberg stattfand. Auf der Leipziger Konferenz vom Dezember 1951 war es um die Grundfragen der Wissenschaft gegangen. Diesmal hatte das ZK die Frage gestellt,[95] warum die Rechtswissenschaft hinter der übrigen Entwicklung zurückgeblieben sei. Herbert Kröger wies darauf hin, dass das neue »Recht noch nicht seine ganze aktive Kraft« habe entfalten können, weil »viele Werktätige und selbst Staats- und Wirtschaftsfunktionäre« – gemeint waren insbesondere die Volkspolizei und das MfS – »noch in einer verhängnisvollen Unterschätzung

92 Ilko-Sascha Kowalczuk, *Die Niederschlagung der Opposition an der Veterinärmedizinischen Fakultät der Humboldt-Universität zu Berlin in der Krise 1956/57*, Berlin 1997, S. 37.

93 Erich Loest, *Durch die Erde ein Riss*, Hamburg 1981, S. 273.

94 Karl Polak, Über A. J. Wyschinskis Lehren und seine Praxis, in: *NJ* 3, 9 (1955), S. 65–71.

95 Die Konferenz war ursprünglich für Herbst 1955 anberaumt, musste allerdings aufgrund von Meinungsverschiedenheiten über das Thema und den XX. Parteitag der KPdSU jedoch zwei Mal nach hinten verschoben werden (o. A., Die Einschätzung der Babelsberger Konferenz vom März 1956 (16. März 1956), abgedr., in: Dreier, Eckert, Mollnau & Rottleuthner (Hg.), Rechtswissenschaft, S. 100–107, 100 Fn. 18.

der Rolle des Rechts befangen« seien.[96] Und Kröger wusste auch, warum: die »Mißachtung bürgerlich-demokratischer Traditionen«, ein »Überhang alter, übernommener Normen«, die »Nachwirkungen ausgesprochen reaktionärer, ja faschistischer Vorstellungen« und die Spaltung Deutschlands als der ständigen »Möglichkeit des Hineintragens rückständiger und feindlicher Ideologien« führten dazu, dass die Übergangsperiode vom Kapitalismus zum Sozialismus länger und komplizierter verlaufe als in anderen Staaten.[97]

Im Sommer 1956 ließ Kröger, der bereits dadurch aufgefallen war, dass er Chruschtschows Geheimrede viel zu früh verbreitet hatte, eine Broschüre Edward Kardeljs zur »sozialistischen Demokratie in der jugoslawischen Praxis« vervielfältigen. Bernhard Graefrath nahm an einer Konferenz in Dubrovnik Teil. Er propagierte die schrankenlose Meinungsfreiheit und erzählte den falschen Leuten, der jugoslawische Staat sei bereits abgestorben. Schließlich traten Hermann Klenner, Heinz Such und Karl Bönninger mit einer Reihe unterschiedlicher Beiträge zu heiklen Themen hervor: Kritik der Gesetzgebungspraxis, Mängel einer zentral gelenkten Planwirtschaft und richterliche Kontrolle staatlichen Handelns.[98]

Bönninger wollte auch die »fortschrittlichen Traditionen« der bürgerlichen Verwaltung für die »Entwicklung einer den Interessen des Volkes dienenden Verwaltungsrechtswissenschaft nutzbar« machen.[99] Unter seiner Leitung rezipierte das Autorenkollektiv, das für ein Lehrbuch des Verwaltungsrechts der DDR verantwortlich war, die Lehre von der Gewaltenteilung, der Gesetzesbindung und des Vorrangs der Verfassung. Das Lehrbuch stellte klar, dass nichtige Verwaltungsakte nicht befolgt werden müssten, anfechtbar seien, und deutete überdies an, dass man sich hierzu in Zukunft stärker noch an die Zivilgerichte wenden solle.[100] In einem Beitrag für die berüchtigte Festschrift für Erwin Jacobi[101] nutzte Bönninger die Frage nach der Rechtsnatur der Wirtschaftspläne außerdem als Aufhänger, um die »Unverbrüchlichkeit« von Rechtsnormen

96 o. A., Bericht über die Rechtswissenschaftliche Konferenz der Deutschen Akademie für Staats- und Rechtswissenschaft, in: *NJ* 6, 10 (1956), S. 162–167, 162.

97 Ebd., S. 162f.

98 Peter C. Caldwell, *Dicatorship, State Planning, and Social Theory in the German Democractic Republic*, Cambridge 2003, S. 87f.

99 Autorenkollektiv (Bönninger), Verwaltungsrecht, S. 39f.; vgl. auch Hoeck, Verwaltung, S. 188f. Zur Rezeption des Lehrbuchs, siehe die Nachweise bei Lubini, Verwaltungsgerichtsbarkeit, S. 254.

100 Autorenkollektiv (Bönninger), Verwaltungsrecht, S. 11ff., 197f., 319, 321; vgl. auch Stolleis, Geschichte, S. 291.

101 Vgl. Martin Otto, *Von der Eigenkirche zum Volkseigenen Betrieb*, Tübingen 2008, S. 366–374, 377f.

und ein subjektives Recht der Rechtsunterworfenen auf Befolgung der Gesetze durch staatliche Stellen zu fordern.[102]

Heinz Such kritisierte, dass die ökonomische Wirklichkeit hinter ihren Möglichkeiten zurückbleibe und machte dafür in erster Linie die Planung der »zentralen Organe, insbesondere der Ministerien und Hauptverwaltungen«, verantwortlich.[103] Die Nichterfüllung der Verträge sei eine »Kritik der Praxis an einem Mangel in […] der Planung und ihrer Durchführung«.[104] Such griff daher einen Vorschlag Ulbrichts auf. Er schlug die Auflösungen der Hauptverwaltungen und die Bildung »territorial dezentralisierte[r] und branchenmäßig aufgegliederte[r]« Vereinigungen vor, die ihre Verhältnisse untereinander mit Hilfe zivilrechtlicher Verträge regeln sollten.[105]

Schließlich schrieb Klenner einen Aufsatz, in dem er behauptete, es gehöre zu den »seit Jahren vertretenen Auffassungen«, dass ein »Eingreifen von Staatsorganen in den Lebenslauf der Bürger eben nur erfolgen darf, sofern Rechtsnormen dies gestatten«.[106] Er kritisierte die unklare Kompetenzverteilung zwischen Volkskammer, Ministerrat und einzelnen Ministern, beanstandete, dass wichtige Normen nicht als Gesetze, sondern als Verordnungen erlassen worden seien, bemängelte die Qualität dieser Erlasse und forderte eine Stärkung des Parlaments. In seinem Beitrag für die Festschrift zum 40. Jahrestag der Oktoberrevolution würdigte er Paschukanis »glänzende Analyse der bürgerlichen Zivilrechtsentwicklung«, wies Wyschinskis »überscharfe und […] verzerrte Kritik« zurück und würdigte Paschukanis dahingehend, dass er das Recht nicht nur als Werkzeug, sondern auch als gesellschaftliches Verhältnis beschrieben habe.[107] Das Recht sei nicht bloß Mittel zum Zweck, sondern auch »im Menschenkopf umgesetztes Materielles«.

102 Karl Bönninger, Rechtsnorm und Verwaltungsanweisung, in: *Festschrift für Erwin Jacobi*, Berlin 1957, S. 333–361, insbes. 347.

103 Heinz Such, Die Rolle des sozialistischen Rechts bei der Leitung der Wirtschaft, in: *Staat und Recht im Lichte des Grossen Oktober*, Berlin 1957, S. 336–375, 371. Zu Such, siehe das Biogramm von Günter Baranowski, Heinz Such, in Schröder & Simon (Hg.), Rechtsgeschichtswissenschaft, S. 189–252, und die Biographie von Karen Stiebitz, *Heinz Such (1910–1976)*, Köln 1999.

104 Such, Rolle, S. 362.

105 Ebd., S. 347.

106 Hermann Klenner, Gesetzgebung und Gesetzlichkeit. Der Artikel wurde im November 1956 geschrieben, vom Redaktionskollegium der Staat und Recht aus politischen Gründen zurückgewiesen und 33 Jahre später veröffentlicht in derselben Zeitschrift veröffentlicht (SuR 5, 39 (1990), S. 372–381, hier: 372).

107 Hermann Klenner, Zur ideologischen Natur des Rechts, in: Oktober, Berlin 1957, S. 82–101, 99, 100.

Daher gelte es »die juristische Form aus ihrem zuletzt ökonomischen Inhalt« heraus zu begreifen.[108]

X.

Die vielfältigen Versuche, die Volksrepublik zu entstalinisieren, konnten freilich nicht darüber hinwegtäuschen, dass die DDR der fünfziger Jahre eine stalinistische Diktatur war, die sich nach den Irritationen des 17. Juni 1953 und dem Ungarnaufstand von 1956 gewaltsam konsolidierte. Auf den Neuen Kurs war eine neue Phase der Repression gefolgt. Auf das Tauwetter folgte der Nachtfrost. Im Zentrum der Repression standen all diejenigen, die sich zur falschen Zeit zu weit vorgewagt hatten. Ulbrichts innerparteiliche Gegner, Ernst Wollweber und Karl Schirdewan, wurden im Februar 1958 kaltgestellt. Aufmüpfige Intellektuelle oder Publizisten wie Wolfgang Harich oder Walter Janka wurden verhaftet und zu hohen Haftstrafen verurteilt. Fritz Behrens und Arne Benary wurden relegiert. Stefan Heym und Ernst Bloch wurden mit Veröffentlichungs- und Lehrverboten belegt.

Am 11. Februar 1958 beschloss das ZK der SED, die einzelnen Wissenschaftszweige durch eine Reihe theoretischer Konferenzen wieder auf Kurs zu bringen.[109] Im März 1958 ließ sich es sich über die Lage an der rechtswissenschaftlichen Front unterrichten. Die Abteilung Wissenschaft kam zur Einschätzung, die Behandlung rechtstheoretischer Probleme erfolge »mitunter zu stark von einer formalen positivrechtlichen Seite her, anstatt vom Gesichtspunkt der grundlegenden ökonomischen und politischen Entwicklung«.[110] Eine Begutachtung der Entwicklung der DASR und des Deutschen Instituts für Rechtswissenschaft fand, dass sich beide Einrichtungen seit 1952 der »bürgerliche[n] Methode der Beschreibung der bestehenden gesetzlichen Vorschriften und ihre[r] Systematisierung« angenähert hätten. Die »ideologische Tendenz« sei bisweilen gar dahin gegangen, »Politik und Recht in Gegensatz zu setzen und die Politik durch das Recht zu verdrängen«.[111] Am 26. Februar 1958 erschien im Neuen Deutschland ein ganzseitiger Artikel, der Hermann Klenner

108 Ebd., S. 100, 101.

109 o. A. Beschluß über die Durchführung der Babelsberger Konferenz (11. Februar 1958), abgedr., in: Dreier, Eckert, Mollnau & Rottleuthner (Hg.), Rechtswissenschaft, S. 146–148.

110 Beitrag der Abt. Wissenschaften des ZK der SED zur Vorbereitung des Referates von Walter Ulbricht auf der Babelsberger Konferenz (März 1958), ebd. abgedr., S. 161–184, 168.

111 o. A., Zur Lage in der Rechtswissenschaft der DDR Anfang 1958 in der Sicht des Politbüros der SED (4. Mär 1948), ebd. abgedr., S. 156–160, 157f.

zum Hauptverantwortlichen für diese Entgleisungen erklärte und ihn anhand seines Artikels zur ideologischen Natur des Rechts des Revisionismus überführte.[112] Kurz darauf wurde Klenner von der Fakultät der Humboldt-Universität zur Rede gestellt. Im Protokoll der siebenstündigen Aussprache wurde festgehalten, dass Klenners Artikel »objektiv feindlicher Natur« sei, dass er »idealistisch« argumentiert und den Klassenstandpunkt verlassen habe.[113] Eine anschließend eingesetzte Kommission kam zu dem Ergebnis, Klenner habe sich nach dem XX. Parteitag der KPdSU zu einem »vom praktischen und politischen Leben entfremdeten und zum bürgerlichen Individualismus neigenden Intellektuellen« entwickelt. Er habe die politische Aktivität der Genossen durch »ständiges Hinweisen auf die Notwendigkeit der fachlichen Arbeit« gehemmt.[114] Er sei überheblich, zynisch und wähne sich klüger als die Partei. Sein verlogenes Auftreten zeige sich bereits darin, dass er die Frage, ob er etwas gegen den Genossen Ulbricht habe, entrüstet zurückgewiesen habe.

Im April 1958 wurde dieser Befund auf die Rechtswissenschaft überhaupt ausgedehnt. Auf der zweiten Babelsberger Konferenz zu Fragen der Staats- und Rechtswissenschaft – *der* Babelsberger Konferenz – wurde Klenner mit einem Anathema belegt. Freilich ging es auf der Konferenz nicht um die »Disziplinierung von vier oder fünf Wissenschaftlern«, sondern um eine »vollständige Funktionalisierung des Rechts und der Rechtswissenschaft« der DDR.[115]

Am 2. April 1958 fanden sich 500 Theoretiker, Praktiker und Journalisten[116] im Konferenzsaal der DASR in Potsdam ein. Arthur Baumgarten eröffnete die Veranstaltung. Anschließend sprach Walter Ulbricht drei Stunden lang über die »Staatslehre des Marxismus-Leninismus und ihre Anwendung in Deutschland«. In seinem Referat richtete Ulbricht sich gegen Bestrebungen, die neue Lehre »mit dem alten bürgerlichen Inhalt zu erfüllen«. Er kritisierte den »Formalismus und Dogmatismus« in der Rechtswissenschaft; außerdem die mangelhafte »Verbindung mancher

112 Annemarie Helmbrecht, Professor Klenner und der Revisionismus, in *ND* 26. Februar 1958; vgl. auch, dies. »Zur ideologischen Natur des Rechts« im Lichte des Großen Oktober, in: *SuR* 4, 7 (1958), S. 244–264.

113 Protokoll der Aussprache, zit. n. Markovits, Fakultät, S. 105.

114 Abschlußbericht über Vorgänge an der Juristischen Fakultät der Berliner Humboldt-Universität (März 1958), abgedr., in: Dreier, Eckert, Mollnau & Rottleuthner (Hg.), Rechtswissenschaft S. 220–239, 228, 225f., 227.

115 Hermann Klenner, Babelsdorf 1958, in: *Der Staat* 4, 31 (1992), S. 612–626, 613, 620, 617.

116 Neben 238 Staats- und Rechtswissenschaftler nahmen 220 Praktiker, 69 Angehörige des Parteiapparates und 14 Medienvertreter teil, Einladung zur Konferenz (März 1958), abgedr., in: Dreier, Eckert, Mollnau & Rottleuthner (Hg.), Rechtswissenschaft, S. 149f., 149 Fn. 23.

Staats- und Rechtswissenschaftler mit dem Leben«:[117] Hermann Klenner weise dem Recht »eine von der objektiven Realität unabhängige Rolle zu«, Karl Bönninger vertrete die Auffassung, dass einige der vom »Staat organisierten gesellschaftlichen Verhältnisse keine Rechtsverhältnisse seien«.[118] Heinz Such komme zu der formalistischen Schlussfolgerung, die »nicht gehörige Erfüllung der Planverträge sei eine Kritik der Praxis an […] der Planung«. Gegenüber all diesen Richtungen und Tendenzen forderte Ulbricht mit aller Schärfe, dass die Staats- und Rechtswissenschaft ihre »dogmatische, von der gesellschaftlichen Wirklichkeit abstrahierende Position« verlassen und wieder auf den Boden der Wirklichkeit zurückfinden müsse – zu den Beschlüssen der Partei.[119] Denn das Kriterium für die Wissenschaftlichkeit der Rechtstheorie sei noch immer ihr Nutzen für die politische Praxis.

Die Babelsberger Konferenz legte die Rechtswissenschaft der DDR theoretisch auf einen »nichtpositivistischen Positivismus«[120] fest. Eine Auseinandersetzung mit Paschukanis, dem Absterbe-Theorem oder Klenners Theorie vom untergesetzlichen Recht fand nicht mehr statt. Die Vorlesung Geschichte der Staats- und Rechtstheorie wurde aus dem Vorlesungsprogramm gestrichen, die Staats- und Rechtstheorie durch eine Themenreihe mit dem ansprechenden Titel »Der Kampf der Arbeiterklasse und der Volksmassen unter der Führung der kommunistischen Parteien um die Errichtung der Diktatur des Proletariats und den Sieg des Sozialismus« ersetzt.[121] Die Büste Friedrich Carl von Savignys wurde im Nachgang der Konferenz aus dem Dekanat der Humboldt-Universität

117 Walter Ulbricht, Die Staatslehre des Marxismus-Leninismus und ihre Anwendung in Deutschland, in: *Staats- und rechtswissenschaftliche Konferenz*, S. 7–50, S. 7; 9. Ulbrichts Rede war von Karl Polak vorbereitet worden, vgl. Howe, Polak, S. 191ff.

118 Ulbricht, Staatslehre, S. 29. Bönninger war der einzige unter den namentlich Angegriffenen, der persönlich vor Ort war und außerdem versuchte, sich gegen Ulbrichts Anwürfe zu verteidigen. Die zahlreichen Zwischenrufe, die seinen Diskussionsbeitrag unterbrachen, und die Bitten, die Bönninger an seine Genossen richtete (»du warst bei der Diskussion dabei […] und du kannst bestätigen«), bieten ein anschauliches Bild der frommen Naivität Bönningers und der aufgeheizten Stimmung in Babelsberg und (Diskussionsbeitrag, in: Staats- und rechtswissenschaftliche Konferenz, S. 62–70, hier: S. 68).

119 Ulbricht, Staatslehre, 29; 36.

120 Robert Alexy, Walter Ulbrichts Rechtsbegriff, in: Jörn Eckert (Hg.), *Die Babelsberger Konferenz vom 2./3. April 1958*, Baden-Baden 1993, S. 191–202, 202. Ähnlich spricht Michael Stolleis von einem »parteilichen Gesetzespositivismus« (Gesetzlichkeit, S. 30).

121 Karl-Heinz Schöneburg, Die Babelsberger Konferenz des Jahres 1958, in: *NJ* 1, 44 (1990), S. 5–8, 8.

entfernt und in den Keller verfrachtet.[122] Auf diese Art und Weise wurde eine »autoritär strukturierte und auf Apologie abgerichtete ›Staats- und Rechtswissenschaft‹ festgeklopft«.[123] Die Babelsberger Konferenz bereitete dem juristischem Eigensinn zwar nicht endgültig ein Ende.[124] Aber sie fror das Verhältnis von Recht und Politik, die Unterordnung der Rechtswissenschaft unter die Partei dauerhaft ein. Von diesem Schlag erholte sich die Rechtswissenschaft der DDR nicht mehr. Die Revolution des Rechts war bereits mit Paschukanis Erschießung verloren gegangen. Der Versuch einer Reform war es spätestens mit Klenners Relegation in den Oderbruch. Mit Ulbrichts Referat war deutlich geworden: Nicht das Recht der DDR sollte absterben, sondern ihre Rechtskultur.

122 Beitrag der Abt. Wissenschaften, S. 167 Fn. 42.

123 Karl A. Mollnau, Die Babelsberger Konferenz, in: Robert Alexy, Ralf Dreier & Ulfried Neumann (Hg.), *Rechts- und Sozialphilosophie in Deutschland heute*, Stuttgart 1991, S. 236–247, 238.

124 Meuschel, Legitimation, S. 173.

Schluss

I.

Spätestens mit der Babelsberger Konferenz und der Verkündung des Lüth-Urteils endete die Naturrechtsrenaissance der ersten Nachkriegsjahre. Beide Systeme konsolidierten sich. Das deutsche Recht zerfiel in zwei Hälften, die im eigentlichen Sinne des Wortes unterschiedlich verfasst waren. Das Lüth-Urteil besiegelte die Verrechtlichung der Politik im Westen, die Babelsberger Konferenz die Politisierung des Rechts im Osten. Die Gemeinsamkeiten sind so offensichtlich wie die Unterschiede. In beiden Teilen Deutschlands wurden Richter an ein Recht gebunden, das keiner Eigenlogik mehr folgen, sondern einer vorgegebenen Gerechtigkeit gehorchen sollte. Das Recht sollte nicht länger gestaltet, sondern verwaltet werden. Im Lüth-Urteil erklärte das Verfassungsgericht sich selbst zum Sachwalter einer vermeintlich vorgegebenen Wertrangordnung. Auf der Babelsberger Konferenz festigte die Partei ihre Deutungshoheit über eine angeblich objektive Gesetzlichkeit. Beide Wendungen waren unmittelbar gerichtet gegen naturrechtliche Umtriebe, die man seit dem Ersten Weltkrieg in Rechtsprechung und Rechtswissenschaft hatte beobachten können.

In der Rechtsprechung der vierziger und fünfziger Jahre tauchte Naturrecht besonders in den moralaffinen und politiksensiblen Bereichen des Rechts auf. Anhand der überlieferten Urteile, die selbstverständlich nur einen Ausschnitt aus der gesamten Rechtsprechung darstellen, kann man vermuten, dass in den drei Westzonen öfter auf naturrechtliche Begründungsstrategien zurückgegriffen wurde als im Osten. Hier wie dort lagen frühe Schwerpunkte gerichtlicher Tätigkeit auf dem Umgang mit nationalsozialistischem Unrecht und der abrupt gestiegenen Zahl der Scheidungsklagen. Dass man sich bei der Lösung dieser Probleme manchmal auf Naturrecht berief und manchmal nicht, kann schon deshalb kaum überraschen, da es auf beiden Seiten der Elbe keine ständige Rechtsprechung und keine herrschende Meinung mehr gab. Damals wie heute zirkulierten zahlreiche nahverwandte Begriffe, die es erlaubten, einen Fall mal so und mal anders zu entscheiden: das Sittengesetz, die Moral oder die Gebote der Menschlichkeit, die Gerechtigkeit, die Billigkeit, das überpositive, übergesetzliche, überverfassungsmäßige, überstaatliche, vorstaatliche, ungeschriebene, unantastbare oder unumstößliche Recht, die vorgegebene Werteordnung, der Grundsatz der Rechtsstaatlichkeit, der Kernbereich, die Grundlage, die Natur oder das Wesen des Rechts, das Recht aller Kulturvölker, die allgemeinen Grundsätze, die Grundsätze menschlichen Zusammenlebens, die Menschenrechte, die allgemeine, die christliche, die gesunde, die heutige, die herrschende oder die natürliche Auffassung, die Weltanschauung, die Lebens- oder die Volksanschauung, die Anschauung aller billig und gerecht Denkenden, das Rechtsempfinden, das Gerechtigkeitsempfinden oder das Rechtsbewusstsein, der Wert oder die Würde der menschlichen Persönlichkeit,[1] kurz: eine verwirrende Vielfalt leerer Formeln, die weiter nicht begründet wurden, sondern ihrerseits einen Abbruch weitergehender Bemühungen signalisierten.

Richter mussten Fälle entscheiden und ihre Entscheidungen begründen. Das Naturrecht war ein Mittel zu diesem Zweck. Manchmal wurden Nationalsozialisten unter Berufung auf übergesetzliches Recht verurteilt, seltener freigesprochen. Manchmal war der Widerspruch einer betrogenen Ehefrau beachtlich, manchmal nicht. Manchmal war es so. Manchmal anders. Es gibt keinen empirisch nachweisbaren Ableitungszusammenhang zwischen Tenor und naturrechtlichen Entscheidungsgründen. Mal wurde dasselbe Ergebnis anders begründet, mal führte dieselbe Begründung zu einem anderen Ergebnis. Das Naturrecht, das man in der Rechtsprechung der vierziger und fünfziger Jahre in allen vier Zonen und in beiden Teilen Deutschlands beobachten kann, war kein klassisches Naturrecht. Es hat mit der Vorstellung einer göttlichen oder vernünftigen Ordnung kaum etwas und mit dem richtigen oder guten Leben überhaupt nichts zu tun. Bei dem Naturrecht, das sich vor Gericht beobachten lässt, handelt sich um nicht mehr und nicht weniger als um eine Begründungsfigur der richterlichen Kunst, um ein Argument, dessen Plausibilität vor dem Hintergrund der nationalsozialistischen Tyrannei und einer bestimmten Überwindungsmentalität verständlich wird, die aber auch erst dann verständlich wird, wenn man die Rechtsnot der ersten Nachkriegsjahre berücksichtigt, die Lage, in der sich die Rechtsprechung nach dem Zweiten Weltkrieg überhaupt befand, und sich vor Augen führt, welche Männer sich anschickten, diese Probleme zu bewältigen. Es waren konservative Christen, die zwischen 1933 und 1945 im Land hatten bleiben können. Konservative, für die die »pluralistische Gesellschaft« und der »Pluralismus der Weltanschauungen« so »bedrohlich« waren, wie die Bezeichnung »widerwärtig« war.[2] Christen, die nach dem Krieg oft als erste und nicht selten als einzige zur Stelle waren und die der Neuordnung nach dem Zusammenbruch ihr restauratives Gepräge gaben. Mit Vorliebe griffen sie »auf Traditionen zurück, die angeblich als philosophia perennis die unerschütterliche Grundlage abendländischer Gemeinschaft und Gesittung gebildet hatten«.[3]

1 Vgl. Albrecht Langner, Gedanke, S. 94–107.

2 Hermann Weinkauff, *Die Deutsche Justiz und der Nationalsozialismus*, Bd. I, Stuttgart 1968.

3 Topitsch, Einleitung, S. 12.

II.

Was sich seit 1789 im Weltmaßstab vollzog hatte, vollzog sich im Deutschland des Jahres 1947 im Westentaschenformat. Das abstrakte Naturrecht wich komplexen Gesetzgebungsverfahren, die verfassungsrechtlich abgesichert wurden. Die Naturrechtsbegeisterung der vierziger Jahre schwand in dem Maße, in dem sich Fachzeitschriften gründeten und oberste Gerichte eröffnet wurden, in dem der Gesetzgeber tätig wurde und Verfassungen erließ. Gleichwohl erlebte das Naturrecht in Westdeutschland eine neuerliche Reprise, weil sich der Bundesgerichtshof in die Tradition des Reichsgerichts stellte, ein gutachterliches Prüfungsrecht für sich reklamierte und gegen Gesetzgeber und Verfassungsgericht gleichermaßen opponierte.[4]

Die verfassungsrechtliche Erhebung der Grundrechte zur objektiven Wertrangordnung, die das Bundesverfassungsgericht im Lüth-Urteil vollzog, schlug dem Bundesgerichtshof diesen Trumpf aus der Hand. Die Rechtsordnung sollte nicht länger im Bann der Tradition, sondern im

4 Vgl. Lepsius, Gewalt, S. 194. Bereits in den dreißiger Jahren hatte Franz Neumann diese Tradition als »verschleierte Wiederbelebung« des Naturrechts kritisiert. Der Gleichheitssatz der Weimarer Verfassung sei zum »Postulat der Generalität des Gesetzes« umgedeutet worden, um die Macht eines Parlamentes, das nicht mehr nur »Interessen des Grossgrundbesitzes, des Kapitals, der Armee und der Bürokratie« repräsentiert habe, zu beschränken. Eine »ungeheure Literatur« sei entstanden, die »dem Nachweis dienen sollte, dass dieser Gleichheitsgrundsatz im Grunde das zentrale Grundrecht darstelle und dass das Parlament an diesen Grundsatz ebenso stark gebunden sei wie Verwaltung und Justiz« (Neumann, Funktionswandel, S. 547f., 554f). Ähnliche Argumentationsmuster bei Rosenbaum, Naturrecht, und Ernst Bloch, Naturrecht und menschliche Würde, Frankfurt/Main, 1977. Blochs Buch sollte zunächst den Titel »Naturrecht und Sozialismus« tragen (vgl. Peter Zudeick, Der Hintern des Teufels, Bühl-Moos 1987, S. 206); insofern kann man vielleicht von zwei gegenläufigen Richtungen innerhalb der marxistischen Rechtstheorie sprechen: die eine führt theoriegeschichtliche von Ewgeni Paschukanis zu Louis Althusser und sieht im Recht vor allem eine Form der Vergesellschaftung, die mit dem Kapitalismus überwunden werden soll; die andere führt über Georg Lukács zu Ernst Bloch und versucht, die humanistische Menschenrechtstradition im Marxismus zu erhalten und zu entfalten (vgl. Paschukanis, Rechtslehre[a]; Louis Althusser, *Ideologie und ideologische Staatsapparate (ISA)*, in: *Ideologie und ideologische Staatsapparate*, Hamburg 1977, S. 108–153; Georg Lukács, *Geschichte und Klassenbewußtsein*, Neuwied 1968). Zum aktuellen Stand der marxistischen Diskussion, vgl. Matthias Peitsch, *Prämissen der Rechtstheorie*, Wien 2020; Sonja Buckel, Neo-Materialistische Rechtstheorie, in: dies., Ralph Christensen & Andreas Fischer-Lescano (Hg.), *Neue Theorien des Rechts*, 3. Aufl., Tübingen 2020, S. 189–206; dies., *Subjektivierung und Kohäsion*, Weilerswist 2007.

Licht einer Verfassung interpretiert werden, die in alle Rechtsbereiche hinein ausstrahlte. Karlsruhe behauptete sich gegen Karlsruhe, das Verfassungsgericht gegenüber den übrigen Bundesgerichten. Doch obwohl das Bundesverfassungsgericht Anfang der fünfziger Jahre selbst die »Existenz überpositiven, auch den Verfassungsgesetzgeber bindenden Rechtes« anerkannt hatte,[5] machte es davon keinen Gebrauch und distanzierte sich zusehends vom übergesetzlichen Recht.[6] Schließlich urteilte es in seiner berühmten Entscheidung zum Stichentscheid, schon aufgrund der Vielfalt der Lehren verbiete sich der Rückgriff auf das Naturrecht. Keine natürliche Schöpfungsordnung, sondern nur die allgemeine »Werteordnung« käme als Grundlage der Verfassungsinterpretation in Betracht.[7]

Diese Lehre war für die Verfassungsrichter vor allem deshalb attraktiv, weil sie ihre Stütze vermeintlich in einer Verfassung fand, deren Auslegung allen anderen Gerichten kompetenziell entzogen war. Umgekehrt war das Naturrecht für den Bundesgerichtshof interessant, weil es nicht nur unabhängig von dieser Verfassung gelten sollte, sondern diese selbst zur Disposition stellte. Dabei handelte es sich klar um einen Fall politischer Justiz, aber nicht um Rechtspolitik im engeren Sinne. Denn das westdeutsche Naturrecht war in dem Sinne apolitisch, dass es sich gegen die institutionalisierte Politik, den bundesdeutschen Gesetzgeber, richtete. Iura novit curia – dass, wie und in welchem Umfang man sich auf eine naturrechtliche Begründung zurückzog, entschieden die Gerichte nach eigenem Ermessen.

Anders im Osten. Hier fiel der Einbau transpositiver Leerformeln in die Rechtsdogmatik – zunächst der demokratischen, dann der Sozialistischen Gesetzlichkeit – mit der »politbürokratische[n] Hierarchisierung der Gesellschaft« zusammen.[8] Freilich war auch dieser Begriff Wandlungen unterworfen. Zu Anfang bedeutete Gesetzlichkeit nicht mehr als strikte Einhaltung der Gesetze. Denen, die sich darauf beriefen, ging es vor allem darum, die chaotischen Zustände nach dem Krieg zu beseitigen und die Handlungsfähigkeit des im Werden begriffenen Staates und seiner Bürokratie sicherzustellen. Nur Parlament und Regierung sollten Recht schöpfen, die Gerichte auf den Nachvollzog legislativer und exekutiver Entscheidungen beschränkt werden. Zu diesem Zweck wurden die Kommentierung der Verfassung verboten, Zeitschriften zensiert, die Zahl und der Inhalt der Lehrbücher reglementiert. Erklärtes Vorbild war nicht die Weimarer Republik, sondern die Französische Revolution.[9]

5 BVerfGE 1, 14, 18.
6 Vgl. Bäcker, Gerechtigkeit, S. 12–25.
7 BVerfGE 10, 59, 81.
8 Niklas Luhmann, *Alternative ohne Alternativen*, in: *Short Cuts*, 4. Aufl., Frankfurt/Main 2002, S. 75–80, 77.
9 Vgl. Neumann, Funktionswandel, S. 559f.

Das änderte sich mit Stalins Tod, als der Neue Kurs und die anschließenden Bürgerproteste die Partei dazu zwangen, die Rechtsprechung zu dynamisieren. Schon um die Verantwortung für Fehlurteile fortan mit der Justiz teilen zu können, musste die Partei von ihrer ursprünglichen Gleichsetzung von Gesetzesbindung und Gesetzlichkeit abrücken und die juristische Eigenlogik ein Stück weit freisetzen. Im Gefolge des 17. Juni und nach dem Ungarnaufstand wurde ausgelotet, wie weit man nun gehen konnte, wie weit die neueingestandene Normativität des Rechts, wie man wohl gesagt hat, nun reichte. Ausgehend von Marx' Bemerkung, das Recht könne nie höher stehen als die Kultur der Gesellschaft, entwickelte Hermann Klenner eine Lehre vom untergesetzlichen Recht. Karl Bönninger brachte eine gerichtliche Kontrolle der allmächtigen Verwaltung ins Spiel. Und Heinz Such kritisierte die Ineffizienz der Planwirtschaft. Alle drei wurden auf der Babelsberger Konferenz diszipliniert. Such wurde gerügt, Bönninger und Klenner wurden zur Bewährung in die Praxis relegiert.

Die Babelsberger Konferenz fror den Morgentau abrupt ein und legte den Raum des Denk- und Sagbaren innerhalb der sozialistischen Rechtswissenschaft verbindlich fest. Die Lehre vom untergesetzlichen Recht, die Klenner theoretisch ausbuchstabiert hatte, wurde unter den großen Vorbehalt gestellt, allein die Partei könne die objektive Gesetzmäßigkeit richtig erkennen und entsprechend handeln.

Nicht weil Recht und Moral in der realsozialistischen Gesellschaft überlappten, lässt sich die Rechtspraxis der DDR als »nichtpositivistischer Positivismus« (Robert Alexy) kennzeichnen, sondern weil beide der Politik unterstellt wurden. In Gesellschaften sowjetischen Typs wurde die funktionale Differenzierung der modernen Gesellschaft teilweise zurückgespult. Alle sozialen Systeme wurden der Politik untergeordnet, die Politik allen anderen Systemen übergeordnet. Politik und Gesellschaft wurden teilweise restratifiziert, gesellschaftliche Teilbereiche entdifferenziert. Das Recht der DDR operierte nicht mehr selbstbestimmt, autonom, sondern im Zustand der Korruption.[10] Die spezifische Systemrationalität des Rechts wurde unterjocht, nur spärlich freigesetzt und dort, wo sie zugelassen wurde, politisch vorselektiert und strikt kontrolliert. Das Recht der DDR wurde durch seine soziale Umwelt, besonders die Politik, wesentlich determiniert. Entscheidungen mussten dementsprechend nicht länger als Entscheidungen verantwortet, also begründet werden, sondern basierten auf mehr oder minder richtiger Erkenntnis einer außerhalb des Rechts stehenden und dem Recht vorgegebenen Wahrheit. Das, was noch als vermeintliche Begründung erschien, hatte nur mehr die Einsicht in die Notwendigkeit darzutun und konnte dementsprechend knappgehalten werden.

10 Luhmann, Recht, S. 81.

Über die positivistische Praxis Westdeutschlands legte sich eine naturrechtliche Rhetorik, die sich gerade deshalb als austauschbar entpuppte, weil sie von vornherein nichts anderes gewesen war.[11] Im Osten verschleierte eine positivistische Rhetorik die nicht-positivistische Praxis. Während man im Westen eine universale Wahrheit behauptete, die, wo sie überhaupt einmal zur Sprache kam, systemimmanent ermittelt wurde, mahnte man im Osten die strikte Einhaltung der Gesetze an und meinte doch: Verwirklichung einer Sozialgesetzlichkeit, deren Erkenntnis der Partei vorbehalten blieb. Man könnte auch sagen, das Naturrecht der Rechtsprechung war selbstbestimmt, die Gesetzlichkeit der Partei fremdbestimmt.[12] Und aus diesem Grund handelte es sich hier nicht, dort aber schon um Naturrecht im engeren und eigentlichen, und das heißt ganz wesentlich: im vormodernen Sinn.

III.

Die Entwicklung der Rechtswissenschaft in beiden deutschen Teilstaaten korrelierte mit der jeweiligen Gesellschaftsentwicklung. Mit der erneuten Ausdifferenzierung des westdeutschen Rechtssystems verloren die sogenannten Grundlagenfächer[13] zunehmend an Bedeutung. In dem Maße, in dem das ostdeutsche Recht parteilich perforiert wurde, musste das Studium seiner echten oder vermeintlichen Grundlagen – des Marxismus-Leninismus sowjetischer Prägung – an die Stelle der Rechtsdogmatik treten. Es ist bezeichnend für die sogenannte Naturrechtsliteratur nach dem Zweiten Weltkrieg, dass beide Tendenzen im Namen des Naturrechts kritisiert wurden, wenn auch unter umgekehrten Vorzeichen. Im Westen wurde die instrumentelle Vernunft des Rechts als Rechtsnihilismus verunglimpft und gedanklich in die Nähe der nationalsozialistischen

11 Vgl. Michael Stolleis, *Geschichte des öffentlichen Rechts in Deutschland*, Bd. IV, München 2012, S. 200.

12 Vgl. Gerhard Dilcher, Vom Bürgerlichen Gesetzbuch zu den »Rechtszweigen«, in: ders. (Hg.), *Rechtserfahrung DDR*, Berlin 1997, S. 89–134, 130: »Die Generalklauseln des DDR-Rechts nehmen dagegen schon explizit auf eine politische Ideologie Bezug, deren Inhalte in einem andersartigen außerjuristischen Diskurs geprägt wurden. Die Autonomie des Rechtsbereichs, die in der DDR schon durch die Aufhebung der Gewaltenteilung, durch die offiziellen und inoffiziellen Mittel der Steuerung der Justiz und durch die stark politisch beeinflußte Sozialisation der Juristen in der Rechtsausbildung eingeschränkt war, wurde hier nochmals einer übergeordneten Einflußmöglichkeit aus außerrechtlichen Bereichen geöffnet.«

13 Der Begriff »Grundlagenfächer« kam erst in den 1960er Jahren in Mode, vgl. David Sörgel, *Die Implementation der Grundlagenfächer in der Juristenausbildung nach 1945*, Tübingen 2014, S. 5.

»Rechtsperversion« gerückt. Im Osten versuchte man unter Berufung auf die schöpferische Kraft des Überbaus, ebendieser Formalrationalität abermals Gehör zu verschaffen. Hier forderte man mehr Recht, dort mehr Rechte und beide Kritiken wurden als Lehren aus der Geschichte präsentiert.

Die Konzentration auf das Verhältnis von Recht und Politik, die dabei oft mitschwingt, verstellt den Blick darauf, dass es beim Naturrecht gar nicht so sehr um eine spezifische Verhältnisbestimmung ging, sondern um das Verhältnis des Rechts zu seiner gesamten Umwelt. Eben deshalb ist es so schwierig die Einheit all dieser Differenzen auf einen Begriff zu bringen. Eben deshalb taucht der Begriff sowohl in den moralaffinen als auch in den politiksensiblen Bereichen auf. Eben deshalb ist jede Geschichte des Naturrechts, die die Theorie mit der Praxis erklären will und die Praxis aus der Theorie heraus, Opfer ihres Gegenstands. Mit der operativen Schließung des Rechts im 19. Jahrhundert ändert sich das Verhältnis von Gesellschaft und naturrechtlicher Semantik, weil die Umstellung auf Positivität das Recht gegen die es umgebende Natur abriegelt. Recht, Politik, Wirtschaft und Religion fallen auseinander. Dogmatik, Rechtsphilosophie[14] und Rechtsgeschichte[15] differenzieren sich aus. Daher ist es kein Widerspruch, wenn die Berufung auf Naturrecht mal weniger Politik, mal weniger Recht bedeuten soll. Denn Naturrecht ist ein diskriminierender Begriff. Und jede Unterscheidung hat zwei Seiten.

Seit der operativen Schließung beobachtet das Rechtssystem dort, wo es Naturrecht beobachtet, seine eigenen Grenzen als System. Im rechtsphilosophischen Schrifttum des 20. Jahrhunderts geht es daher kaum einmal darum, welche spezifischen Rechtsinhalte als richtig vorgestellt werden, sondern stärker noch um die Frage, von welcher Warte aus das überhaupt beurteilt werden soll. Die funktionale Differenzierung der Gesellschaft in soziale Teilsysteme, zwischen denen keine hierarchische Bindung mehr besteht, gewährleistet, dass alle Möglichkeiten gleichberechtigt in Betracht kommen: Recht ist Recht, weil es Gott lieb ist, weil es allen nützt, weil es so befohlen oder unmittelbar einsichtig ist. Umgekehrt kann das Recht als gotteslästerlich und unnütz, als undemokratisch oder unverständlich kritisiert werden, hört

14 Annette Brockmöller, *Die Entstehung der Rechtstheorie im 19. Jahrhundert in Deutschland*, Baden-Baden 1997; Ralf Dreier, Zum Verhältnis von Rechtsphilosophie und Rechtstheorie, in: Volkmar Schöneburg (Hg.), *Philosophie des Rechts und das Recht der Philosophie*, Frankfurt/Main 1992, S. 15–28, und Franz Wieacker, Die Ausbildung einer allgemeinen Theorie des positiven Rechts in Deutschland im 19. Jahrhundert, in: Hans-Martin Pawlowski & ders. (Hg.), *Festschrift für Karl Michaelis*, Göttingen 1972, S. 354–362.

15 Vgl. Wieacker, Privatrechtsgeschichte, S. 423.

aber selbst dann nicht auf, Recht zu sein, wenn es all das gleichermaßen ist.

Aus diesem Grund kann eine Naturrechtsphilosophie, die zwar zwischen Recht und Nicht-Recht, aber nicht zwischen Unrecht und Nicht-Recht unterscheidet,[16] mittlerweile als entkernt gelten. Sie hat sich nicht nur geschichtlich überlebt, sondern auch theoretisch erledigt. Die katholische Gesellschaftslehre, der Neukantianismus, die Freirechtsschule und der Neuhegelianismus, die transzendentale Wertphilosophie und die nationalsozialistische Rechtsideologie, die materiale Wertethik und die existentialistische Rechtsphilosophie haben die ontologischen und epistemologischen Zweifel an der Existenz oder der Erkennbarkeit des Naturrechts nicht zerstreut. Im Gegenteil. Die leidenschaftlichen Versuche, das Bewusstsein »gegen sein Bedingtsein« abzudichten, haben einmal mehr gezeigt, wie bewusstlos der unbedingte Gedanke der Welt zufällt.[17]

IV.

Der Rechtsphilosophie der unmittelbaren Nachkriegszeit ist es nicht gelungen, auch nur über Aristoteles hinauszukommen.[18] Die auf dem Rückweg laufend erhobene Forderung, es dürfe nicht beliebig zugehen, fiel immer wieder hinter die soziologische Einsicht zurück, dass dies auch offensichtlich nicht der Fall ist. Die strukturelle Überdeterminiertheit des Rechts durch seine Umwelt, die Natur, lässt sich systemimmanent nicht angemessen abbilden und greift gerade deshalb immer wieder in diese Umwelt hinaus. Die rechtsphilosophischen Reflexionstheorien des 20. Jahrhunderts setzten die funktionale Differenzierung der Gesellschaft in autonome Teilbereiche daher immer schon voraus. Mit dem Naturrecht des Altertums oder des Hohen Mittelalters haben sie daher kaum mehr als den Namen gemein.

In der griechischen Natur- und Gesetzesphilosophie lassen sich zwar vereinzelt Vorstufen und Frühformen jener Lehre ausmachen, die sich nach dem Zweiten Weltkrieg dann als abendländische Tradition empfiehlt. Allerdings findet man dort nicht, was heutige Juristen erwarten würden, nämlich dass das Naturrecht das positive Recht begründet.[19] Zwar verteidigt Aristoteles die Idee eines allgemeinen Rechts gegen den sophistischen Einwand, dass die Gesetze nach Ort und Zeit verschieden seien, mit dem Argument, dass es Naturgesetze geben könne, die

16 Vgl. Luhmann, Recht, S. 511.
17 Theodor W. Adorno, *Minima Moralia*, Frankfurt/Main 1951, S. 333f., 333.
18 Vgl. Brunner, Gerechtigkeit, S. 32.
19 Luhmann, Recht, S. 510.

»nicht aus den beobachteten Tatsachen zu ermitteln« seien.[20] Aber erst die Scholastik schlägt von hier aus den Weg zu einer metaphysischen Philosophie des Rechts ein.[21] Bei Thomas von Aquin kehrt der aristotelische Gedanke wieder, dass der Mensch ein von Natur aus soziales Wesen sei und sich aus dieser Natur immer schon Konflikte ergeben. Da die Natur dem Menschen unterschiedliche Neigungen beigegeben habe, müssten die wichtigen Fragen des Zusammenlebens geregelt werden, ohne dass eine Antwort durch die Natur schon vorgegeben sei. In der philosophischen Tradition des Naturrechts, die über Aristoteles, Cicero, Thomas von Aquin, die Schule von Salamanca und Melanchthon vermittelt wurde, ergab sich der Bedarf für positives Recht so aus der Natur des Menschen und der Indifferenz des Naturrechts.[22]

Die juristische Diskussion, die sich an einer berühmten Digesten-Stelle entzündete, verlief in anderen, zum Teil entgegengesetzten Bahnen. Für Ulpian war Naturrecht dasjenige Recht, welches die Natur alle Lebewesen gleichermaßen lehrt.[23] Es stand unter dem Zivil- und Völkerrecht. Denn das Völkerrecht konnte vom Naturrecht abweichen, das Zivilrecht dem Naturrecht etwas entziehen oder hinzufügen.[24] Diese Vorstellung erlaubte es, Kultur als Abweichung vom »gleichsam animalischen Naturrecht« zu begründen.[25] Das Naturrecht war dem positiven Recht philosophisch zwar übergeordnet, aber juristisch untergeordnet.[26] In beiden Traditionssträngen begründete Naturrecht das positive Recht nicht, sondern erlaubte, dass das Gesetz als Ableitung, Ergänzung oder Abweichung vom Naturrecht begründet werden konnte.[27] Die Vorstellung

20 Merio Scatolla, *Naturrecht nach dem Naturrecht*, Tübingen 1999, S. 16.

21 Ebd., S. 18 Fn. 25. Freilich war die Scholastik keine Philosophie des Rechts, sondern eine Theorie der Gesellschaft. Es ging nicht darum »jene einzelnen Rechte zu beschreiben, die allgemeine Gültigkeit haben und in der menschlichen Natur gegründet sind, sondern man bemüht sich vielmehr darum, die allumfassende Ordnung der Welt zu rekonstruieren, ihre theologische Basis zu rechtfertigen und durch philosophische Argumente zu beweisen, daß die juristischen Normen nur einen besonderen Bereich in der praktischen Philosophie bilden, der in einen größeren Rahmen eingebettet wird« (S. 35).

22 Vgl. Luhmann, Recht, S. 509f.

23 D I, 1, 1, 1–4.

24 Vgl. Scatolla, Naturrecht, S. 121f.

25 Luhmann, Recht, S. 508.

26 Vgl. Horst Dreier, Naturrecht und Rechtspositivismus, in: Wilfried Härle & Bernhard Vogel (Hg.), »Vom Rechte, das mit uns geboren ist«, Freiburg 2007, S. 127–170, und Jan Schröder, »Naturrecht bricht positives Recht« in der Rechtstheorie des 18. Jahrhunderts?, in: Dieter Schwab, Dieter Giesen, Joseph Listl & Hans-Wolfgang Strätz (Hg.), *Staat, Kirche, Wissenschaft in einer pluralistischen Gesellschaft*, Berlin 1989, S. 419–433.

27 Luhmann, Recht, S. 510.

eines von Natur aus Gerechten verstellte, dass das positive Recht »ohne transzendenten Halt« operierte, und ermöglichte so, dass Recht gesetzt werden konnte.

Als Rudolf Stammler gegen Ende des 19. Jahrhunderts die Frage nach dem Naturrecht erneuerte, war die Positivierung des Rechts, die von diesem Glauben an eine »kosmologische Hierarchie des Wesens der Dinge« ermöglicht worden war,[28] bereits weitgehend abgeschlossen. Er musste seinen Gegenstand, das positive Recht, nicht erst more geometrico ableiten oder durch nachgewiesene Einsicht in die antiken Quellen oder die menschliche Wesensnatur integrieren, sondern konnte ihn bereits positiv voraussetzen. Entsprechend lautet die Frage, die am Anfang der deutschen Rechtsphilosophie steht, nicht, was Recht ist, sondern ob das, was Recht ist, Recht sein soll.

Eine Geschichte des Naturrechts, die diesem Umstand Rechnung tragen will, muss die Autonomie des Rechts in dem Umfang, in dem sie jeweils gegeben ist, respektieren[29] und das Verhältnis von Gesellschaftsstruktur und Semantik besonders dort, wo es Epochenschwellen übersteigt, fortlaufend reflektieren. Eine Rechtsphilosophie, die sich auf diese Reflexion einlässt, kann das Naturrecht der Rechtsgeschichte überlassen und sich in kritischer Besinnung auf die eigene Tradition auf die Suche nach Begriffen begeben, die dem modernen Recht endlich einmal angemessen sind.[30]

28 Ebd., S. 532, 27.

29 Vgl. Joachim Rückert & Lutz Raphael, *Autonomie des Rechts nach 1945*, Tübingen 2020.

30 Ansätze dazu bei Lahusen, Rechtspositivismus, S. 19, der nicht von Naturrecht und Rechtspositivismus, sondern von einem Kognitions- und einem Kommunikationspositivismus spricht.

Danksagung

Die vorliegende Arbeit wurde im Sommersemester 2021 von der Juristischen Fakultät der Humboldt-Universität zu Berlin als Dissertation angenommen. Ich danke Benjamin Lahusen, der die Arbeit angeregt hat, und dessen unermüdlichem Einsatz es zu verdanken ist, dass ich sie nun vorlegen kann; Dieter Simon, der die Promotion betreut und ihre Entstehung mit väterlichem Rat begleitet hat; Christian Waldhoff, der das Zweitgutachten erstellt und wertvolle Hinweise zur Überarbeitung gegeben hat. Jana Werner und Ulrike Müller verdanke ich Zuspruch in frühen Phasen der Arbeit. Daniel Hillus, Ha Lê Phan-Warnke und Stephan Jehne haben das Interesse an ihrem erfolgreichen Abschluss auf ihre je eigene Art bekundet und am Leben gehalten. Stefan Haack und meine Frankfurter Kollegen, Annemarie Kahl und Nikolas Graichen, haben mich in der entscheidenden Phase unterstützt. Reut Yael Paz hat die Arbeit mit ihrer Passion für grundsätzliche Fragen und ihrem Faible für kontroverse Antworten wesentlich bereichert. Meinen Eltern und Großeltern, Anette, Thomas und Erna Wagner, Josef und Waltrud Drosdek, danke ich dafür, dass sie mir das Studium ermöglicht, Dominique Grillenberger, Maria Kittner, Simon Schwartze, Anna Lena Wagner und den Mainzer Freunden, besonders aber meiner Frau, Adelina Dikova-Wagner, dafür, dass sie mich laufend daran erinnert haben, dass es Wichtigeres gibt als dieses Studium. Ihnen allen ist diese Arbeit gewidmet. Danke.

Literatur

Karl Acham, Knut Wolfgang Nörr & Bertram Schefold (Hg.), *Erkenntnisgewinne, Erkenntnisverluste. Kontinuitäten und Diskontinuitäten in den Wirtschafts-, Rechts- und Sozialwissenschaften zwischen den 20er und 50er Jahren*, Stuttgart: Steiner 1998.

Theodor W. Adorno, *Minima Moralia. Reflexionen aus dem beschädigten Leben*, Frankfurt/Main: Suhrkamp 1951.

Robert Alexy, Ralf Dreier & Ulfried Neumann (Hg.), *Rechts- und Sozialphilosophie in Deutschland heute. Beiträge zur Standortbestimmung (ARSP-Beiheft 44)*, Stuttgart: Steiner 1991.

Robert Alexy, Walter Ulbrichts Rechtsbegriff, in: Jörn Eckert (Hg.), *Die Babelsberger Konferenz vom 2./3. April 1958*, Baden-Baden: Nomos 1993, S. 191–202.

Robert Alexy, Lukas Meyer, ders. & Gerhard Sprenger (Hg.), *Neukantianismus und Rechtsphilosophie*, Baden-Baden: Nomos 2002.

Louis Althusser, *Ideologie und ideologische Staatsapparate (ISA)*, in: *Ideologie und ideologische Staatsapparate*, Hamburg 1977: VSA, S. 108–153.

– *Ideologie und ideologische Staatsapparate*, Hamburg: VSA 1977.

Heike Amos, *Justizverwaltung in der SBZ/DDR. Personalpolitik 1945 bis Anfang der 50er Jahre*, Köln: Böhlau 1996.

– *Die Entstehung der Verfassung in der Sowjetischen Besatzungszone/DDR 1946–1949. Darstellung und Dokumentation*, Münster: LIT 2006.

Klaus Anderbrügge, *Völkisches Rechtsdenken. Zur Rechtslehre in der Zeit des Nationalsozialismus*, Berlin: Duncker & Humblot 1984.

Georg Andoor, Das Nürnberger Tribunal vor 70 Jahren – Teil 1. Faires Verfahren oder Siegerjustiz?, in: *ZJS* 4, 8 (2015), S. 356–369.

Hannah Arendt, Was ist Existenzphilosophie?, in: *KGA* 3, S. 41–63.

– KGA 3, hg. von Barbara Hahn, Göttingen: Wallstein 2019.

Werner Artzt, Zu einigen Fragen der sozialistischen Gesetzlichkeit in der Deutschen Demokratischen Republik, in: *NJ* 19, 10 (1956), S. 581–586.

Rudolf Arzinger, (Hg.), *Sowjetische Beiträge zur Staats- und Rechtstheorie*, Berlin (Ost): Kultur und Fortschritt 1953.

Marietta Auer, Der Kampf um die Wissenschaftlichkeit der Rechtswissenschaft – Zum 75. Todestag von Hermann Kantorowicz, *ZEuP* 4, 23 (2015), 773–805.

Autorenkollektiv unter der Leitung von Hilde Benjamin, *Zur Geschichte der Rechtspflege, Bd. I: 1945–1949*, Berlin (Ost): Staatsverlag der DDR 1976.

Autorenkollektiv unter der Leitung von Karl Bönninger, *Das Verwaltungsrecht der Deutschen Demokratischen Republik*, Berlin (Ost): Deutscher Zentralverlag 1957.

Autorenkollektiv unter Leitung von Karl-Heinz Schöneburg (Hg.), *Errichtung des Arbeiter- und Bauern Staates der DDR*, Berlin (Ost): Staatsverlag der DDR 1983.

Bruno Baak, *Das Naturrecht in der neueren Rechtsprechung der obersten deutschen Gerichte*, Köln: Universitätsverlag 1954.

Otto Bachof, *Verfassungswidrige Verfassungsnormen?*, Tübingen: Mohr Siebeck 1951.

Jan Erik Backhaus, *Volksrichterkarrieren in der DDR*, Frankfurt/Main: Lang 1998.

Carsten Bäcker, *Gerechtigkeit im Rechtsstaat. Das Bundesverfassungsgericht an der Grenze des Grundgesetzes*, Tübingen: Mohr Siebeck 2015.

Karl Siegfried Bader, *Soziologie der deutschen Nachkriegskriminalität*, Tübingen: Mohr Siebeck 1949.

Rolf Badstübner & Wilfried Loth (Hg.), *Wilhelm Pieck. Aufzeichnungen zur Deutschlandpolitik 1945–1953*, Berlin: Akademie Verlag 1994.

Manfred Baldus, Frühe Machtkämpfe. Ein Versuch über die historischen Gründe der Autorität des Bundesverfassungsgerichts, in: Thomas Henne & Arne Riedlinger (Hg.), *Das Lüth-Urteil aus (rechts-)historischer Sicht. Die Konflikte um Veit Harlan und die Grundrechtsjudikatur des Bundesverfassungsgerichts*, Berlin: BWV 2005, S. 237–248.

Arthur Baumgarten, Das Naturrecht in alter und neuer Zeit, in: *WZ Halle Wittenberg*, GSR 5, 4 (1955), S. 585–590.

Walter Baumgartner, Otto Eissfeldt, Karl Elliger & Leonhard Rost (Hg.), *Festschrift für Alfred Bertholet zum 80. Geburtstag*, Tübingen: Mohr 1950.

Günter Baranowski, Heinz Such, in Horst Schröder & Dieter Simon (Hg.), *Rechtsgeschichtswissenschaft in Deutschland 1945 bis 1952*, Frankfurt/Main: Klostermann 2001, S. 189–252.

Karl Barth, *Kirchliche Dogmatik*, Bd. IV/1: Die Lehre von der Versöhnung, Zollikon: Evangelischer Verlag 1959.

Rudi Beckert, *Lieber Genosse Max. Aufstieg und Fall des ersten Justizministers der DDR Max Fechner*, Berlin: Berliner Wissenschafts-Verlag 2003.

Okko Behrends & Eva Schumann (Hg.), *Franz Wieacker. Historiker des modernen Privatrechts*, Göttingen: Wallstein 2010.

Piers Beirne & Robert Sharlet (Hg.), *Pashukanis, Selected Writings on Marxism and Law*, London: Academic Press 1980.

Gerd Bender & Ulrich Falk (Hg.), *Recht im Sozialismus. Analysen zur Normdurchsetzung in osteuropäischen Nachkriegsgesellschaften (1944/45–1989)*, Bd. II: Justizpolitik, Frankfurt/Main: Klostermann 1999.

– *Recht im Sozialismus. Analysen zur Normdurchsetzung in osteuropäischen Nachkriegsgesellschaften (1944/45–1989)*, Bd. III: Sozialistische Gesetzlichkeit, Frankfurt/Main: Klostermann 1999.

Hilde Benjamin, Zur Heranbildung des neuen Richters. Zwei aktuelle Probleme, in: *NJ* 6, 3 (1949), S. 129–132.

– Das 17. Plenum der SED und die Aufgaben der Justiz auf dem b, *NJ* 4, 8 (1954), S. 97–99.

– Unsere Justiz schützt die Interessen der Arbeiter und Bauern, *NJ* 8, 8 (1954), S. 221–224.

– Diskussionsrede auf dem IV. Parteitag der Sozialistischen Einheitspartei Deutschlands, in: *NJ* 8, 8 (1954), S. 223–224.

– Zu Fragen der Gesetzlichkeit und der Leitung innerhalb des Justizapparates. Weitere Lehren aus der Schöffenwahl, in: *NJ* 13, 9 (1955), S. 387–391.
– Die sozialistische Gesetzlichkeit strikt verwirklichen!, in: *NJ* 8, 10 (1956), S. 228–230.
– Zu einigen Fragen der Gesetzlichkeit in der Deutschen Demokratischen Republik, in: *Einheit* 6, 11 (1956), S. 543–550.
– Von nun an muß die Justiz dem Volke dienen, in: Institut für Marxismus-Leninismus beim ZK der SED (Hg.), Wir sind die Kraft, Berlin: Dietz Autorenkollektiv 1959, S. 103–131.
Max Bense, *Philosophie. Zwischen den beiden Kriegen, Bd. I*, Frankfurt/Main: Suhrkamp 1951.
Wolfang Benz (Hg.), *Antisemitismus in der DDR. Manifestationen und Folgen des Feindbildes Israel*, 2. Aufl., Berlin: Metropol 2020.
Harold Berman, *Justice in the U.S.S.R. An Interpretation of Soviet Law*, 2. Aufl., Cambridge: Harvard University Press 1963.
Wolfgang Bernet, Eingaben als Ersatz für Rechte gegen die Verwaltung in der DDR, in: *KJ* 2, 23 (1990), S. 153–161.
Ulrich Bernhardt, *Die Deutsche Akademie für Staats- und Rechtswissenschaft »Walter Ulbricht« 1948–1971*, Frankfurt/Main: Lang 1997.
Richard Bessel & Ralph Jessen (Hg.), *Die Grenzen der Diktatur. Staat und Gesellschaft in der DDR*, Göttingen: Vandenhoeck & Ruprecht 1996.
Walter Biemel & Hans Saner (Hg.), *Briefwechsel Martin Heidegger/Karl Jaspers 1920–1963*, Frankfurt/Main: Klostermann 1990.
Julius Binder, Dem Andenken Rudolf Stammlers, in: *ARSP* 3, 31 (1937/38), S. 433–440.
– Rechtsbegriff und Rechtsidee, Leipzig: Deichertsche Verlagsbuchhandlung 1915.
– *Führerauslese in der Demokratie,* Langensalza: Beyer 1929.
Thomas Blanke, Rechtstheorie und Propaganda. Notizen zu Aufsätzen von. E. Pašukanis aus der Stalin-Ära., in: *KJ* 4, 12 (1979), S. 401–432.
Ernst Bloch, *Naturrecht und menschliche Würde*, Frankfurt/Main: Suhrkamp 1977.
Boris Böhm, Biografische Studie zu den Staatsanwälten, in: ders. & Gerald Hacke (Hg.), *»Fundamentale Gebote der Sittlichkeit«*, Dresden: Sandstein 2008, S. 143–150.
Boris Böhm & Gerald Hacke (Hg.), *»Fundamentale Gebote der Sittlichkeit«. Der »Euthanasie«-Prozess vor dem Landgericht Dresden 1947*, Dresden: Sandstein 2008.
Karl Bönninger, Rechtsnorm und Verwaltungsanweisung, in: o. A. (Hg.), *Festschrift für Erwin Jacobi*, Berlin: VEB Deutscher Zentralverlag 1957, S. 333–361.
Hans-Otto de Boor, Rezension zu Hans Thieme, Das Naturrecht und die europäische Privatrechtsgeschichte, *NJ* 4/5, 2 (1948), S. 91–94.
Gennadij A. Bordjugov, Die Rechtsabteilung der Sowjetischen Militäradministration in Deutschland (1945–1949), in: Gerd Bender & Ulrich Falk

(Hg.), *Recht im Sozialismus*, Bd. II, Frankfurt/Main: Klostermann 1999, S. 55–82.

Martin Borowski & Stanley L. Paulson (Hg.), *Die Natur des Rechts bei Gustav Radbruch*, Tübingen: Mohr Siebeck 2015.

Friedrich Wilhelm Bosch, Gleichberechtigung im Bereich der elterlichen Gewalt, in: *SJZ* 9, 5 (1950), Sp. 625–646.

– *Zur Gleichberechtigung von Mann und* Frau, in: *Familienrechtsreform*, Siegburg: Reckinger 1952, S. 81–119.

– *Familienrechtsreform*, Siegburg: Reckinger 1952.

Ernst-Wolfgang Böckenförde, *Schriften zu Staat – Gesellschaft – Kirche*, Bd. I: Der deutsche Katholizismus im Jahre 1933. Kirche und demokratisches Ethos, Freiburg: Herder 1988.

– Zur gegenwärtigen Lage der Grundrechtsdogmatik, in: *Der Staat* 1, 29 (1990), S. 1–31

Franz Böckle (Hg.), *Naturrecht in der Kritik*, Mainz: Grünewald 1973.

Barbara Böttger, *Das Recht auf Gleichheit und Differenz. Elisabeth Selbert und der Kampf der Frauen um Art. 3 II Grundgesetz*, Münster: Westfälisches Dampfboot 1990.

Gerhard Braas, *Die Entstehung der Länderverfassungen in der Sowjetischen Besatzungszone Deutschlands 1946/47*, Köln: Wissenschaft und Politik 1987.

Marianne Brentzel, *Die Machtfrau. Hilde Benjamin 1902-1989*, Berlin: Ch. Links 1997.

Annette Brockmöller, *Die Entstehung der Rechtstheorie im 19. Jahrhundert in Deutschland*, Baden-Baden: Nomos 1997.

Sonja Buckel, *Subjektivierung und Kohäsion. Zur Rekonstruktion einer materia- listischen Theorie des Rechts*, Weilerswist: Velbrück 2007.

– Neo-Materialistische Rechtstheorie, in: dies., Ralph Christensen & Andreas Fischer-Lescano (Hg.), *Neue Theorien des Rechts*, 3. Aufl., Tübingen: Mohr Siebeck 2020, S. 189–206.

Sonja Buckel, Ralph Christensen & Andreas Fischer-Lescano (Hg.), *Neue Theorien des Rechts*, 3. Aufl., Tübingen: Mohr Siebeck 2020.

Martin Broszat, Siegerjustiz oder strafrechtliche »Selbstreinigung«. Aspekte der Vergangenheitsbewältigung der deutschen Justiz während der Besatzungszeit 1945-1949, in: *VfZ* 4, 29 (1981), S. 477–544.

Martin Broszat, (Hg.), *Zäsuren nach 1945. Essays zur Periodisierung der deutschen Nachkriegsgeschichte*, München: Oldenbourg 1990.

Martin Broszat, Klaus-Dietmar Henke & Hand Woller (Hg.), *Von Stalingrad zur Währungsreform Zur Sozialgeschichte des Umbruchs in Deutschland*, 3. Aufl., München: Oldenbourg 1990.

Martin Broszat & Hermann Weber (Hg.), *SBZ-Handbuch. Staatliche Verwaltungen, Parteien, gesellschaftliche Organisationen und ihre Führungskräfte in der Sowjetischen Besatzungszone Deutschlands 1945–1949*, München: Oldenbourg 1993.

Emil Brunner, *Gerechtigkeit. Eine Lehre von den Grundgesetzen der Gesellschaftsordnung*, Zürich: Zwingli 1943.

Georg Brunner, Naturrecht und Sowjetideologie, in: *ROW* 6, 10 (1966), S. 229–236.
Friedrich Buchwald, *Gerechtes Recht*, 2. Aufl., Weimar: Böhlau 1947.
Gunilla-Friederike Budde, *Frauen der Intelligenz. Akademikerinnen in der DDR 1945 bis 1975*, Göttingen: Vandenhoeck & Ruprecht 2003.
Deutscher Bundestag (Hg.), *Materialien der Enquête-Kommission »Aufarbeitung von Geschichte und Folgen der SED-Diktatur in Deutschland«*, Bd. IV: Recht, Justiz und Polizei im SED-Staat, Baden-Baden: Nomos/ Frankfurt/Main: Suhrkamp 1995.
Anika Burkhardt, *Das NS-Euthanasie-Unrecht vor den Schranken der Justiz: eine strafrechtliche Analyse*, Tübingen: Mohr Siebeck 2015.
Sybille Buske, *Fräulein Mutter und ihr Bastard. Eine Geschichte der Unehelichkeit in Deutschland 1900 bis 1970*, Göttingen: Wallstein 2004.
Peter C. Caldwell, *Dictatorship, State Planning, and Social Theory in the German Democractic Republic*, Cambridge: University Press 2003.
Joseph Charmont, *La renaissance du droit naturel*, 1. Aufl. Montpellier: Coulet 1910, 2. Aufl., Paris: Chauny et Quinsac 1927.
Helmut Coing, *Die Obersten Grundsätze des Rechts. Ein Versuch zur Neugründung des Naturrechts*, Heidelberg: Schneider 1947.
– Grundzüge der Rechtsphilosophie, 1. Aufl., Berlin: de Gruyter 1950.
– Vom Sinngehalt des Rechts, in: Ernst Sauer (Hg.), *Forum der Rechtsphilosophie*, Köln: Balduin Pick 1950, S. 61–83.
Georg Cohn, *Existentialismus und Rechtswissenschaft*, Basel: Helbing & Lichtenhahn 1955.
Justin Collings, *Democracy's Guardians. A History of the German Federal Constitutional Court 1951–2001*, Oxford: Oxford University Press 2015.
Emerich Coreth, Walter Martin Neidl & Georg Pfligersdorffer (Hg.), *Christliche Philosophie im katholischen Denken des 19. Jahrhunderts*, Bd. II: Rückgriff auf scholastisches Erbe, Graz: Styria 1988.
Vanessa Conze, *Das Europa der Deutschen. Ideen von Europa in Deutschland zwischen Reichstradition und Westorientierung (1920–1970)*, München: Oldenbourg 2005.
Ralf Dahrendorf, Bemerkungen zur sozialen Herkunft und Stellung der Richter an Oberlandesgerichten, in: *HmbJB* 5 (1960), S. 260–275.
Otto Dann & Klippel, Diethelm (Hg.). *Naturrecht – Spätaufklärung – Revolution. Zur Geschichte des »ius naturae« im 16. Jahrhundert*, Hamburg: Meiner 1995.
Ulrike Davy, Helmut Fuchs, Judith Marte & Ilse Reiter (Hg.), *Nationalsozialismus und Recht. Rechtssetzung und Rechtswissenschaft in Österreich unter der Herrschaft des Nationalsozialismus*, Wien: Orac 1990, S. 18–37.
Hubertus-Emmanuel Dieckmann, *Überpositives Recht als Prüfungsmaßstab im Geltungsbereich des Grundgesetzes? Eine kritische Würdigung der Rezeption der Radbruchschen Formel und des Naturrechtsgedankens in der Rechtsprechung*, Berlin: Duncker & Humblot 2006.
Gerd Dietrich, *Kulturgeschichte der DDR, Bd. I: Kultur in der Übergangsgesellschaft 1945–1957*, Göttingen: Vandenhoeck & Ruprecht 2018.

Hans-Helmut Dietze, *Naturrecht in der Gegenwart*, Bonn: Röhrscheid 1936.
– Naturrecht aus Blut und Boden, in: *ZAkDR* 3 (1936), S. 818–821.
Gerhard Dilcher, Vom Bürgerlichen Gesetzbuch zu den »Rechtszweigen«, in: ders. (Hg.), *Rechtserfahrung DDR*, Berlin 1997, S. 89–134.
Gerhard Dilcher (Hg.), *Rechtserfahrung DDR. Sozialistische Modernisierung oder Entrechtlichung der Gesellschaft?*, Berlin: Berliner Wissenschaftsverlag 1997.
Lawrence Douglas, Was damals Recht war ..., in: Krim Priemel & Alexa Stiller (Hg.), *NMT*, Hamburg 2013, S., S. 719–754.
Horst Dreier, Naturrecht und Rechtspositivismus, in: Wilfried Härle & Bernhard Vogel (Hg.), *»Vom Rechte, das mit uns geboren ist«*, Freiburg: Herder 2007, S. 127–170.
Horst Dreier & Wolfgang Sellert (Hg.), *Recht und Justiz im »Dritten Reich«*, Frankfurt/Main: Suhrkamp 1989.
Ralf Dreier, *Julius Binder (1870–1939). Ein Rechtsphilosoph zwischen Kaiserreich und Nationalsozialismus*, in: Fritz Loos (Hg.), Rechtswissenschaft in Göttingen: Vandenhoeck & Ruprecht 1987, S. 435–455.
– Zum Verhältnis von Rechtsphilosophie und Rechtstheorie, in: Volkmar Schöneburg (Hg.), *Philosophie des Rechts und das Recht der Philosophie*, Frankfurt/Main: Lang 1992, S. 15–28.
Ralf Dreier, Jörn Eckert, Karl A. Mollnau & Hubert Rottleuthner (Hg.), *Rechtswissenschaft in der DDR 1949–1971. Dokumente zur politischen Steuerung im Grundlagenbereich*, Baden-Baden: Nomos 1996.
Hanno Durth, *Der Kampf gegen das Unrecht. Gustav Radbruchs Theorie eines Kulturverfassungsrechts*, Baden-Baden: Nomos 2001.
Raimund Eberhard, *Modernes Naturrecht*, Rostock: Hinstorffs 1934.
Horst Ehmke (Hg.), *Festschrift für Ulrich Scheuner zum 70. Geburtstag*, Berlin: Duncker & Humblot 1973.
Andreas Eichmüller, Die Strafverfolgung von NS-Verbrechen durch westdeutsche Justizbehörden seit 1945. Eine Zahlenbilanz, in: *VfZ* 4, 56 (2008), S. 621–640.
Jacques Ellul, *Die theologische Begründung des Rechts*, München: Kaiser 1948.
Carl August Emge, *Vorschule der Rechtsphilosophie*, Berlin: Rothschild 1925.
Roger Engelmann, Thomas Großbölting & Hermann Wentker (Hg.), *Kommunismus in der Krise. Die Entstalinisierung 1956 und die Folgen*, Göttingen: Vandenhoeck & Ruprecht 2008.
Karl Engisch, Gustav Radbruch als Rechtsphilosoph, in: *ARSP* 3, 38 (1950), S. 305–316.
– Buchbesprechung von Coing, Die obersten Grundsätze des Rechts, in: *ARSP* 38, 2 (1949), S. 271–277.
Ville Erkkilä, The Conceptual Change of Conscience. Franz Wieacker and German Legal Historiography 1933–1968, Tübingen: Mohr Siebeck 2019.
Matthias Etzel, *Die Aufhebung von nationalsozialistischen Gesetzen durch den Alliierten Kontrollrat (1945–1948)*, Tübingen: Mohr Siebeck 1992.

Hans-Ulrich Evers, Zum unkritischen Naturrechtsbewußtsein in der Rechtsprechung der Gegenwart, in: *JZ* 8, 16 (1961), S. 241–248.

Richard Faber, *Abendland. Ein politischer Kampfbegriff*, 2. Aufl., Berlin: Philo 2002.

Ulrich Falk, *Ein Gelehrter wie Windscheid. Erkundungen auf den Feldern der sogenannten Begriffsjurisprudenz*, Frankfurt/Main: Klostermann 1989.

Hans Joachim Faller, Bundesverfassungsgericht und Bundesgerichtshof. Zum Verhältnis beider Gerichtshöfe in fast 40jähriger Jurisdiktion, in: *AöR* 2, 115 (1990), S. 185–211.

– Wiederkehr des Naturrechts? Die Naturrechtsidee in der höchstrichterlichen Rechtsprechung von 1945 bis 1993, in: *JbÖffR* 43 (1995), S. 1–17.

Erich Fechner, *Rechtsphilosophie*, Tübingen: Mohr 1956.

Max Fechner, Für die Festigung der demokratischen Rechtsordnung, *NJ* 1, 3 (1949), S. 1-3.

Hans Fehr, *Die Ausstrahlung des Naturrechts der Aufklärung in die neue und neueste Zeit*, Bern: Haupt 1938.

Andrea Feth, *Hilde Benjamin – Eine Biographie*, Berlin: Berliner Wissenschafts-Verlag 1997.

Marianne Feuersenger, *Die garantierte Gleichberechtigung*. Ein umstrittener Sieg der Frauen. Freiburg: Herder 1980.

Maria Fiebrandt, *Die Angeklagten im Dresdner »Euthanasie«-Prozess*, in: Boris Böhm & Gerald Hacke (Hg.), »Fundamentale Gebote der Sittlichkeit«, Dresden: Sandstein 2008, S. 95–129.

– *Biografische Studien zu Vertretern der Verteidigung*, in: Boris Böhm & Gerald Hacke (Hg.), »Fundamentale Gebote der Sittlichkeit«, Dresden: Sandstein 2008, S. 130–142.

Christoph Fiedler, BVerfGE 7, 198 – Lüth, in: Jörg Menzel & Ralf Müller-Terpitz (Hg.), *Verfassungsrechtsprechung*, 3. Aufl., Tübingen: Mohr Siebeck 2017, S. 113–124.

Wilfried Fiedler, Die Entstehung der Landesverfassungsgerichtsbarkeit nach dem Zweiten Weltkrieg, in: Christian Starck & Klaus Stern (Hg.), *Landesverfassungsgerichtsbarkeit*, Bd. I, Baden-Baden: Nomos 1983, S. 104–153.

Robert Fischer, *Die Rechtsprechung des Bundesgerichtshofes. Ein Rückblick auf die ersten zehn Jahre*, Karlsruhe: Müller 1960.

Kurt Flasch, *Katholische Wegbereiter des Nationalsozialismus. Michael Schmaus, Joseph Lortz, Josef Pieper*, Frankfurt/Main: Klostermann 2021.

Jan Foitzik, Sowjetische Militäradministration in Deutschland, in: Martin Broszat & Hermann Weber (Hg.), *SBZ-Handbuch*, München: Oldenburg 1990, S. 7–69.

– Einleitung, in: ders. (Hg.), *Sowjetische Interessenpolitik in Deutschland 1944–1954*, München: Oldenburg 2012, S. 5–154.

Jan Foitzik (Hg.), *Sowjetische Interessenpolitik in Deutschland 1944–1954*, München: Oldenbourg 2012.

Lena Foljanty, *Recht oder Gesetz. Juristische Identität und Autorität in den Naturrechtsdebatten der Nachkriegszeit*, Tübingen: Mohr Siebeck 2013.

– Naturrechtsrenaissance, in: *HRG*, Bd. III. Lfg. 24, 2. Aufl., Erich Schmidt: Berlin: Erich 2016, Sp. 1868–1871.

Ernst Forsthoff, Zur Problematik der Rechtserneuerung, in: Werner Maihofer (Hg.), *Naturrecht und Rechtspositivismus*, Darmstadt: Wissenschaftliche Buchgesellschaft 1962, S. 73–86.

Ernst Fraenkel, *Der Doppelstaat*, Frankfurt/Main: EVA 1974.

Christine Franzius, *Bonner Grundgesetz und Familienrecht. Die Diskussion um die Gleichberechtigung von Mann und Frau in der westdeutschen Zivilrechtslehre der Nachkriegszeit (1945–1957)*, Frankfurt/Main: Klostermann 2003.

Norbert Frei, *Vergangenheitspolitik. Die Anfänge der Bundesrepublik und die NS-Vergangenheit*, München: Beck 1996.

Karl Wilhelm Fricke, *Politik und Justiz in der DDR*, Köln: Wissenschaft und Politik 1979.

Monika Frommel, Hermann Ulrich Kantorowicz (1877–1940), in Kritische Justiz (Hg.), *Juristen*, Baden-Baden: Nomos 1988, S. 243–253.

– Rechtsphilosophie in den Trümmern der Nachkriegszeit, in: *JZ* 19, 71 (2016), S. 913–968.

Mary Fulbrook, *Ein ganz normales Leben. Alltag und Gesellschaft in der DDR*, Darmstadt: Wissenschaftliche Buchgesellschaft 2008.

Klaus Füßer, Rechtspositivismus und »gesetzliches Unrecht«. Zur Destruktion einer verbreiteten Legende, in: *ARSP* 3, 78 (1992), S. 301–331.

Wilhelm Füßl, *Professor in der Politik. Friedrich Julius Stahl (1802–1861)*, Göttingen: Vandenhoeck & Ruprecht 1988.

Sten Gagnér, *Zur Methodik neuerer rechtsgeschichtlicher Untersuchungen I. Eine Bestandsaufnahm aus den sechziger Jahren*, Ebelsbach: Gremer 1993.

Generalstaatsanwalt der DDR (Hg.), *Handbuch für den Staatsanwalt*, Berlin (Ost): Berliner Druckhaus 1955.

Joachim Gernhuber, Das völkische Recht, in: Rechtswissenschaftliche Abteilung der Rechts- und Wirtschaftswissenschaftlichen Fakultät der Universität Tübingen (Hg.), *Tübinger Festschrift für Eduard Kern*, Tübingen: Mohr Siebeck 1968, S. 167–201.

Tomasz Giaros, A Matter of Pure Conscience? Franz Wieacker and his »Conceptual Change«, in: *Studia Iuridica* 82, Universität Warschau (2019), S. 9–28.

Otto Gierke, *Naturrecht und deutsches Recht. Rede zum Antritt des Rektorats der Universität Breslau. Am 15. Oktober 1882 gehalten.* Frankfurt/Main: Rütten & Loening 1883.

Sonja Ginnow, Karl Polak, in: Horst Schröder & Dieter Simon (Hg.), *Rechtsgeschichtswissenschaft in Deutschland 1945 bis 1952*, Frankfurt/Main: Klostermann 2001, S. 19–30.

Sophia Gluth, *Der apokryphe Nietzsche. Auf den Spuren des Denkens von Friedrich Nietzsche in Rechtsphilosophie und -theorie*, Tübingen: Mohr Siebeck 2021.

Klaus-Dieter Godau-Schüttke, Von der Entnazifizierung zur Renazifizierung der Justiz in Westdeutschland, auf *https://forhistiur.de/*, Aufsatz vom 6. Juni 2001.

Joseph Goebbels, *Die Tagebücher von Joseph Goebbels*, Teil I Aufzeichnungen 1923–1941, Bd. VIII, hg. von Elke Fröhlich, München: Saur 1998, S. 277–279.

Elfride Göldner, Als Volksrichter in der Praxis, in: *NJ* 9 (1975), S. 259–261,

Anita Grandke, Familienrecht, in: Uwe-Jens Heuer (Hg.), *Die Rechtsordnung der DDR*, Baden-Baden: Nomos 1995, S. 173–210.

Markus Graulich, *Unterwegs zu einer Theologie des Kirchenrecht. Die Grundlegung des Rechts bei Gottlieb Söhngen (1892–1971) und die Konzepte der neueren Kirchenrechtswissenschaft*, Paderborn: Schöningh 2006.

Martin Grieß, *»Im Namen des Rechts«. Der Oberste Gerichtshof für die Britische Zone als Höchstgericht in Zivilsachen zwischen Tradition und Neuordnung*, Tübingen: Mohr Siebeck 2015.

Klaus Joachim Grigoleit, *Bundesverfassungsgericht und deutsche Frage. Eine dogmatische und historische Untersuchung zum judikativen Anteil an der Staatsleitung*, Tübingen: Mohr Siebeck 2004.

Otto Grotewohl, Der Staatsanwalt – Hüter der demokratischen Gesetzlichkeit, in : *NJ* 6, 6 1952, S. 241–244.

– Unser neues Recht entwickelt sich mit dem sozialistischen Aufbau, in: *ND* vom 20. Mai 1956.

Stefan Grundmann & Karl Risenhuber (Hg.), *Deutschsprachige Zivilrechtslehrer des 20. Jahrhunderts in Berichten ihrer Schüler. Eine Ideengeschichte in Einzeldarstellungen*, Bd. I, Berlin: de Gruyter 2007.

Jutta Gysi & Dagmar Meyer, Leitbild: berufstätige Mutter – DDR-Frauen in Familie, Partnerschaft und Ehe, in: Giesela Helwig & Hildegard Maria Nickel (Hg.), *Frauen in Deutschland 1945–1952*, Bonn: bpb 1993, S. 139–165.

Norbert Haase & Birgit Sack (Hg.), *Münchner Platz, Dresden. Die Strafjustiz der Diktaturen und der historische Ort*, Leipzig: Kiepenheuer 2001.

Jürgen Habermas, *Theorie und Praxis. Sozialphilosophische Studien*, 4. Aufl., Frankfurt/Main: Suhrkamp 1971.

Gerald Hacke, Die Richter des Schwurgerichts, in: Boris Böhm & Gerald Hacke (Hg.), *»Fundamentale Gebote der Sittlichkeit«*, Dresden: Sandstein 2008, S. 151–161.

– Der Dresdner Juristenprozess 1947 im Spannungsfeld der politischen und medialen Auseinandersetzung, in: Jörg Osterloh & Clemens Vollnhals (Hg.), *NS-Prozesse und deutsche Öffentlichkeit*, Göttingen: Vandenhoeck & Ruprecht 2011, S. 167–188.

– »... so unpolitisch ...«. Der Dresdner Rechtsanwalt Fritz Glaser (1876–1956), in: Andreas Kötzing, Francesca Well, Mike Schmeitzner & Jan Erik Schulte (Hg.), *Vergleich als Herausforderung, Festschrift zum 65. Geburtstag von Günther Heydemann*, Göttingen: Vandenhoeck & Ruprecht 2015, S. 185–204.

Hans-Peter Haferkamp, Die Mitwirkung des Staatsanwalts im Zivilverfahren der DDR, in: Rainer Schröder (Hg.), Zivilrechtskultur der DDR, Bd. I, Berlin 1999, S. 367–416.

Hans Peter Haferkamp, Jan Thiessen & Christian Waldhoff (Hg.), *Deutsche Diktatorische Rechtsgeschichte?*, Tübingen: Mohr Siebeck 2017.

Frank Haldemann, Gustav Radbruch vs. Hans Kelsen. A debate on Nazi Law, in: *Ratio Juris* 2, 18 (2005), S. 162–178.

Gerhard Hammerstein, *Die Entwicklung des Naturrechtsgedankens in der katholischen Rechtsphilosophie des 19. Jahrhunderts. Grundlagen und Konzeptionen 1800–1920*, Paderborn: Schöningh 2017.

Nicole Hanne, *Rechtskraftdurchbrechungen von Strafentscheidungen im Wechsel der politischen Systeme*, Berlin: Duncker & Humblot 2005.

Wilfried Härle & Bernhard Vogel (Hg.), »Vom Rechte, das mit uns geboren ist«. Aktuelle Probleme des Naturrechts, Freiburg: Herder 2007.

Andreas Harms, *Warenform und Rechtsform. Zur Theoriegeschichte und Interpretation von Eugen Paschukanis' Allgemeine Rechtslehre und Marxismus*, Baden-Baden: Nomos 2000.

Otto Hartwig, Die weitere Ausgestaltung der Lehrgänge für Richter und Staatsanwälte, in: *NJ* 1, 3 (1949), S. 13–15.

Hans Hattenhauer, *Über Volksrichterkarrieren*, Hamburg: Vandenhoeck & Ruprecht 1995.

Thomas Haury, *Antisemitismus von links. Kommunistische Ideologie, Nationalismus und Antizionismus in der frühen DDR*, Hamburg: Hamburger Edition 2002.

Richard Häußler, *Der Konflikt zwischen Bundesverfassungsgericht und politischer Führung. Ein Beitrag zur Geschichte und Rechtsstellung des Bundesverfassungsgerichts*, Berlin: Duncker & Humblot 1994.

John Hazard, *Settling Disputes in Soviet Society. The Formative Years of Legal Institutions*, New York: Columbia University Press 1978.

– Foreword, in: Piers Beirne & Robert Sharlet (Hg.), *Pashukanis*, London 1980, XII–XVII.

Peter Häberle, Michael Kilian & Heinrich Wolff (Hg.), *Staatsrechtslehrer des 20. Jahrhunderts. Deutschland – Österreich – Schweiz*, 1. Aufl. Berlin: de Gruyter 2015.

Christoph von Hehl, Adolf Süsterhenn (1905-1974). Verfassungsvater, Weltanschauungspolitiker, Föderalist, Düsseldorf: Droste 2012.

Helmut Heiber, *Universität unterm Hakenkreuz, Teil II: Die Kapitulation der Hohen Schulen*, München u.a.: Saur 1991.

Elizabeth Heineman, *What Difference Does a Husband Make? Women and Marital Status in Nazi and Postwar Germany*, Berkeley: University of California Press 1999.

Annemarie Helmbrecht, Professor Klenner und der Revisionismus, in: *ND* vom 26. Februar 1958.

– »Zur ideologischen Natur des Rechts« im Lichte des Großen Oktober, in: *SuR* 4, 7 (1958), S. 244–264.

Giesela Helwig & Hildegard Maria Nickel (Hg.), *Frauen in Deutschland 1945-1952*, Bonn: Bundeszentrale für politische Bildung 1993.

Thomas Henne, ›Von 0 auf Lüth in 6 ½ Jahren‹, in: ders. & Arne Riedlinger (Hg.), *Das Lüth-Urteil in (rechts-)historischer Sicht*, Berlin: Berliner Wissenschafts-Verlag 2005, S. 197–222.

Thomas Henne & Arne Riedlinger (Hg.), *Das Lüth-Urteil aus (rechts-)*

historischer Sicht. Die Konflikte um Veit Harlan und die Grundrechtsjudikatur des Bundesverfassungsgerichts. Berlin: Berliner Wissenschafts-Verlag, 2005.

Daniel Herbe, *Hermann Weinkauff (1894-1981). Der erste Präsident des Bundesgerichtshofs*, Tübingen: Mohr Siebeck 2008.

Maximilian Herberger, Beziehungen zwischen Naturwissenschaft und Jurisprudenz in der ersten Hälfte des 19. Jahrhunderts, in: *BerWissGesch* 6 (1983), S. 79–88.

Hermann Conrad & Heinrich Kipp (Hg.), *Gegenwartsprobleme des Rechts*, Bd. I: Beiträge zum Staats-, Völker- und Kirchenrecht sowie zur Rechtsphilosophie, Paderborn: Schöningh 1950.

Thomas Heil, *Die Verwaltungsgerichtsbarkeit in Thüringen 1945–1952. Ein Kampf um den Rechtsstaat*, Tübingen: Mohr Siebeck 1996.

Guntolf Herzberg, *Anpassung und Aufbegehren. Die Intelligenz der DDR in den Krisenjahren 1956/58*, Berlin: Links 2006.

Uwe-Jens Heuer & Hans-Jürgen Schürmann, Über das Verhältnis von juristischen zu historischen Gesetzen, in: *NJ* 9, 7 (1953), S. 304f.

Uwe-Jens Heuer (Hg.), *Die Rechtsordnung der DDR. Anspruch und Wirklichkeit*, Baden-Baden: Nomos 1995.

Carl Heyland, Die Rechtstellung der entfernten, erfolgreich entnazifizierten deutschen Beamten, Teil I, in: *DÖV* 10, 3 (1950), S. 289–298.

Andreas Hilger, Mike Schmeitzner & Clemens Vollnhals (Hg.), *Sowjetisierung oder Neutralität? Optionen sowjetischer Besatzungspolitik in Deutschland und Österreich 1945–1955*, Göttingen: Vandenhoeck & Ruprecht 2006.

Ernst von Hippel, *Einführung in die Rechtstheorie*, 2. Aufl., Bonn: Schwippert 1947.

– *Das Naturrecht in der Rechtsprechung der Bundesrepublik*, in. ders., *Mechanisches und moralisches Rechtsdenken*, Meisenheim: Hain 1959, S. 224–237.

– *Mechanisches und moralisches Rechtsdenken*, Meisenheim: Hain 1959.

Fritz von Hippel, *Die nationalsozialistische Herrschaftsordnung als Warnung und Lehre*, in: *Ideologie und Wahrheit in der Jurisprudenz*. Frankfurt/Main: Klostermann 1973, S. 3–45.

– Fritz von Hippel, *Ideologie und Wahrheit in der Jurisprudenz. Studien zur Rechts-Methode und zur Rechtserkenntnis*, Frankfurt/Main: Klostermann 1973.

Hans-Ulrich Hochbaum, Die Kontrolle der staatlichen Verwaltung in der DDR durch die Organe der Staatsanwaltschaft, in: *WZ Jena GSR* 1, 2 (1952/53), S. 111–115.

Joachim Hoeck, Verwaltung, *Verwaltungsrecht und Verwaltungsrechtsschutz in der Deutschen Demokratischen Republik*, Berlin: Duncker & Humblot 2003.

Walter Hoeniger, Justiz in Brandenburg, in: *NJ* 8, 3 (1949), S. 192f.

Hasso Hofmann, *Rechtsphilosophie nach 1945. Zur Geistesgeschichte der Bundesrepublik Deutschland*, Berlin: Duncker & Humblot 2012.

Joachim S. Hohmann, *Der »Euthanasie«-Prozeß Dresden 1947. Eine zeitgeschichtliche Dokumentation*, Frankfurt/Main: Lang 1993.
Alexander Hollerbach, Über Godehard Josef Ebers (1880-1958), in: Horst Ehmke (Hg.), *Festschrift für Ulrich Scheuner zum 70. Geburtstag*, Berlin: Duncker und Humblot 1973, S. 143–162.
– Das christliche Naturrecht im Zusammenhang des allgemeinen Naturrechtsdenkens, in: Franz Böckle (Hg.), *Naturrecht in der Kritik*, Mainz: Grünewald 1973, S. 9–38.
– Das Verhältnis der katholischen Naturrechtslehre des 19. Jahrhunderts zur Geschichte der Rechtswissenschaft und Rechtsphilosophie, in: Albrecht Langner (Hg.), *Theologie und Sozialethik im Spannungsfeld der Gesellschaft*, München: Schöningh 1974, S. 113–133.
– *Katholizismus und Jurisprudenz in Deutschland 1876–1976*, in: Katholizismus und Jurisprudenz, Paderborn: Schöningh 2004, S. 23–54.
Alexander Hollerbach (Hg.), *Katholizismus und Jurisprudenz, Beiträge zur Katholizismusforschung und zur neueren Wissenschaftsgeschichte*, Paderborn: Schöningh 2004.
Emil Erich Hölscher, *Sittliche Rechtslehre. Der Versuch einer objektiven Erforschung des Rechts*, 2 Bde, München: Kösel & Pustet 1928.
– *Vom römischen zum christlichen Naturrecht*, Augsburg, Haas & Graber 1931.
– *Die ethische Umgestaltung der römischen Individual-Justitia durch die universalistische Naturrechtslehre der mittelalterlichen Scholastik*, Paderborn: Schöningh 1932.
Jakob Hommes, Katholisches Staats- und Kulturdenken und Nationalsozialismus, in: *DtV* 1 (1933), S. 285–288.
Martin Honecker, *Recht in der Kirche des Evangeliums*, Tübingen: Mohr Siebeck 2008.
Stefan Höpel, Die »Säuberung« der deutschen Rechtswissenschaft – Ausmaß und Dimensionen der Vertreibung nach 1933, in: *KJ* 4, 26 (1993), S. 438–460.
Norbert Horn, Klaus Luig & Alfred Söllner (Hg.) *Europäisches Rechtsdenken in Geschichte und Gegenwart, Festschrift für Helmut Coing zum 70. Geburtstag*, Bd. I, München: Beck 1982.
Marcus Howe, *Karl Polak. Parteijurist unter Ulbricht*, Frankfurt/Main: Klostermann 2002.
Bernd Hüpers, *Karl Larenz. Methodenlehre und Philosophie des Rechts in Geschichte und Gegenwart*, Berlin: Berliner Wissenschafts-Verlag 2008.
Sylvie *Hürstel*, Rechtsphilosophie oder Rechtsgeschichte, in: *RJ* 14 (1995), S. 368–398.
Eugene Huskey, Vyshinskii, Krylenko, and the Shaping of the Soviet Legal Order, in: *Slavic Review* 3/4, 46 (1987), S. 414–428.
Institut für Marxismus-Leninismus beim ZK der SED (Hg.), *Wir sind die Kraft. Der Weg zur DDR*, Berlin: Dietz 1959.
Hermann Isay, *Die Isolierung des deutschen Rechtsdenkens. Ein Vortrag gehalten in der Juristischen Gesellschaft zu Berlin am 8. Dezember 1923*, Berlin: Vahlen 1924.

Ruprecht Jacobs, *Die Kriminalität der Nachkriegszeit in Deutschland. Eine Soziologie der Nachkriegsverbrechen*, Selbstverlag 1952.
Harald Jähner, *Wolfszeit. Deutschland und die Deutschen 1945–1955*, Berlin: Rowohlt 2019.
Gerd Janke, Zur Kassationstätigkeit des Obersten Gerichts der DDR in Zivilsachen auf *http://forhistiur.de/*, Artikel vom 14. Mai 2007.
Konrad Jarausch & Hannes Siegrist (Hg.), *Amerikanisierung und Sowjetisierung in Deutschland 1945–1970*, Frankfurt: Campus 1997.
Karl Jaspers, *Philosophie*, 2. Aufl., Heidelberg: Springer 1948.
Matthias Jestaedt, Oliver Lepsius, Christoph Möllers & Christoph Schönberger (Hg.), *Das entgrenzte Gericht. Eine kritische Bilanz nach sechzig Jahren Bundesverfassungsgericht*, Berlin: Suhrkamp 2011.
Jonas Jost, *Der Abendlandgedanke in Westdeutschland nach 1945. Versuch und Scheitern eines Paradigmenwechsels in der deutschen Geschichte nach 1945*, Hannover: Universitätsverlag 1994.
Susanne Jung, *Die Rechtsprobleme der Nürnberger Prozesse dargestellt am Verfahren gegen Friedrich Flick*, Tübingen: Mohr Siebeck 1992.
Uwe Kalbhen, *Die NS-Rechtstheorie als Herrschaftsideologie. logische Struktur und soziale Funktion naturrechtlicher Konstruktionen im Nationalsozialismus*, Heidelberg: Universitätsverlag 1969.
David Kästle-Lampartner, *Welt der Kommentare. Struktur, Funktion und Stellenwert juristischer Kommentare in Geschichte und Gegenwart*, Tübingen: Mohr Siebeck 2016.
Eugene Kamenka & Alice Tay, The Life and Afterlife of a Bolshevik Jurist, in: *Problems of Communism* 1, 19 (1970), S. 72–78.
Hermann Kantorowicz [Gnaeus Flavius]. *Der Kampf um die Rechtswissenschaft*, Heidelberg: Winter 1906.
– Zur Lehre vom Richtigen Recht, in: *ARWP* 1, 2 (1908/9), S. 42–74.
Ilka Kauhausen, *Nach der »Stunde Null«. Prinzipiendiskussionen im Privatrecht nach 1945*, Tübingen: Mohr Siebeck 2007.
Arthur Kaufmann, Einleitung, in: ders. (Hg.), *Die ontologische Begründung des Rechts*, Darmstadt: Wissenschaftliche Buchgesellschaft 1965, S. 1–4.
– Die Naturrechtsrenaissance der ersten Nachkriegsjahre – und was daraus geworden ist, in: Michael Stolleis (Hg.), *Die Bedeutung der Wörter*, München: Beck 1991, S. 105–132.
– *Rechtsphilosophie in der Nach-Neuzeit*, Heidelberg: Decker & Müller 1992.
– *Gustav Radbruch. Rechtsdenker, Philosoph, Sozialdemokrat*, München: Piper 1996.
Arthur Kaufmann (Hg.), *Die ontologische Begründung des Rechts*, Darmstadt: Wissenschaftliche Buchgesellschaft 1965.
Erich Kaufmann, *Kritik der neukantischen Rechtsphilosophie. Eine Betrachtung über die Beziehung zwischen Philosophie und Rechtswissenschaft*, Tübingen: Mohr Siebeck 1921.
– Die Gleichheit vor dem Gesetz im Sinne des Art. 109 der Reichsverfassung, in: *VVDStRL* 3 (1926), S. 2–62.

Hartmut Kaelbe, Jürgen Kocka & Hartmut Zwahr (Hg.), *Sozialgeschichte der DDR*, Stuttgart: Klett-Cotta 1994.
Hans Kelsen, *Die philosophischen Grundlagen der Naturrechtslehre und des Rechtspositivismus*, Charlottenburg: Pan 1928.
– The Communist Theory of Law, New York: Praeger 1955.
– Existentialismus in der Rechtswissenschaft, in: *ARSP* 2, 43 (1957), S. 161–186.
– Aufsätze zur Ideologiekritik, hg. von Ernst Topitsch, Neuwied: Luchterhand 1964.
Mario Keßler, *Die SED und die Juden. Die SED und die Juden - zwischen Repression und Toleranz. Politische Entwicklungen bis 1967*, Berlin: Akademieverlag 1995.
Hans-Jürgen Kerkau, *Der Naturrechtsgedanke in der Rechtsprechung des Bundesgerichtshofes in Strafsachen*, Kiel: Universitätsverlag 1966.
Ernst Kern, Die Grenzen der naturrechtlichen Rechtserneuerung in Justiz und Verwaltung, in: *MDR* 3, 3 (1949), S. 137–141.
Rainer Maria Kiesow, *Das Naturgesetz des Rechts*, Frankfurt/Main: Suhrkamp 1997.
Otto Kirchheimer, *Die Grenzen der Enteignung [1930]*, *Gesammelte Schriften*, Bd. I, hg. v. Hubertus Buchstein, Baden-Baden: Nomos 2017, S. 264–322.
– *Gesammelte Schriften*, Bd. I, hg. V. Hubertus Buchstein, Baden-Baden: Nomos 2017.
– *Politische Justiz*, Neuwied: Luchterhand 1965.
Julius Hermann von Kirchmann, *Die Werthlosigkeit der Jurisprudenz als Wissenschaft. Ein Vortrag, gehalten in der juristischen Gesellschaft zu Berlin*, Berlin: Springer 1848.
Michael Kirn, *Verfassungsumsturz und Rechtskontinuität. Die Stellung der Jurisprudenz nach 1945 zum Dritten Reich insbesondere die Konflikte um die Kontinuität der Beamtenrechte und Art. 131 Grundgesetz*, Berlin: Duncker & Humblot 1972.
Martin D. Klein, *Demokratisches Denken bei Gustav Radbruch*, Berlin: Berliner Wissenschaftsverlag 2007.
Hermann Klenner, Über das Verhältnis von juristischen zu historischen Gesetzen, in: *NJ* 1, 7 (1953), S. 4–9.
– Gesetz und Richter, *SuR* 8, 3 (1953/54), S. 800–807.
– *Der Marxismus-Leninismus über das Wesen des Rechts*, 1. Aufl., Berlin (Ost): Deutscher Zentralverlag 1954.
– Das Rechtsgefühl als Asyl des Naturrechts, in: *SuR* 2, 4 (1955), S. 306–310, 307.
– Zur ideologischen Natur des Rechts, in: o. A. (Hg.), *Staat und Recht im Lichte des Grossen Oktober*, Berlin: Deutscher Zentralverlag 1957, S. 82–101
– Gesetzgebung und Gesetzlichkeit, in: *SuR* 5, 39 (1990), S. 372–381.
– Babelsdorf 1958, in: *Der Staat* 4, 31 (1992), S. 612–626.
Hermann Klenner & Karl Heinz Schöneburg, Vom ewigen zum beweglichen. Naturrecht, in: *SuR* 4, 5 (1956), S. 485–497, 497.

Diethelm Klippel, Naturrecht und Rechtsphilosophie in der ersten Hälfte des 19. Jahrhunderts, in: Otto Dann & ders. (Hg.), *Naturrecht – Spätaufklärung – Revolution*, Hamburg: Meiner 1995, S. 270–292.

– Das 19. Jahrhundert als Zeitalter des Naturrechts, in ders. (Hg.), *Naturrecht im 19. Jahrhundert*, Goldbach: Keip 1997.

Diethelm Klippel (Hg.), *Naturrecht im 19. Jahrhundert. Kontinuität, Inhalt, Funktion, Wirkung*, Goldbach: Keip 1997.

– *Naturrecht und Rechtsphilosophie im 19. Jahrhundert. Eine Bibliographie*, Tübingen: Mohr Siebeck 2012.

August Knoll, *Katholische Kirche und scholastisches Naturrecht zur Frage der Freiheit*, Neuwied: Luchterhand 1968.

Gerhard Köbler (Hg.), *Wege europäischer Rechtsgeschichte. Karl Kroeschell zum 60. Geburtstag dargelegt von Freunden, Schülern und Kollegen*, Frankfurt/Main: Lang 1987.

Gerhard Köbler, Meinhard Heinze & Jan Schapp (Hg.), *Geschichtliche Rechtswissenschaft. Freundesgabe für Alfred Söllner zum 60 Geburtstag am 6. Februar 1990*, Gießen: Brühl 1990.

Josef Kohler, *Lehrbuch der Rechtsphilosophie*, 2. Aufl., Berlin: Rothschild 1917.

Stanislav Kokoša & Oldřich Tůma, »Die ganze Komödie dauerte zwei Tage.«, in: Norbert Haase & Birgit Sack (Hg.), *Münchner Platz, Dresden. Die Strafjustiz der Diktaturen und der historische Ort*, Leipzig: Kiepenheuer 2001, S.69–84.

Peter Koller, Zur Verträglichkeit von Rechtspositivismus und Naturrecht, in: Dorothea Mayer-Maly & Peter Simons (Hg.), *Das Naturrechtsdenken heute und morgen*, Berlin: Duncker & Humblot 1983, S. 337–358.

Andreas Kötzing, Francesca Well, Mike Schmeitzner & Jan Erik Schulte (Hg.), *Vergleich als Herausforderung, Festschrift zum 65. Geburtstag von Günther Heydemann*, Göttingen: Vandenhoeck & Ruprecht 2015.

Ilko-Sascha Kowalczuk, *Die Niederschlagung der Opposition an der Veterinärmedizinischen Fakultät der Humboldt-Universität zu Berlin in der Krise 1956/57*, Berlin: Der Berliner Landesbeauftragte für die Unterlagen des Staatssicherheitsdienstes der ehemaligen DDR 1997.

Karl Christian Friedrich Krause, *Grundlage des Naturrechtes oder philosophischer Grundriss des Ideales des Rechtes*, Abt. I, 2. Aufl., Leipzig: Schulze 1890.

Kritische Justiz (Hg.), *Streitbare Juristen. Eine andere Tradition*, Baden-Baden: Nomos 1988.

Herbert Kröger, Naturrecht in Gegenwart und Vergangenheit, in: *ZgS* 99, 3 (1939), S. 543–554

– Schumannplan, Generalvertrag, Verbotsantrag gegen die KPD – juristische Dokumente nationalen Verrats (Fortsetzung), in: *NJ* 4, 6 (1952), S. 147–154.

– Stalins Arbeit »Ökonomische Probleme des Sozialismus in der UdSSR« und einige Fragen der Rechtswissenschaft, *NJ* 2, 7 (1953), S. 33–35.

Gerda Krüger-Nieland, Hermann Weinkauff, in: *NJW* 41, 34 (1981), S. 2235f.

Walter Krutzsch, Einige Erfahrungen aus Bezirkskonferenzen über die sozialistische Gesetzlichkeit im Strafverfahren, in: *NJ* 12, 10 (1956), S. 357–359.
Kristian Kühl, Kontinuitäten und Diskontinuitäten im Naturrechtsdenken des 20. Jahrhunderts, in: Karl Acham, Knut Wolfgang Nörr & Bertram Schefold (Hg.), *Erkenntnisgewinne, Erkenntnisverluste*, Stuttgart: Steiner 1998, S. 605–658.
– Rückblick auf die Renaissance des Naturrechts nach dem 2. Weltkrieg, in: Gerhard Köbler, Meinhard Heinze & Jan Schapp (Hg.): *Geschichtliche Rechtswissenschaft, Freundesgabe für Alfred Söllner zum 60 Geburtstag am 6. Februar 1990*, Gießen: Brühl 1990, S. 321–357.
Kristian Kühl & Gerhard Seher (Hg.), *Rom, Recht, Religion. Symposion für Udo Ebert zum siebzigsten Geburtstag*, Tübingen: Mohr Siebeck 2011.
Julia Küppers, *Die wahre Wahrheit über die Bodenreform. Theoretische Betrachtungen rechtsgeschichtswissenschaftlicher Praxis*, Weilerswist: Velbrück 2015.
Karl Lackner, Heinz Leferenz, Eberhard Schmidt, Jürgen Welp & Ernst A. Wolff (Hg.), *Festschrift für Wilhelm Gallas zum 70. Geburtstag*, Berlin: de Gruyter 1973.
Benjamin Lahusen, Aus Juristen Demokraten machen, in: *Die Zeit* vom 5. November 2009.
– Rechtspositivismus und juristische Methode. Betrachtungen aus dem Alltag einer Vernunftehe, Weilerswist: Velbrück 2011.
– Die Normalität des Maßnahmenstaates, in: JZ 17, 70 (2015), S. 805–814.
– Die Last der großen Erzählung, in: myops 31 (2017), S. 70–72.
– *»Der Dienstbetrieb ist nicht gestört«*, München: Beck 2022.
Ernst Landsberg, Besprechung von Giorgio del Vecchios Die Grundprinzipien des Rechts, in: *ARWP* 18 (1923/1924), S. 347–376.
Richard Lange, Zu neuen Ufern im Strafrecht, in: *NJ* 1,1 (1947), S. 7–13.
Albrecht Langner, *Der Gedanke des Naturrechts seit Weimar und in der Rechtsprechung der Bundesrepublik*, Bonn: Bouvier 1959.
Albrecht Langner (Hg.), *Theologie und Sozialethik im Spannungsfeld der Gesellschaft. Untersuchungen zur Ideengeschiche des deutschen Katholizismus im 19. Jahrhundert*, München: Schöningh 1974.
Peter Joachim Lapp, *Die Volkskammer der DDR*, Opladen: Westdeutscher Verlag 1975.
Karl Larenz, *Rechts- und Staatsphilosophie der Gegenwart*, 1. Aufl., Berlin: Junker & Dünnhaupt 1931, 2. Aufl. Junker & Dünnhaupt 1936.
– Methodenlehre der Rechtswissenschaft, 1. Aufl., Berlin. Springer 1960.
Heinz Laufer, *Verfassungsgerichtsbarkeit und politischer Prozeß. Studien zum Bundesverfassungsgericht der Bundesrepublik Deutschland*, Tübingen: Mohr Siebeck 1968.
Jochen Laufer, Die Verfassungsgebung in der SBZ 1946–1949, in: *APuZ* 32/33 (1998), S. 2941.
Gustav Leißner, *Verwaltung und öffentlicher Dienst in der sowjetischen Besatzungszone Deutschlands. Eine kritische Würdigung aus gesamtdeutscher Sicht*, Stuttgart: Kohlhammer 1961.

Oliver Lembcke, *Hüter der Verfassung. Eine institutionentheoretische Studie zur Autorität des Bundesverfassungsgerichts*, Tübingen: Mohr Siebeck 2007.

Michael Lemke, Einleitung, in: ders. (Hg.), *Sowjetisierung und Eigenständigkeit in der SBZ/DDR (1945–1953)*, Köln 1999, S. 11–30

Michael Lemke (Hg.), *Sowjetisierung und Eigenständigkeit in der SBZ/DDR (1945–1953)*, Köln: Böhlau 1999.

Wladimir I. Lenin, *Werke*, Bd. XXXIII, hg. vom Institut für Marxismus-Leninismus beim ZK der SED, Berlin: Dietz 1977.

Wolfgang Leonhard, *Die Revolution entläßt ihre Kinder*, Köln: Kiepenheuer & Witsch 1955.

– *Die Dreispaltung des Marxismus. Ursprung und Entwicklung des Sowjetmarxismus, Maoismus und Reformkommunismus*, Düsseldorf: Econ 1970.

Oliver Lepsius, *Die gegensatzaufhebende Begriffsbildung. Methodenentwicklungen in der Weimarer Republik und ihr Verhältnis zur Ideologisierung der Rechtswissenschaft im Nationalsozialismus*, München: Beck 1994.

– Die maßstabsetzende Gewalt, in: Matthias Jestaedt, Oliver Lepsius, Christoph Möllers & Christoph Schönberger (Hg.), *Das entgrenzte Gericht*, Frankfurt/Main: Suhrkamp 2011, S. 159–279.

Rainer M. Lepsius, Die Institutionenordnung als Rahmenbedingung der Sozialgeschichte der DDR, in: Hartmut Kaelbe, Jürgen Kocka & Hartmut Zwahr (Hg.), *Sozialgeschichte der DDR*, Stuttgart: Klett 1994, S. 17–30.

Detlef Liebs, Franz Wieacker (1908 bis 1994), in: Okko Behrends & Eva Schumann (Hg.), *Franz Wieacker*, Göttingen: Wallstein 2010, S. 23–48.

Hans Liermann, Rasse und Recht, in: *ZgS* 2, 85 (1928), S. 273–315.

– Zur Geschichte des Naturrechts in der Evangelischen Kirche, in: Walter Baumgartner, Otto Eissfeldt, Karl Elliger & Leonhard Rost (Hg.), *Festschrift für Alfred Bertholet zum 80. Geburtstag*, Tübingen: Mohr und Siebeck 1950, S. 294–324.

Christoph Link, *Kirchliche Rechtsgeschichte. Kirche, Staat und Recht in der europäischen Geschichte von den Anfängen bis ins 21. Jahrhundert*, 3. Aufl., München: Beck 2017.

Eleonore Linsmayer, *Das Naturrecht in der deutschen Rechtsprechung der Nachkriegszeit*, München: Universitätsverlag 1963.

Erich Loest, *Durch die Erde ein Riss*, Hamburg: Hoffmann & Campe 1981.

Martin Löhnig, *Die Justiz als Gesetzgeber. Zur Anwendung nationalsozialistischen Rechts in der Nachkriegszeit*, Regenstauf: Edition Rechtskultur 2010.

Martin Löhnig (Hg.), *Zwischenzeit. Rechtsgeschichte der Besatzungsjahre*, Regenstauf: Edition Rechtskultur 2011.

Fritz Loos (Hg.), *Rechtswissenschaft in Göttingen*: Vandenhoeck & Ruprecht 1987.

Wilfried Loth, *Stalins ungeliebtes Kind. Warum Moskau die DDR nicht wollte*, Berlin: Rowohlt 1994.

– *Die Sowjetunion und die deutsche Frage. Studien zur sowjetischen Deutschlandpolitik. Von Stalin bis Chruschtschow*, Göttingen: Vandenhoeck & Ruprecht 2007.

Julian Lubini, *Die Verwaltungsgerichtsbarkeit in den Ländern der SBZ/DDR 1945–1952*, Tübingen: Mohr Siebeck 2015.

Gerhard Luf, Zur Verantwortlichkeit des Rechtspositivismus für »gesetzliches Unrecht«, in: Ulrike Davy, Helmut Fuchs, Judith Marte & Ilse Reiter (Hg.), Nationalsozialismus und Recht, Wien 1990, S. 18–37.

Niklas Luhmann, Positivität als Selbstbestimmtheit des Rechts, in: *Rechtstheorie* 19 (1988), S. 11–27.

– *Gesellschaftsstruktur und Semantik*, in: *Gesellschaftsstruktur und Semantik*, Bd. I, Frankfurt/Main: Suhrkamp 1993, S. 9–71.

– *Gesellschaftsstruktur und Semantik, Studien zur Wissenssoziologie der modernen Gesellschaft*. Bd. I, Frankfurt/Main: Suhrkamp 1993.

– *Recht der Gesellschaft*, Frankfurt/Main: Suhrkamp 1993.

– *Alternative ohne Alternativen*, in: *Short Cuts*, 4. Aufl., Frankfurt/Main 2002.

– *Short Cuts*, 4. Aufl., Frankfurt/Main: Zweitausendeins 2002.

Klaus Luig, Helmut Coing, in: Stefan Grundmann & Karl Risenhuber (Hg.), *Deutschsprachige Zivilrechtslehrer des 20. Jahrhunderts in Berichten ihrer Schüler*, Bd. 1, Berlin: De Gruyter 2007, S. 57–70.

Georg Lukács, *Geschichte und Klassenbewußtsein. Studien über marxistische Dialektik*, Neuwied: Luchterhand 1968.

Hans Maier, Katholische sozial- und Staatslehre und neuere deutsche Staatslehre, in: *AöR* 1, 93 (1968), S. 1–36.

Christoph Mährlein, *Volksgeist und Recht. Hegels Philosophie der Einheit und ihre Bedeutung in der Rechtswissenschaft*, Würzburg: Königshausen & Neumann 2000.

Werner Maihofer, *Sein und Recht. Prolegomena zu einer Rechtsontologie*, Frankfurt/Main: Klostermann 1954.

– Einleitung, in: ders. (Hg.). *Naturrecht und Rechtspositivismus*, Darmstadt: Wissenschaftliche Buchgesellschaft 1962, IX–XI.

– *Naturrecht als Existenzrecht?*, Frankfurt/Main: Klostermann 1963.

Werner Maihofer (Hg.), *Naturrecht oder Rechtspositivismus*, Darmstadt: Wissenschaftliche Buchgesellschaft 1962.

Siegfried Mampel, *Die Entwicklung der Verfassungsordnung in der Sowjetzone Deutschlands von 1945 bis 1963*, Tübingen: Mohr 1963.

– Die Verfassung Der Sowjetischen Besatzungszone Deutschlands, 2. Aufl., Frankfurt/Main: Metzner 1966.

Leonid Mamut, Stutschka und Paschukanis – Stationen ihres Lebens und Schaffens, in: Eugen Paschukanis, *Allgemeine Rechtslehre und Marxismus, Versuch einer Kritik der juristischen Grundbegriffe*, Freiburg i.B.: Haufe 1991, S. 269–315.

Inga Markovits, Rechtsstaat oder Beschwerdestaat?, in: *ROW* 5, 31 (1987), S. 265–281.

– *Gerechtigkeit in Lüritz, Eine ostdeutsche Rechtsgeschichte*, München: Beck, 2006.

– Die Juristische Fakultät im Sozialismus, in: Heinz-Elmar Tenorth (Hg.), *Geschichte der Universität unter den Linden 1810–2010*, Bd. VI: Selbstbehauptung einer Vision, Berlin: Akademie Verlag 2010, S. 91–135.
– *Diener zweier Herren. DDR-Juristen zwischen Recht und Macht*, Berlin: Links 2020.
Hermann Marx, Weltanschauung, Rasse und Recht, in: *Deutsches Volk* 3, 2 (1934) S. 95–99.
Ingeborg Maus, Naturrecht, Menschenrecht und politische Gerechtigkeit, in: *Dialektik* 1 (1994), S. 9–18.
Dorothea Mayer-Maly & Peter Simons (Hg.), *Das Naturrechtsdenken heute und morgen. Gedächtnisschrift für René Marcic*, Berlin: Duncker & Humblot 1983.
Florian Meinel (Hg.), *Verfassungsgerichtsbarkeit in der Bonner Republik. Aspekte einer Geschichte des Bundesverfassungsgerichts*, Tübingen: Mohr Siebeck 2019.
Ernst Melsheimer, Unsere Staatsanwälte sind Hüter der sozialistischen Gesetzlichkeit, *NJ* 8, 10 (1956), S. 225–227.
Jörg Menzel & Ralf Müller-Terpitz (Hg.), *Verfassungsrechtsprechung. Ausgewählte Entscheidungen des Bundesverfassungsgerichts in Retrospektive*, 3. Aufl., Tübingen: Mohr Siebeck 2017.
Detlef Merten & Hans-Jürgen Papier (Hg.), *Handbuch der Grundrechte*, Bd. I.: Entwicklung und Grundlagen, Heidelberg: Müller 2004.
Sigrid Meuschel, *Legitimation und Parteiherrschaft in der DDR*, Frankfurt/Main: Suhrkamp 1992.
Karl Marx, Friedrich Engels, *Werke*, Bd. XIX, hg. vom Institut für Marxismus-Leninismus beim ZK der SED, Berlin: Dietz 1987.
Sybille Meyer & Eva Schulze (Hg.), *Wie wir das alles geschafft haben. Alleinstehende Frauen berichten über ihr Leben nach 1945*, 3. Aufl., München: Beck 1984.
Johanna Meyer-Lenz (Hg.), *Die Ordnung des Paares ist unbehaglich. Irritationen am und im Geschlechterdiskurs nach 1945*, Hamburg: LIT 2000.
Christian Meyer-Seitz, *Die Verfolgung von NS-Straftaten in der Sowjetischen Besatzungszone*, Berlin: Berliner Wissenschafts-Verlag 1998.
Dick de Mildt (Hg.), *Tatkomplex NS-Euthanasie. Die ost- und westdeutschen Strafurteile seit 1945*, 2 Bde. Amsterdam: Amsterdam University Press 2009.
Heinrich Mitteis, *Vom Lebenswert der Rechtsgeschichte*, Weimar: Böhlau 1947.
– Rechtsgeschichte und Gegenwart, in: NJ 2, 1 (1947), S. 27-29.
Heinz Mohnhaupt, Zur »Neugründung« des Naturrechts nach 1945, in: Horst Schröder & Dieter Simon (Hg.), *Rechtsgeschichtswissenschaft in Deutschland 1945 bis 1952*, Frankfurt/Main: Klostermann 2001, S. 97–128.
Horst Möller & Alexandr O. Tschubarjan (Hg.), *SMAD-Handbuch. Die sowjetische Militäradministration in Deutschland 1945-1949*, München: Oldenbourg 2009.

Robert G. Moeller, *Geschützte Mütter. Frauen und Familien in der westdeutschen Nachkriegspolitik*, München: DTV 1997.
Christoph Möllers, Der Methodenstreit als Politischer Generationenkonflikt. Ein Angebot zur Deutung der Weimarer Staatsrechtslehre, in: *Der Staat* 3, 43 (2004), S. 399–423.
– *Der vermisste Leviathan. Staatstheorie in der Bundesrepublik*, 3. Aufl., Frankfurt/Main: Suhrkamp: 2008.
Karl A. Mollnau, Die Babelsberger Konferenz, oder: Vom Beginn der Niedergangsjurisprudenz in der DDR, in: Robert Alexy, Ralf Dreier & Ulfried Neumann (Hg.), *Rechts- und Sozialphilosophie in Deutschland heute. Beiträge zur Standortbestimmung* (ARSP-Beiheft 44), Stuttgart: Steiner 1991, S. 236–247.
– Sozialistische Gesetzlichkeit in der DDR, in: Gerd Bender & Ulrich Falk (Hg.), *Sozialistische Gesetzlichkeit*, Bd. III, Frankfurt/Main: Klostermann 1999, S. 59–82.
Felix Mühlberg, *Informelle Konfliktbewältigung. Die Geschichte der Eingabe in der DDR*, Chemnitz: Universitätsverlag 1999.
– *Bürger, Bitten und Behörden. Geschichte der Eingabe in der DDR*, Berlin: Dietz 2004.
Claudius Müller, *Die Rechtsphilosophie des Marburger Neukantianismus. Naturrecht und Rechtspositivismus in der Auseinandersetzung zwischen Hermann Cohen, Rudolf Stammler und Paul Natorp*, Tübingen: Mohr Siebeck 1994.
Gebhard Müller, *Naturrecht und Grundgesetz. Zur Rechtsprechung der Gerichte, besonders des Bundesverfassungsgerichts*, Würzburg: Echter 1967.
Ingo Müller, Gesetzliches Recht und übergesetzliches Unrecht. Gustav Radbruch und die Kontinuität der deutschen Staatsrechtslehre, in: *Leviathan* 3, 7 (1979), S. 308–338.
– Furchtbare Juristen, *Die unbewältigte Vergangenheit unserer Justiz*, München: Kindler 1987.
Manfred Müller-Simon, *Von der Rechtstheologie zur Theorie des Kirchenrechts. Die Verbindung von juristischen und theologischen Themen im Werk von Hans Dombois*, Frankfurt/Main: Lang 1994.
Kathrin Nahmmacher, *Die Rechtsprechung des Reichsgerichts und der Hamburger Gerichte zum Ehescheidungsgrund des § 55 Ehegesetz 1938 in den Jahren 1938 bis 1945*, Frankfurt/Main: Lang 1999.
Hans Nathan, Anmerkungen zu OG, Urteil vom 1. Dezember 1950, in: *NJ* 4, 5 (1950), S. 186–187.
Oskar Negt (Hg.), *Aktualität und Folgen der Philosophie Hegels*, Frankfurt/Main: Suhrkamp 1970.
Werner Neuhaus & Marco A. Sorace (Hg.), August Pieper und das Dritte Reich. August Pieper und das Dritte Reich, Norderstedt: Selbstverlag 2021.
Christopher Neumaier, *Familie im 20. Jahrhundert. Konflikte um Ideale, Politiken und Praktiken*, Berlin: de Gruyter/Oldenbourg 2019.
Franz Neumann, Der Funktionswandel des Gesetzes im Recht der bürgerlichen Gesellschaft, in: *ZfS* 6 (1938), S. 542–596.

Ulfried Neumann, Rechtsphilosophie in Deutschland seit 1945, in: Dieter Simon (Hg.), *Rechtswissenschaft in der Bonner Republik*, Frankfurt/Main: Suhrkamp 1994, S. 145–187.
Helmut Nicolai, *Die rassengesetzliche Rechtslehre*, 1. Aufl., München: Eher 1932.
Matthias Niedobitek, Die Neugründung der Verwaltungsgerichtsbarkeit in Westdeutschland, in: Karl-Peter Sommermann, Bert Schaffarzik (Hg.), *Handbuch der Geschichte der Verwaltungsgerichtsbarkeit in Deutschland und Europa*, Berlin: Springer 2019, S. 915–958.
Dieter Niksch, *Die sittliche Rechtfertigung des Widerspruchs gegen die Scheidung der zerrütteten Ehe in den Jahren 1938–1944*, Köln: Universitätsverlag 1990.
Nora Möding, Die Stunde der Frauen?, in: Martin Broszat, Klaus-Dietmar Henke & Hand Woller (Hg.), *Von Stalingrad zur Währungsreform*, 3. Aufl., München: Oldenburg Wissenschaftsverlag 1990, S. 619–647.
ohne Angabe, Schlußfolgerungen aus der 3. Parteikonferenz der SED für die Arbeit der Justizorgane, *NJ* 9, 10 (1956), S. 259–261.
– Aussprache von Richtern und Staatsanwälten über Fragen der sozialistischen Gesetzlichkeit im Strafverfahren, in: *NJ* 11, 10 (1956), S. 324–329.
– Bericht über die Rechtswissenschaftliche Konferenz der Deutschen Akademie für Staats- und Rechtswissenschaft, in: *NJ* 6, 10 (1956), S. 162–167.
– Für die Festigung der sozialistischen Gesetzlichkeit, in: *NJ* 13, 10 (1956), S. 385.
– Rahmenarbeitsplan der Obersten Staatsanwaltschaft der DDR für das III. Quartal 1956 bekanntgegeben, *NJ* 13, 10 (1956), S. 389–391.
– Zwischen Recht und Rot, in: *Der Spiegel* 12 (1959), S. 22–34.
ohne Angabe (Hg.), *Meyers Lexikon*, Bd. VIII, 8. Aufl., Leipzig 1940.
– *Protokoll der Verhandlungen des II. Parteitages der Sozialistischen Einheitspartei Deutschlands*, Berlin: Dietz 1947.
– *Tagung deutscher Juristen. Bad Godesberg 30. September/1. Oktober 1947. Reden und Vorträge*, Hamburg: Gesetz und Richter 1947.
– *Ansprachen zur Eröffnung des Bundesgerichtshofes in Karlsruhe am 8. Oktober 1950*, Karlsruhe: Müller 1951.
– *Berliner* Kundgebung *1952* des Deutschen *Juristentages*, Tübingen: Mohr 1952.
– *Festschrift für Erwin Jacobi*, Berlin: Deutscher Zentralverlag 1957.
– *Staat und Recht im Lichte des Grossen Oktober. Festschrift zum 40. Jahrestag der Großen Sozialistischen Oktoberrevolution*, Berlin: Deutscher Zentralverlag 1957.
– *Staats- und rechtswissenschaftliche Konferenz in Babelsberg am 2. und 3. April 1958. Protokoll*, Berlin (Ost): Deutscher Zentralverlag 1958.
Walter Odersky, Hermann Weinkauff zur Erinnerung, in: *NJW* 6, 47 (1994), S. 370f.
Regina Ogorek, Rechtsgeschichte in der Bundesrepublik (1945–1990), in: Dieter Simon (Hg.), *Rechtswissenschaft in der Bonner Republik*, Frankfurt/Main: Suhrkamp 1994, S. 12–99.

Jörg Osterloh & Clemens Vollnhals (Hg.), *NS-Prozesse und deutsche Öffentlichkeit. Besatzungszeit, frühe Bundesrepublik und DDR*, Göttingen: Vandenhoeck & Ruprecht 2011.

Gerhard Otte, Die Naturrechtsprechung der Nachkriegszeit, in: Kristian Kühl & Gerhard Seher (Hg.), *Rom, Recht, Religion*, Tübingen: Mohr und Siebeck 2011, S. 189–204.

Elisabeth Otto, *Das Verwaltungsrecht in der SBZ/DDR bis zur Verwaltungsneugliederung im Jahr 1952*, Frankfurt/Main: Lang 2012.

Martin Otto, *Von der Eigenkirche zum Volkseigenen Betrieb. Erwin Jacobi (1884–1965)*, Tübingen: Mohr Siebeck 2008.

Wolfhart Panneberg, Zur Theologie des Rechts, in: *Ethik und Ekklesiologie. Gesammelte Aufsätze*, Bd. I, Göttingen: Vandenhoeck & Ruprecht 2011, S. 11–40.

– *Ethik und Ekklesiologie. Gesammelte Aufsätze*, Bd. I, Göttingen: Vandenhoeck & Ruprecht 2011.

Ewgeni Paschukanis, *Allgemeine Rechtslehre und Marxismus, Versuch einer Kritik der juristischen Grundbegriffe*, Wien: Literatur und Politik 1929.

– The Marxist Theory of Law and the Construction of Socialism, in: Piers Beirne & Robert Sharlet (Hg.), Beirne, *Pashukanis*, London 1980, S. 188–199.

– Economics and Legal Regulation, in: Piers Beirne & Robert Sharlet (Hg.), *Pashukanis*, London: Academic Press 1980, S. 237-272.

– *Allgemeine Rechtslehre und Marxismus, Versuch einer Kritik der juristischen Grundbegriffe*, hg. von Hermann Klenner und Leonid Mamut, Berlin & Freiburg: Haufe 1991.

– *Allgemeine Rechtslehre und Marxismus, Versuch einer Kritik der juristischen Grundbegriffe*, Freiburg: Ça ira 2003.

Stanley L. Paulson, Der fin de siècle Neukantianismus und die deutschsprachige Rechtsphilosophie des 20. Jahrhunderts., in: Robert Alexy, Lukas Meyer, ders. & Gerhard Sprenger (Hg.), *Neukantianismus und Rechtsphilosophie*, Baden-Baden: Nomos 2002, S. 11–23.

Hans-Martin Pawlowski & Franz Wieacker (Hg.), *Festschrift für Karl Michaelis zum 70. Geburtstag*, Göttingen: Vandenhoeck & Ruprecht 1971.

Reut Yael Paz, *A Gateway between a Distant God and a Cruel World. The Contribution of Jewish German-Speaking Scholars to International Law*, Leiden: Nijhoff 2013.

Matthias Peitsch, *Prämissen der Rechtstheorie. Der Homo Juridicus und seine Kritik im historischen Materialismus*, Wien: Turia + Kant 2020.

Maxim A. Perkow, Rechtsabteilung, in: Horst Möller & Alexandr O. Tschubarjan (Hg.), *SMAD-Handbuch*, München: De Gruyter 2009, S. 464–469.

Christof Peter, *Existenz und Recht. Perspektiven existenzorientierten Rechtsdenkens*, Berlin: Duncker & Humblot 2019.

Dieter Petrig, *Emil Erich Hölscher (1880–1935) und Karl Otto Petraschek (1876–1950) im Zusammenhang des katholischen Rechtsdenkens. Ein Beirag zur Geschichte der juridischen Neuscholastik und der Rechtsphilosophie in Deutschland*, Paderborn: Schöningh 1981.

Julia Pfannkuch, *Volksrichterausbildung in Sachsen 1945-1950*, Frankfurt/Main: Lang 1993.
Karl Polak, *Justizerneuerung. Wege zu einer demokratischen Justiz*, Berlin: Dietz 1948.
– Bericht über die theoretische Konferenz über Fragen der Staats- und Rechtswissenschaft in Leipzig am 15. und 16. Dezember 1951, *NJ* 1, 6 (1952), S. 7–12.
– Über A. J. Wyschinskis Lehren und seine Praxis, in: *NJ* 3, 9 (1955), S. 65–71.
Rita Polm, »... neben dem Mann die andere Hälfte eines Ganzen zu sein?!«. Junge Frauen in der Nachkriegszeit, Münster: Unrast 1990.
Roscoe Pound, *Jurisprudence*, Bd. I, St. Paul: West Publishing 1959.
Kirsten Poutrus, Von den Massenvergewaltigungen zum Mutterschutzgesetz, in: Richard Bessel & Ralph Jessen (Hg.), *Die Grenzen der Diktatur*, Göttingen: Vandenhoeck & Ruprecht 1996, S. 170–198.
Wolf Preuß, *Der Begriff der sozialistischen Gesetzlichkeit in der DDR und die Methoden ihrer Verwirklichung als Herrschaftsinstrument der SED*, Tübingen: Universitätsverlag 1963.
Krim Priemel & Alexa Stiller (Hg.), *NMT. Die Nürnberger Militärtribunale zwischen Geschichte, Gerechtigkeit und Rechtschöpfung*, Hamburg: Hamburger Edition 2013.
Harry Pross, Lehrer, Politiker, Justizminister und Literat, in: *Die Zeit* vom 5. August 1988.
Gustav Radbruch, *Grundzüge der Rechtsphilosophie*, 1. Aufl., Leipzig: Koehler 1914, 3. Aufl. unter dem Titel *Rechtsphilosophie*, Leipzig: Quelle & Meyer 1932.
– *Paul Johann Anselm Feuerbach. Ein Juristenleben*, 1. Aufl., Wien: Springer 1934.
– *Gestalten und Gedanken. Acht Studien*, 1. Aufl., Leipzig: Koehler und Amelang 1944.
– Fünf Minuten Rechtsphilosophie, in: *RNZ* vom 12. September 1945.
– Gesetzliches Unrecht und übergesetzliches Recht, in: *SJZ* 5, 1 (1946), S. 105–108.
– Anmerkung zu OLG Frankfurt/Main vom 12. August 1947, in: *SJZ* 11, 2 (1947), Sp. 622–636.
– *Vorschule der Rechtsphilosophie. Nachschrift einer Vorlesung*, hg. von Harald Schubert und Joachim Stoltzenburg, Heidelberg: Scherer 1947.
– *Der innere Weg. Aufriß meines Lebens*, Stuttgart: Koehler 1951
– *Gesetz und Recht*, in: *GRGA* 3, S. 96–100.
– *Rudolf Stammler zum siebzigsten Geburtstage*, in: *GRGA* 16, S. 53f.
– GRGA 16: Biographische Schriften, hg. von Arthur Kaufmann, Heidelberg: Müller 1988.
– GRGA 18: Briefe II (1919–1949), hg. von Arthur Kaufmann, Heidelberg: Müller 1995.
Edith Raim, *Justiz zwischen Diktatur und Demokratie. Wiederaufbau und Ahndung von NS-Verbrechen in Westdeutschland 1945–1949*, München: Oldenbourg 2013.

Ludwig Raiser, Der Gleichheitsgrundsatz im Privatrecht, in: *ZHR* 111 (1948), S. 75–101.
Rechtswissenschaftliche Abteilung der Rechts- und Wirtschaftswissenschaftlichen Fakultät der Universität Tübingen (Hg.), *Tübinger Festschrift für Eduard Kern*, Tübingen: Mohr 1968.
Referenten-Kollektiv der Hauptabteilung Gesetzgebung des Ministeriums der Justiz der Deutschen Demokratischen Republik, Über das Verhältnis von juristischen zu historischen Gesetzen. *Kritische Bemerkungen zu dem Artikel von Dr. Hermann Klenner*, in: NJ 5, 7 (1953), 132–137.
Norbert Reich, Marxistische und sozialistische Rechtstheorie, in: ders. (Hg.), *Marxistische und sozialistische Rechtstheorie*, Frankfurt/Main: Fischer 1972, S. 7–18.
– Marxistische Rechtstheorie zwischen Revolution und Stalinismus, in: *KJ* 2, 5 (1972), S. 154–162.
– *Sozialismus und Zivilrecht. Eine rechtstheoretisch-rechtshistorische Studie zur Zivilrechtstheorie und Kodifikationspraxis im sowjetischen Gesellschafts- und Rechtssystem*, Frankfurt/Main: Athenäum 1972.
Norbert Reich, (Hg.), *Marxistische und sozialistische Rechtstheorie*, Frankfurt/Main: Athenäum 1972.
Torsten Reich, Die Kassation in Zivilsachen, auf *https://forhistiur.de/*, Aufsatz vom 24. November 1997.
Nils Reichhelm, *Die marxistische-leninistische Staats- und Rechtstheorie Karl Polaks*, Frankfurt/Main: Lang 2003.
Karl Reichert, Utopie und Staatsroman. Ein Forschungsbericht, in: *DVjs* 39 (1965), S. 259–287.
Margot von Renesse, Die Umwandlung der Justiz in den Anfangsjahren, in: Deutscher Bundestag (Hg.), *Materialien der Enquete-Kommission »Aufarbeitung von Geschichte und Folgen der SED-Diktatur in Deutschland«*, Bd. IV, Baden-Baden/Frankfurt/Main: Nomos/Suhrkamp 1995, S. 7–11.
Klaus Rennert, *Die »geisteswissenschaftliche Richtung« in der Staatsrechtslehre der Weimarer Republik. Untersuchungen zu Erik Kaufmann, Günther Holstein und Rudolf Smend*, Berlin: Duncker & Humblot 1987.
Klaus Riebschläger, *Die Freirechtsbewegung. Zur Entwicklung einer soziologischen Rechtsschule*, Berlin: Duncker & Humblot 1968.
Helmut Rittstieg, *Eigentum als Verfassungsproblem. Zu Geschichte und Gegenwart des bürgerlichen Verfassungsstaates*, Darmstadt: Wissenschaftliche Buchgesellschaft 1976.
Matthias Roeser & Birgit Sack, Die nationalsozialistische Strafjustiz und das Oberlandesgericht (OLG) Dresden, in: dies. (Hg.), *Zum Beispiel Vilém Kostka*, Dresden: Selbstverlag 2001, S. 11–13.
Matthias Roeser & Birgit Sack (Hg.), *Zum Beispiel Vilém Kostka*, Dresden: Selbstverlag StSG 2001.
Heinrich Rommen, *Der Staat in der katholischen Gedankenwelt*, Paderborn: Bonifacius-Druckerei 1935.
– *Die Ewige Wiederkehr des Naturrechts*, 1. Aufl., Leipzig: Hegner 1936, 2. Aufl. München: Kösel, 1947.

Wolf Rosenbaum, *Naturrecht und positives Recht. Rechtssoziologische Untersuchungen zum Einfluß der Naturrechtslehre auf die Rechtspraxis in Deutschland seit Beginn des 19. Jahrhunderts*, Neuwied: Luchterhand 1972.

Matthias Roßbach, Weichenstellung und Vergangenheitsbewältigung im Öffentlichen Dienst, in: Florian Meinel (Hg.), *Verfassungsgerichtsbarkeit in der Bonner Republik*, Tübingen: Mohr und Siebeck 2019, S. 229–250.

Alf Ross, *On Law And Justice*, Berkeley: University of California Press 1959.

Ruth-Kristin Rössler, *Justizpolitik in der SBZ/DDR 1945–1956*, Frankfurt/Main: Klostermann 2000.

Hubert Rottleuthner, Die Substanzialisierung des Formalrechts, in: Oskar Negt (Hg.), *Aktualität und Folgen der Philosophie Hegels*, Frankfurt/Main. Suhrkamp 1970, S. 211–264.

– Kontinuität und Identität, in: Franz Jürgen Säcker (Hg.), *Recht und Rechtslehre im Nationalsozialismus*, Baden-Baden: Nomos 1992, S. 241–254.

– Gustav Radbruch und der »Unrechtsstaat«, in: Martin Borowski & Stanley L. Paulson (Hg.), *Die Natur des Rechts bei Gustav Radbruch*, Tübingen: Mohr und Siebeck 2015, S. 91–117.

– Zum Umgang der Justiz mit System-Unrecht in der Bundesrepublik und in der DDR, in: *NK* 3, 28 (2016), S. 251–267.

Hubert Rottleuthner (Hg.), *Steuerung der Justiz in der DDR. Einflussnahme der Politik auf Richter, Staatsanwälte und Rechtsanwälte*, Köln: Bundesanzeiger 1994.

Joachim Rückert, Abbau und Aufbau der Rechtswissenschaft nach 1945, in: *NJW* 19, 48 (1995), S. 1251–1259.

– Zu Kontinuitäten und Diskontinuitäten in der juristischen Methodendiskussion nach 1945, in: Acham, Karl, Knut Wolfgang Nörr & Bertram Schefold (Hg.). *Erkenntnisgewinne, Erkenntnisverluste*, Stuttgart: Steiner 1998, S. 113–165.

– Privatrechtsgeschichte der Neuzeit: Genese und Zukunft eines Faches?, in: Behrends, Okko & Eva Schumann (Hg.), Franz Wieacker, Göttingen: Vandenhoeck & Ruprecht 2010, S. 75–118.

Joachim Rückert & Lutz Raphael (Hg.), *Autonomie des Rechts nach 1945*, Tübingen: Mohr Siebeck 2020.

Jürgen Rühle, *Literatur und Revolution. Die Schriftsteller und der Kommunismus*, Köln: Kiepenheuer & Witsch 1960.

Christiaan Frederik Rüter (Hg.), *Justiz und NS-Verbrechen. Sammlung (west-)deutscher Strafurteile wegen nationalsozialistischer Tötungsverbrechen*, 49. Bde, Amsterdam: University Press/Berlin: Metropol 1968–2012.

– *DDR-Justiz und NS-Verbrechen, Sammlung (ost-)deutscher Strafurteile wegen nationalsozialistischer Tötungsverbrechen*, 14. Bde. Amsterdam: University Press/Berlin: Metropol 2002–2009.

Bernd Rüthers, *Geschönte Geschichten – Geschonte Biographien. Sozialisationskohorten in Wendeliteraturen*, Tübingen: Mohr Siebeck 2001.

– Juristen unter wechselnden Verfassungen, in: JZ 2, 58 (2003), S. 82–89.

– Recht oder Gesetz?, in: *JZ* 17, 68 (2013), S. 822–829.

– *Die unbegrenzte Auslegung. Zum Wandel der Privatrechtsordnung im Nationalsozialismus*, 9. Aufl., Tübingen: Mohr Siebeck 2022.

Jochen Rozek, Erich Kaufmann (1880–1972), in: Peter Häberle, Michael Kilian & Heinrich Wolff (Hg.), *Staatsrechtslehrer des 20. Jahrhunderts. Deutschland – Österreich – Schweiz*, 1. Aufl., Berlin: De Gruyter 2015, S. 201–217.

Hans Ryffel, *Das Naturrecht*, Bern: Lang 1944.

Franz Jürgen Säcker (Hg.), *Recht und Rechtslehre im Nationalsozialismus. Ringvorlesung der Rechtswissenschaftlichen Fakultät der Christian-Albrechts-Universität zu Kiel*, Baden-Baden: Nomos 1992.

Raymond Saleilles, École historique et droit naturel, in: *Revue trimestrielle de droit civil* 1 (1902), S. 80–112.

Hans Jörg Sandkühler, *Nach dem Unrecht. Plädoyer für einen neuen Rechtspositivismus*, Freiburg: Alber 2015.

Ernst Sauer (Hg.), *Forum der Rechtsphilosophie*, Köln: Pick 1950.

Sch., Erste öffentliche Thesenverteidigung an der Berliner Universität, in *NJ* 15, 6 (1952), S. 615.

Merio Scatolla, *Naturrecht nach dem Naturrecht. Zur Geschichte des ius naturae im 16. Jahrhundert*, Tübingen: Niemeyer 1999.

Jan Schaefer, *Schicksalsjahr der Rechtsentwicklung in beiden deutschen Teilstaaten*, in: JZ 14, 63 (2008), S. 703–708.

Hans Dieter Schelauske, *Naturrechtsdiskussion in Deutschland. Ein Überblick über zwei Jahrzehnte: 1945–1965*, Köln: Bachem 1968.

Max Scheler, Ethik, in: *GW* I, Bern 1971, S. 371–409.

– *GW* I, hg. von Manfred Frings (Hg.), Bern: Francke 1971.

Rudolf Schetter, Der Fortgang der Beratungen im Reichstag, in *DJZ* 12, 35 (1930), Sp. 805–810.

Lucia Scherzberg, *Karl Adam und der Nationalsozialismus*, t.g Beiheft 3, Saarbrücken: Universitätsverlag 2011.

Christoph M. Scheuren-Brandes, *Der Weg von nationalsozialistischen Rechtslehren zur Radbruchschen Formel*, Paderborn: Schöningh 2006.

Jakob Schirmer, *Die Göttinger Hegelschule. Julius Binder, Karl Larenz, Martin Busse, Gerhard Dulckeit und der juristische Neuhegelianismus in den 1930er-Jahren*, Frankfurt/Main: Lang 2016.

Heinrich Schmidinger, »Scholastik« und »Neuscholastik«, in: Emerich Coreth, Walter Martin Neidl & Georg Pfligersdorffer (Hg.), *Christliche Philosophie im katholischen Denken des 19. Jahrhunderts*, Bd. II, Graz: Styria 1988, 23–53.

Adrian Schmidt-Recla, Sozialistisches Recht, sozialistisches Rechtsverhältnis, sozialistische Person, sozialistische Gesetzlichkeit, in: ders. & Achim Seifert (Hg.), *Das Recht der DDR als Gegenstand der Rechtsgeschichte*, Wien: Böhlau 2022, S. 115–138.

Adrian Schmidt-Recla & Achim Seifert (Hg.), *Das Recht der DDR als Gegenstand der Rechtsgeschichte*, Wien: Böhlau 2022.

Eberhard Schmidt, Unabhängigkeit der Rechtspflege, in: *Tagung deutscher Juristen*, Hamburg: Gesetz und Recht Verlag 1947, S. 223–251.

Carl Schmitt, *Über die drei Arten des rechtswissenschaftlichen Denkens*, 1. Aufl., Hamburg: Hanseatische Verlagsanstalt 1934.

Herbert Schnädelbach, *Philosophie in Deutschland 1831–1933*, Frankfurt/Main: Suhrkamp 1983.

Dieter Marc Schneider, Innere Verwaltung/Deutsche Verwaltung des Innern (DVdI), in: Broszat, Martin & Hermann Weber (Hg.), *SBZ-Handbuch*, München: Oldenburg Wissenschaftsverlag 1993, S. 207-217.

Ute Schneider, *Hausväteridylle oder sozialistische Utopie? Die Familie im Recht der DDR*, Köln: Böhlau 2004.

Friedrich Scholz, Berlin und seine Justiz. *Die Geschichte des Kammergerichtsbezirks 1945 bis 1980*, Berlin: de Gruyter 1982.

Christoph Schönberger, Anmerkungen zu Karlsruhe, in: Matthias Jestaedt, Oliver Lepsius, Christoph Mllers & ders (Hg.), *Das entgrenzte Gericht*, Frankfurt/Main: Suhrkamp 2011, S. 9–76.

Karl Heinz Schöneburg, Formen und Bedeutung der Gesetzlichkeit als einer Methode in der Führung des Klassenkampfes. Bemerkungen zu der Dissertation von Hermann Klenner, *NJ* 7, 6 (1952), S. 290–294.

– Die Babelsberger Konferenz des Jahres 1958, in: *NJ* 1, 44 (1990), S. 5-8.

Volkmar Schöneburg, Hilde Benjamin – Eine Biographie, in *UTOPIE kreativ* 85/86 (1997), S. 114–122.

Volkmar Schöneburg (Hg.), *Philosophie des Rechts und das Recht der Philosophie. Festschrift für Hermann Klenner*, Frankfurt/Main: Lang 1992.

Walther Schönfeld, *Die Geschichte der Rechtswissenschaft im Spiegel der Metaphysik*, Stuttgart: Kohlhammer 1943.

Heinz Horst Schrey, Die Wiedergeburt des Naturrechts, in: *ThR* 2/3, 19 (1951), S. 21–75, 154–186 und 193–221.

Horst Schröder & Dieter Simon (Hg.), *Rechtsgeschichtswissenschaft in Deutschland 1945-1952*, Frankfurt/Main: Klostermann 2001.

Jan Schröder, »Naturrecht bricht positives Recht« in der Rechtstheorie des 18. Jahrhunderts?, in: Dieter Schwab, Dieter Giesen, Joseph Listl & Hans-Wolfgang Strätz (Hg.), *Staat, Kirche, Wissenschaft in einer pluralistischen Gesellschaft*, Berlin: Duncker & Humblot 1989, S. 419–433.

– Naturrecht an den deutschen Universitäten des 18. und 19. Jahrhunderts, in: Otto Dann & Diethelm Klippel (Hg.), *Naturrecht – Spätaufklärung – Revolution*, Hamburg: Meiner 1995, S. 255–269.

Friedrich-Christian Schroeder, Wandlungen und Konstanten der »sozialistischen Gesetzlichkeit«, in: *ROW* 6, 33 (1989), S. 358–362.

– Die Übernahme der sowjetischen Rechtsauffassung in ihrer Stalinschen Ausprägung in der SBZ/DDR, in: Deutscher Bundestag (Hg.), *Materialien der Enquete-Kommission »Aufarbeitung von Geschichte und Folgen der SED-Diktatur in Deutschland«*, Bd. IV, Baden-Baden/Frankfurt/Main: Nomos/Suhrkamp 1995, S. 11–19.

– Diskussionsbeitrag, in: Deutscher Bundestag (Hg.), *Materialien der Enquete-Kommission »Aufarbeitung von Geschichte und Folgen der SED-Diktatur in Deutschland«*, Bd. IV, Baden-Baden/Frankfurt/Main: Nomos/Suhrkamp 1995, S. 53.

John Ulrich Schroeder, Verantwortlichkeit für unmenschliche Urteile, in: *Volksstimme* vom 16. März 1946.

Rainer Schröder (Hg.), *Zivilrechtskultur der DDR*, Bd. I, Berlin: Duncker & Humblot 1999.

Ekkehard Schumann, Bayern als Vorreiter umfassender Verfassungsgerichtsbarkeit, in: Martin Löhnig (Hg.), *Zwischenzeit*, Regenstauf: Gietl 2011, S. 99–173.

Dieter Schwab, Dieter Giesen, Joseph Listl & Hans-Wolfgang Strätz (Hg.), *Staat, Kirche, Wissenschaft in einer pluralistischen Gesellschaft. Festschrift zum 65. Geburtstag von Paul Mikat*, Berlin: Duncker & Humblot 1989.

Wito Schwanengel, *Die Wiedereinführung des Berufsbeamtentums in den neuen Ländern*, Berlin: Duncker & Humblot: 1999.

Hans-Peter Schwarz, *Gründerjahre der Republik 1949–1957. Geschichte der Bundesrepublik Deutschland*, Bd. II, Stuttgart: DVA/Mannheim: Brockhaus 1981.

Thomas Seibert, *Existenzphilosophie*, Stuttgart: Metzler 1997.

Robert Sharlet, Stalinism and Soviet Legal Culture, in: Robert C. Tucker (Hg.), *Stalinism: Essays in Historical Interpretation*, New York: Academy of Political Science 1977, S. 155–179.

Spiros Simitis, Familienrecht, in: Dieter Simon (Hg.), *Rechtswissenschaft in der Bonner Republik*, Frankfurt/Main: Suhrkamp 1994, S. 390-448.

Dieter Simon, Zäsuren im Rechtsdenken, in: Martin Broszat (Hg.), *Zäsuren nach 1945*, München: Oldenbourg 1990, S. 153–167.

– Franz Wieacker, in: *RJ* 13 (1994), S. 1–4.

– Zwischen Wissenschaft und Wissenschaftspolitik: Helmut Coing (28. 2. 1912–15. 8. 2000), in: *NJW* 14, 54 (2001), S. 1029–1032.

Dieter Simon (Hg.), *Rechtswissenschaft in der Bonner Republik. Studien zur Wissenschaftsgeschichte der Jurisprudenz*, Frankfurt/Main: Suhrkamp 1994.

Peter. H. Solomon, *Soviet Criminal Justice under Stalin*, Cambridge: Cambridge University Press 1996.

Felix Somló, Rechtsbegriff und Rechtsidee, in: *ARWP* 4, 8 (1914–1915), S. 525–528.

– *Juristische Grundlehre*, Leipzig: Meiner 1917.

Karl-Peter Sommermann & Bert Schaffarzik (Hg.), *Handbuch der Geschichte der Verwaltungsgerichtsbarkeit in Deutschland und Europa*, Berlin: Springer-Verlag 2019.

David Sörgel, *Die Implementation der Grundlagenfächer in der Juristenausbildung nach 1945*, Tübingen: Mohr Siebeck 2014.

Jan Philipp Spannuth, *Rückerstattung Ost. Der Umgang der DDR mit dem »arisierten« und enteigneten Eigentum der Juden und die Gestaltung der Rückerstattung im wiedervereinigten Deutschland*, Essen: Klartext, 2007.

Günter Spendel, Rechtspositivismus und Strafjustiz nach 1945, *JZ* 12, 42 (1987), S. 581–587.

Friedrich Julius Stahl, *Die Philosophie des Rechts nach geschichtlicher Ansicht*, Bd. I: Die Genesis der gegenwärtigen Rechtsphilosophie, 1. Aufl., Heidelberg: Mohr 1830.

Ilse Staff, Das Lüth-Urteil. Zur demokratietheoretischen Problematik materialer Grundrechtstheorie, in: Thomas Henne & Arne Riedlinger (Hg.), *Das Lüth-Urteil in (rechts-)historischer Sicht*, Berlin: Berliner Wissenschafts-Verlag 2005, S. 315–326.
Rudolf Stammler, Über die Methode der geschichtlichen Rechtstheorie, Halle: Niemeyer 1888.
– *Wirtschaft und Recht nach der Materialistischen Geschichtsauffassung. Eine sozialphilosophische Untersuchung*, 1. Aufl., Leipzig: Veit 1896, 5. Aufl., Berlin: de Gruyter 1926.
– *Die Lehre von dem richtigen Rechte*, Berlin: Guttentag 1902.
– *Theorie der Rechtswissenschaft*, Halle: Buchhandlung des Weisenhauses 1911.
Christian Starck & Klaus Stern (Hg.). *Landesverfassungsgerichtsbarkeit*, Bd. I: Geschichte, Organisation, Rechtsvergleichung, Baden-Baden: Nomos 1983.
Hermann Steidle, Anmerkung zu OLG Frankfurt, Urteil vom 9. September 1946 in: *SJZ* 8/9, 1 (1946), S. 226.
Wilhelm Steinmüller, *Evangelische Rechtstheologie. Zweireichelehre. Christokratie. Gnadenrecht*, 2 Bde, Köln: Böhlau 1968.
Karen Stiebitz, *Heinz Such (1910-1976). Ein Jurist zwischen bürgerlicher Rechtsdogmatik und sozialistischer Rechtsgewinnung*, Köln: Böhlau 1999.
Rudolf Stichweh, Semantik und Sozialstruktur, in: Dirk Tänzler, Hubert Knoblauch & Hans-Georg Soeffner (Hg.), *Neue Perspektiven der Wissenssoziologie*, Konstanz: UVK 2006, S. 157–171.
Michael Stolleis, Rechtsordnung und Justizpolitik 1945–1949, in: Norbert Horn, Klaus Luig & Alfred Söllner (Hg.) *Europäisches Rechtsdenken in Geschichte und Gegenwart*, Bd. I, München: Beck 1982, S. 383–407.
– Sozialistische Gesetzlichkeit. Staats- und Verwaltungsrechtswissenschaft in der DDR, München: Beck 2009.
– Geschichte des öffentlichen Rechts in Deutschland, Bd. IV: Staats- und Verwaltungsrechtswissenschaft in West und Ost 1945-1990, München: Beck 2012.
Michael Stolleis, (Hg.). *Die Bedeutung der Wörter. Studien zur europäischen Rechtsgeschichte.Festschrift für Sten Gagnér zum 70. Geburtstag*, München: Beck 1991.
Josef Streit, Einige Hinweise zur Auswertung der 3. Parteikonferenz der SED, NJ 9, 10 (1956), S. 257–259, 257.
Heinz Such, Die Ursachen des Versagens der Rechtswissenschaft. In: *NJ* 4/5, 2 (1948), S. 61–68.
– Die Rolle des sozialistischen Rechts bei der Leitung der Wirtschaft, in: o. A. (Hg.), *Staat und Recht im Lichte des Grossen Oktober*, Berlin: Deutscher Zentralverlag 1957, S. 336–375.
Adolf Süsterhenn, *Wir Christen und die Erneuerung des staatlichen Lebens*, Bamberg: Meisenberg & Co. 1948.
– Der Durchbruch des Naturrechts in der deutschen Verfassungsgesetzgebung

nach 1945, in: Hermann Conrad & Heinrich Kipp (Hg.), *Gegenwartsprobleme des Rechts*, Bd. I, Paderborn 1950, S. 43–52.
– Die Wiederherstellung von Freiheit und Recht als politische Aufgabe der Gegenwart, in: *Schriften zum Natur-, Staats- und Verfassungsrecht*, Mainz: Hase & Koehler 1991, S. 1–10.
– Naturrecht und Politik, in: *Schriften zum Natur-, Staats- und Verfassungsrecht*, Mainz 1991, S. 113–116.
– Der Verfassungsgerichtshof als Hüter des Naturrechts, in: *Schriften zum Natur-, Staats- und Verfassungsrecht*, Mainz: Hase & Koehler 1991, S. 368–370.
– *Schriften zum Natur-, Staats- und Verfassungsrecht*, Mainz: Hase & Koehler 1991

Andrew Szanajda, The Prosecution of Informers in Eastern Germany, in: *Int Hist Rev* 1, 34 (2012), S. 139-160.

Klaus Tanner, *Der lange Schatten des Naturrechts. Eine fundamentalethische Untersuchung*, Stuttgart: Kohlhammer 1993.

Dirk Tänzler, Hubert Knoblauch & Hans-Georg Soeffner (Hg.), *Neue Perspektiven der Wissenssoziologie*, Konstanz: Universitätsverlag 2006.

Heinz-Elmar Tenorth, (Hg.), *Geschichte der Universität unter den Linden 1810–2010*, Bd. VI: Selbstbehauptung einer Vision, Berlin: Akademie 2010.

Gunther Teubner, *Recht als autopoietisches System*, Frankfurt/Main: Suhrkamp 1989.

Carsten Thiel, *Rechtsbeugung – §339 StGB. Reformdiskussion und Gesetzgebung seit 1870*, Berlin: Berliner Wissenschafts-Verlag 2005.

Christoph Thonfeld, *Sozialkontrolle und Eigensinn. Denunziation am Beispiel Thüringens 1933 bis 1949*, Köln: Böhlau 2003.

Hilde Thurnwald, *Gegenwartsprobleme Berliner Familien. Eine soziologische Untersuchung an 498 Familien*, Berlin: Weidmann 1948.

Heiner Timmermann (Hg.), *Diktaturen in Europa im 20. Jahrhundert – der Fall DDR*, Berlin: Duncker & Humblot 1996.

Sibylle Tönnies, *Die Menschenrechtsidee. Ein abendländisches Exportgut*, Wiesbaden: VS Verlag für Sozialwissenschaften 2011.

Heinrich Toeplitz,, Die grundlegenden Aufgaben der Gerichte bei der Verwirklichung der sozialistischen Verfassung, in: NJ 2, 23 (1969), S. 33–39.

Valentin Tomberg, *Degeneration und Regeneration der Rechtswissenschaft*, Bonn: Schwippert 1946.

Ernst Topitsch, Einleitung, in: Hans Kelsen, *Aufsätze zur Ideologiekritik*, Neuwied: Luchterhand 1964, S. 11–27.

Robert C. Tucker (Hg.), *Stalinism: Essays in Historical Interpretation*, New York: Norton 1977.

Wladimir A. Tumanow, *Was verbirgt sich hinter der »Wiedergeburt« des Naturrechts in der gegenwärtigen bürgerlichen Jurisprudenz?*, in RID 21, 3 (1954), S. 581–590.

Walter Ulbricht, Die Staatslehre des Marxismus-Leninismus und ihre Anwendung in Deutschland, in: *Staats- und rechtswissenschaftliche Konferenz in*

Babelsberg am 2. und 3. April 1958, Protokoll, Berlin (Ost): Deutscher Zentralverlag 1958.

Giuliano Vassalli, *Radbruchsche Formel und Strafrecht. Zur Bestrafung der »Staatsverbrechen« im postnazistischen und postkommunistischen Deutschland*, Berlin: de Gruyter 2010.

Luigi Lombardi Vallauri, *Geschichte des Freirechts*, Frankfurt/Main: Klostermann 1971.

Heike Vaupel, *Die Familienrechtsreform in den fünfziger Jahren im Zeichen widerstreitender Weltanschauungen*, Baden-Baden: Nomos 1999.

Alfred Verdross, *Abendländische Rechtsphilosophie. Ihre Grundlagen und Hauptprobleme in geschichtlicher Schau*, 2. Aufl., Wien: Springer 1963.

– Was ist Recht?, in: Werner Maihofer (Hg.), Naturrecht oder Rechtspositivismus, S. 309–321.

Uwe Volkmann, Verfassungsrecht zwischen normativem Anspruch und politischer Wirklichkeit, in: *VVDStRL* 67 (2008), S. 57–93.

Hans Vorländer, Regiert Karlsruhe mit? Das Bundesverfassungsgericht zwischen Recht und Politik, in: *APuZ* 35/36, 61 (2011), S. 15–29

Moritz Vormbaum, Das Strafrecht der Strafrecht, Tübingen: Mohr Siebeck 2015.

Michael Wagner, *Scheidung in Ost- und Westdeutschland. Zum Verhältnis von Ehestabilität und Sozialstruktur seit den 30er Jahren*, Frankfurt/Main: Campus 1997.

Rainer Wahl, Der Vorrang der Verfassung, in: *Der Staat* 4, 20 (1981), S.485–516.

– Die objektivrechtliche Dimension der Grundrechte im internationalen Vergleich, in: Detlef Merten & Hans-Jürgen Papier (Hg.), *Handbuch der Grundrechte*, Bd. I., Heidelberg: C.F. Müller 2004, S. 745–781.

– Lüth und die Folgen. Ein Urteil als Weichenstellung für die Rechtsentwicklung, in: Thomas Henne & Arne Riedlinger (Hg.), *Das Lüth-Urteil in (rechts-)historischer Sicht*, Berlin: Berliner Wissenschafts-Verlag 2005, S. 371–397.

– Das Bundesverfassungsgericht der Gründungsphase, in: Florian Meinel (Hg.), *Verfassungsgerichtsbarkeit in der Bonner Republik*, Tübingen: Mohr Siebeck 2019, S. 28–62.

Tanja Walloschke, Eugen Paschukanis. Eine biographische Notiz, in: Eugen Paschukanis, *Allgemeine Rechtslehre und Marxismus*, Freiburg: Ça ira 2003, S. 195–204.

Manfred Walther, Hat der juristische Positivismus die deutschen Juristen im »Dritten Reich« wehrlos gemacht?, in: Horst Dreier & Wolfgang Sellert (Hg.), *Recht und Justiz im »Dritten Reich«*, Frankfurt/Main 1989, S. 323–354.

Hermann Weber, *Die DDR 1945-1990*, München: Oldenbourg 2012.

Petra Weber, Rechtsstaat Thüringen? Neuaufbau und Instrumentalisierung der Justiz in Thüringen nach 1945, in: Heiner Timmermann (Hg.), *Diktaturen in Europa im 20. Jahrhundert*, Berlin: Duncker & Humblot 1996, S. 113–132.

Hermann Weinkauff, Ansprache des Präsidenten des Bundesgerichtshofes, in: o. A. (Hg.), *Ansprachen zur Eröffnung des Bundesgerichtshofes in Karlsruhe am 8. Oktober 1950*, Karlsruhe: Müller 1951, S. 24–31.

– Richtertum und Rechtsfindung in Deutschland, in: *Berliner* Kundgebung *1952* des Deutschen *Juristentages*, Tübingen: Siebeck & Mohr 1952, S. 13–34.

– Der Naturrechtsgedanke in der Rechtsprechung des Bundesgerichtshofes, in: NJW 37, 13 (1960), S. 1689–1696.

– Das Naturrecht in evangelischer Sicht, in: Werner Maihofer (Hg.), Naturrecht und Rechtspositivismus, Darmstadt: 1962, S. 210–218.

– Die Deutsche Justiz und der Nationalsozialismus, Bd. I: Ein Überblick, Stuttgart: DVA 1968.

Anette Weinke, *Die Verfolgung von NS-Tätern im geteilten Deutschland. Vergangenheits-bewältigungen 1949-1969 oder: Eine deutsch-deutsche Beziehungsgeschichte im Kalten Krieg*, Paderborn: Schöningh 2002.

Helga Welsh, Die Zentralverwaltung für Justiz, in: Martin Broszat & Hermann Weber (Hg.), *SBZ-Handbuch*, München: De Gruyter 1993, S. 218–228.

– *Revolutionärer Wandel auf Befehl?, Entnazifizierungs- und Personalpolitik in Thüringen und Sachsen (1945-1948)*, München: Oldenbourg 1989.

Hans Welzel, *Naturrecht und materiale Gerechtigkeit, Prolegomena zu einer Rechtsphilosophie*, 1. Aufl., Göttingen: Vandenhoeck & Ruprecht 1951, 4. Aufl., Göttingen: Vandenhoeck & Ruprecht 1962.

– Gedanken zur Begriffsgeschichte der Rechtsphilosophie, in: Karl Lackner, Heinz Leferenz, Eberhard Schmidt, Jürgen Welp & Ernst Amadeus Wolff. (Hg.), *Festschrift für Wilhelm Gallas zum 70. Geburtstag*, Berlin: De Gruyter 1973, S. 1–6.

Udo Wengst, *Beamtentum zwischen Tradition und Reform. Beamtengesetzgebung in der Gründungsphase der Bundesrepublik Deutschland 1948 bis 1953*, Düsseldorf: Droste 1988.

Hermann Wentker, Einleitung, in: ders. (Hg.), *Volksrichter in der SBZ und DDR 1945 bis 1952*, München: Oldenburg 1997 S. 9–94.

– *Justiz in der SBZ/DDR 1945-1953. Transformation und Rolle ihrer zentralen Institutionen*, München: Oldenbourg 2001.

Hermann Wentker (Hg.), *Volksrichter in der SBZ und DDR 1945 bis 1952*, München: Oldenbourg 1997.

Faclo Werkentin, Die »Ballade vom ermordeten Hund«, in: *KJ* 4, 25 (1992), S. 496–501

– *Politische Strafjustiz in der Ära Ulbricht*, Berlin: Links 1995.

Uwe Wesel, Zur Methode der Rechtsgeschichte, in: *KJ* 4, 7 (1974), S. 337–368.

Franz Wieacker, Rechtsprechung und Sittengesetz, in: *JZ* 11/12, 16 (1961), S. 337–345.

– Zum heutigen Stand der Naturrechtsdiskussion, in: ders., *Zum heutigen Stand der Naturrechtsdiskussion*, Köln Westdeutscher Verlag 1965, S. 7–30;

– *Privatrechtsgeschichte der Neuzeit*, 2. Aufl., Göttingen: Vandenhoeck & Ruprecht 1967.
– Die Ausbildung einer allgemeinen Theorie des positiven Rechts in Deutschland im 19. Jahrhundert, in: Hans-Martin Pawlowski & ders. (Hg.), *Festschrift für Karl Michaelis zum 70. Geburtstag*, Göttingen: Vandenhoeck & Ruprecht 1971, S. 354–362.
Marc André Wiegeand, *Unrichtiges Recht. Gustav Radbruchs* rechtsphilosophische *Parteienlehre*, Tübingen: Mohr Siebeck 2004.
Lutz Wienhold., *Arbeitsschutz in der DDR. Kommunistische Durchdringung fachlicher Konzepte*, Hamburg: disserta 2014.
Barbara Willenbacher, Zerrüttung und Bewährung der Nachkriegsfamilie, in: Martin Broszat, Klaus-Dietmar Henke & Hand Woller (Hg.), *Von Stalingrad zur Währungsreform*, 3. Aufl., München: Oldenburg 1990, S. 595–618.
Christian Wilke, Fall 3, in: Krim Priemel & Alexa Stiller (Hg.), *NMT*, Hamburg: HIS 2013, S. 288–319.
Bernhard Windscheid, *Recht und Rechtswissenschaft*, in: *Gesammelte Reden und Abhandlungen*, Leipzig: Duncker & Humblot 1904, S. 3–24.
– *Gesammelte Reden und Abhandlungen*, hg. von Paul Oertmann, Leipzig: Duncker & Humblot 1904.
Viktor Winkler, Moderne als Krise, Krise als Modernisierung: Franz Wieacker und die großen Besinnungs-Bücher nach 1945, auf *https://forhistiur.de/*, Aufsatz vom 29. Juli 2005.
– *Der Kampf gegen die Rechtswissenschaft. Franz Wieackers »Privatrechtsgeschichte der Neuzeit« und die deutsche Rechtswissenschaft des 20. Jahrhunderts*, Hamburg: Kovač 2014.
Werner Wippold, *Die Einwirkung der Naturrechts-Ideologie auf die westdeutsche Gerichtspraxis in den Jahren bis zur Gründung der Bundesrepublik (1945–1949)*, Potsdam-Babelsberg, Universitätsverlag 1957.
Fabian Wittreck, *Nationalsozialistische Rechtslehre und Naturrecht: Affinität und Aversion*, Tübingen: Mohr Siebeck 2008.
Erik Wolf, *Richtiges Recht im nationalsozialistischen Staate*, Freiburg: Wagnersche Universitätsbuchhandlung 1934.
– *Biblische Weisung als Richtschnur des Rechts*, in: *Rechtsgedanke und biblische Weisung*, Tübingen: Tübingen Furche 1948, S. 33–64.
– *Vom Wesen der Gerechtigkeit*, in: *Rechtsgedanke und biblische Weisung*, Tübingen: Tübingen Furche 1948, S. 9–32.
– *Rechtsgedanke und biblische Weisung*, Tübingen: Furche 1948
– *Große Rechtsdenker der deutschen Geistesgeschichte*, 4. Aufl., Tübingen: Mohr 1963.
– *Das Problem der Naturrechtslehre. Versuch einer Orientierung*, 3. Aufl., Karlsruhe: Müller 1964.
Ernst Wolf, Gerhard Lüke & Herbert Hax, *Scheidung und Scheidungsrecht. Grundfragen der Ehescheidung in Deutschland*, Tübingen: Mohr 1959.
Rudolf Wiethölter, Julius Hermann von Kirchmann (1802–1884), in: Kritische Justiz (Hg.), *Streitbare Juristen*, Baden-Baden: Nomos 1988.

Hans Wrobel, *Verurteilt zur Demokratie. Justiz und Justizpolitik in Deutschland 1945–1949*, Heidelberg: Decker & Müller 1989.

Tobias Wunschik, Ein Regenmantel für Dertinger. Das instabile »Tauwetter« im Gefängniswesen der DDR 1956/57, in: Roger Engelmann, Thomas Großbölting & Hermann Wentker (Hg.), *Kommunismus in der Krise*, Göttingen: Vandenhoeck & Ruprecht 2008, S. 297–325.

Thomas Würtenberger, Wege zum Naturrecht in Deutschland 1946–1948, in: *ARSP* 1, 38 (1949), S. 98–138.

– Neue Stimmen zum Naturrecht in Deutschland 1948–1951, in: *ARSP* 4, 40 (1953), S. 576–597,

– Zur Geschichte der Philosophie und des Naturrechts. Deutschsprachige Beiträge seit 1948, *ARSP* 1, 51 (1954), S. 58–87.

Andrej Wyschinski, Die Hauptaufgaben der Wissenschaft vom sozialistischen Sowjetrecht, in: Rudolf Arzinger (Hg.), *Sowjetische Beiträge zur Staats- und Rechtstheorie*, Berlin (Ost): Kultur und Fortschritt 1953, S. 50–108.

Zentralverwaltung für Statistik (Hg.), *Statistisches Jahrbuch der DDR* 5, Berlin (Ost): Deutscher Zentralverlag 1960.

Jing Zhao, *Die Rechtsphilosophie Gustav Radbruchs unter dem Einfluss von Emil Lask. Eine Studie zur neukantianischen Begründung des Rechts*, Baden-Baden: Nomos 2020.

Andrea Zieger & Gottfried Zieger, *Die Verfassungsentwicklung in der sowjetischen Besatzungszone Deutschlands/DDR von 1945 bis zum Sommer 1952*, Köln: Heymann 1990.

Peter Zudeick, *Der Hintern des Teufels. Ernst Bloch: Leben und Werk*, Moos: Elster 1987.

Unveröffentlichte Quellen

BArch DA 1/121b

BArch DP 1 MdJ/326, 6935, 6656, 23557

BArch, DP 3 GStA/986, 1758

BArch R 3001 RJM/20956

BLHA Rep. 212 MdJ/515

Heid. Hs. 3716 III F 1097

Zeitzeugengespräche mit Hermann Klenner (16. März 2016) und Erich Buchholz (11. November 2016).